空白の移民史

——ニューカレドニアと沖縄——

私をニューカレドニアに導いてくれたカナ・オブリーさんが
2017年3月6日ポワンディミエで亡くなった。享年90。
謹んでこの本をカナさんの霊前に捧げる。

著者・三木 健

Cet ouvrage est dédié à celle qui m'a guidé en Nouvelle-Calédonie.
Madame Kana Obry est décédée le 6 mars 2017 à Poindimié à l'âge de 90 ans.

L'auteur
Miki Takesh

はじめに――交流の歴史を後世に

ニューカレドニアというと、たいていの人は「どこにあるの？」と聞く。名を聞いたことはあっても、具体的なことになると、あやふやだ。面積が日本の四国ほどもあると聞くと「そんなに大きな島か」と驚く。この島に沖縄系の人たちが、数多くいると説明すると、さらに驚く。島の人口は二七万人（二〇一四年国勢調査）ほどで、沖縄の人口一四五万人（二〇一五年現在）には及ばない。島は一九世紀後半からフランスの植民地となり、現在でも同国の「海外県」という位置づけである。

そんな島に一九世紀の終わりから、ニッケル鉱山の鉱夫として、日本人の出稼ぎ移民が赤道を越えている。その数五五八一人。それに沖縄から加わったのは二〇世紀初頭の一九〇五（明治三八）年からで、四次にわたる契約移民八二一人が渡っている。聞かされていた労働条件と、実際のそれとの乖離が大きく、たいていの鉱夫は鉱山を逃げ出し、いろんな仕事や場所を変えながら、何年もかけて島の東海岸にたどり着く。そこで海産物の仕事をしながら生計を立て、やがてカナックと呼ばれる先住民や混血の女性を妻に迎え、家庭を持つ。

しかし、一九四一年一二月の日本軍によるハワイ真珠湾攻撃で太平洋戦争が始まると、アメリカの同盟国フランスの憲兵により日本人一世は逮捕され、妻子と切り離されてオーストラリアの収容所に送られる。厳しい生活に耐え終戦を迎えた。しかし戦後、ニューカレドニアの妻子の元に帰ることは許されず、日本に強制送還される。残された妻子は、財産を没収されたうえ、反日感情の強い中、日本人の妻、あるいは子であることを隠して生きねばならなかった。

沖縄に送還された一世たちは、居場所もなく、かといって米軍統治下でニューカレドニアに戻ることはかなわなかった。戦後の混乱期を生きて、やがて世を去っていく。ニューカレドニアに残された沖縄系人は、成長し二世、三世の時代となるが、沖縄のイメージがつかめないまま、己のアイデンティティーに悩み続けた。戦争が引き起こしたこととはいえ、その歴史はあまりにも悲しみに満ちている。戦後の長い途絶の歴史が続き、世界中に多い沖縄人移民の歴史の中でも、ここだけは「空白地帯」となっていたのだ。

戦後、何十年かしてわずかの引揚者たちが彼の地の親戚と交流していたが、それは点でしかなかった。本格的な交流が始まったのは、二〇〇六年一二月に「沖縄ニューカレドニア友好協会」が設立され、翌年二〇〇七年七月に「ニューカレドニア沖縄日系人会」がニューカレドニアの東海岸を中心に発足してからである。わずか一〇年そこそこでしかない。しかし、双方の出口が開けられ、淀んでいた水が一気に流れ出した。

一〇年間に毎年のように双方のいずれかが、開かれた扉を往来してきた。それを単なる点に終わらせず、組織で支えて面にし、みんなの共有財産にしてきた。本書は前半の空白の歴史と、その後の交流の歴史を書いたものである。そして交流の過程で、己のアイデンティティーに悩んできたニューカレドニアの二世、三世たちが、どのようにして己のアイデンティティーを勝ち取り、歴史の「空白」を埋めてきたのかを書いたものである。

料かもしれませんが、皮膚の潤いを保持する重要な原料です。本章では、各種エモリエント剤の種類と機能、および感触や機能性の評価法を解説して頂いています。第5章では、メイクアップ化粧品で使用される粉体原料について、無機系色材と有機系色材を体系的に整理して解説して頂きました。粉体原料の発色原理やソフトフォーカス効果などメイクアップ化粧品で不可欠な機能についても触れて頂いています。第6章で解説して頂いたアミノ酸は古くから化粧品に利用されてきた原料ですが、いまだ関心の高い原料の1つです。本章では、アミノ酸の基礎化学をはじめ、皮膚中のアミノ酸の産生と働き、アミノ酸誘導体やペプチドの種類と機能を解説して頂きました。第7章では、いわゆる有効成分と呼ばれる原料について皮膚の作用部位別にまとめて頂きました。本シリーズ第3巻「肌／皮膚、毛髪と化粧品科学」と一緒にご覧頂ければ、より理解が深まるかと思います。第8章では、一般的な分析関連の専門書とは異なる趣向で、化粧品製造で欠かせない分析についてまとめて頂きました。具体的な化粧品や化粧品原料を例に挙げ、社会的背景や法規制、機能性などを交えながら各原料の分析を行う理由と技術的要点について解説して頂いています。

　第4巻は、以上の8つの章に加え、福井寛氏から「重水（heavy water)」についてコラムをご執筆頂きました。さらに、本巻には日本化粧品技術者会名誉会長・熊野《くまの》可丸《よしまる》氏の絵を挿入させて頂きました。

挿絵等について

坂本一民

(1)　第4巻の挿絵

化粧品の成分を主題としたシリーズ第4巻にふさわしい挿絵として、日本化粧品技術者会名誉会長で2006年にはIFSCC（国際化粧品技術社会連盟）会長として日本大会を主催された熊野可丸氏のご好意で、「ばら」の絵を本扉裏に掲載しました。「ローズオイル」はバラの花から得られる代表的な香料であり、熊野氏も「女が感じるサイエンス：美肌への誘い」（丸善刊）という著書の中で「なぜ女性はバラを愛するのか？」「香りの研究は、バラに始まりバラに終わる」というエッセイを書かれています。美しい花を求めて品種改良されたバラが、本来の香りを失いがちなことや、より魅力的な香りを求めての研究開発などを記されています。また、本巻の第2章「化粧品と水」およびコラムとあとがきを担当された福井寛氏もその著書「トコトンやさしい化粧品の本」（日刊工業新聞社刊）で、向井千秋宇宙飛行士がスペースシャトルで開花採集したバラから得た香料・スペースローズが地上では得られない香りで、フレグランス製品に応用されたことを紹介しています。このように、化粧品の進化を支える新たな成分へのあくなき探求は変わらず続けられています。

熊野氏には第5巻「「化粧品そぞろ歩き」にも挿絵をご提供を頂けることになっています。より優れた商品開発のための化粧品の種類別解説と合わせてご期待下さい。

⑵　第3巻の挿絵タイトル、そして紫外線

本シリーズ第3巻「肌／皮膚、毛髪と化粧品科学」（2018年4月発行）に掲載した尾澤達也氏の挿入画のタイトルは「戸塚の櫻」です。題名なしでのイメージを思い出しつつ改めてご覧ください。

なお、久々にこの巻を手にした方は表紙の色に違和感をお持ちになるかもしれません。あるいはすでにお気づきの方もおられると思います。これは、第3巻のイメージにふさわしい表紙デザインの色合わせに使った成分に光褪色しやすい物質が入っていたためとわかり、今後の増刷・改訂版の際は色あせ防止の調色を検討いたします。言い訳のようですが、このハプニングは第5章を担当された安藤秀哉氏のコラム「紫外線としみの裏話」にも関連し、生物の生存と進化における紫外線とのせめぎあいにも通じる現象と言えます。これに関連して、第5巻では「紫外線ケア化粧品」の章を収載の予定です。

第4巻　化粧品の成り立ちと機能　目次

第8章　化粧品分析　高橋　守

第4巻のあとがき　福井　寛

第1章

化粧品原料概論

早瀬　基

はじめに

原料の特性を知らずに製品の設計を行うことはできない。本章では化粧品に用いられる原料の特性について述べてみたい。しかしながら、各原料の個別情報を積み重ねるだけではその特性は見えてこないし、多岐にわたる原料の全体像を理解することも難しい。そこで本章では、化粧品原料を配合目的、選定・使用時の留意点、今後の課題の三つの観点に整理して述べ、鳥瞰的に理解できるよう試みた。

1　化粧品原料の配合目的

まず、化粧品原料を配合目的の観点から整理する。化粧品は多種類の原料から構成される複雑系である。一つの原料が複数の機能を持つことも珍しいことではない。しかしながら、ここでは各原料をあえて製剤骨格形成と機能・作用の付与という配合目的によって分けて考えてみる。

１―１　製剤骨格形成

有効成分の種類と濃度を特に重視する医薬品開発と異なり、化粧品開発においては、機能性素材（原料）の特性と共に製剤自体に起因する機能や感触なども重視する必要がある。そのため、化粧品製剤の基本構造を形成する、いわば「製剤骨格」の設計が化粧品開発において極めて重要なプロセスと認識され、新たな機能性素材の検討と同等以上の重きをなす。製剤骨格の構築において重要な働きをする化粧品原料は、⑴水・水溶性基剤、⑵油性基剤・疎水性基剤、⑶両親媒性物質の三つに分類することができる。この三群の組み合わせとそれらの存在状態から多彩な製剤系が形成される。

⑴　水・水溶性基剤

２０１８年現在、生命の存在が確認されている惑星は地球のみである。その理由の一つとして、地球上にのみ豊富な水（酸化水素）が液体の形で存在していることが挙げられている。後述するように脂質やタンパク質も生命現象のキーマテリアルである。しかしながら、それらが機能を持つためには多くの場合、「水」を必要とする。油性基剤や両親媒性物質が化粧品製剤中で多様な状態をとり、特有の機能を発揮するためにも水の存在が必要である。

水はもっとも汎用的な化粧品原料である。あまりにもありふれた素材なので日ごろ意識することは少ないが、水は極めて特殊な物質である。化学反応の場を提供するとともに、高い溶媒性、低い屈折率、揮発性などの際立った物性を併せ持つ。

エタノール、ポリオールなどの水溶性基剤も、水の一部と置き換えることができる製剤骨格を構築しうる原料である。この置換によって感触、保湿性、溶媒性などの製剤特性がコントロールされる。

(2) 油性基剤・疎水性基剤

細胞小器官の構造ユニットとして脂質によって構成された膜が確認されている。このことからも脂質という油性物質は生体を構成する上で極めて重要な物質であることが分かる。多くの化粧品においても一般に「アブラ」と称される多様な油性基剤（疎水性基剤）が、化粧品の製剤骨格を形成する原料として用いられる。ヘアワックスや口紅に配合される固体脂は製剤中に均一に分布する。澄明な化粧水中の香料は水相中に可溶化されている。水中油（O/W）型クリーム中の油剤は、乳化粒子として水相中に分散している。このように化粧品の製剤中で油性基剤は様々な存在様式をとる。

炭化水素、エステル、エーテルなど多様な油性基剤が化粧品に用いられる。シリコーンやフッ素化合物のように疎水疎油物質も油性基剤（広義の油剤）とみなされることが多い。その構造は多岐にわたるため、極性、融点、相溶性などの特性も様々である。これら多様な特性が独特の感触や特定の機能（紫外線吸収能、経皮吸収促進能など）につながる。

(3)　両親媒性物質

エンゲルスは「生命はタンパク質の存在様式である」と表現したという。彼と同様な論法を使うならば、多くの化粧品は「両親媒性物質の存在様式である」と表現できる。多くの場合、化粧品には界面活性剤や分散促進剤などとして多様な両親媒性物質が用いられる。

親水性と親油性の性質を併せ持つ両親媒性物質を界面活性剤として用いることにより、油性基剤と親水性基剤の一方を他方に乳化・可溶化・分散することができる。これらの製剤技術を適用して様々な製剤が調製できる。高級脂肪酸のように製剤のｐＨによって界面活性剤、もしくは油性基剤として働く両親媒性物質も存在する。ちなみに、もともと製剤骨格形成のために配合された両親媒性物質が保湿などの機能付与や感触調整といった製剤骨格形成以外の目的のために処方中に残される場合もある。例えば、無賦香品であるため可溶化剤が不要であるにもかかわらず、油剤の可溶化が可能な量の界面活性剤が配合されている化粧水が存在する。

1―2　機能・作用の付与

生命を維持するためには、タンパク質・脂質と水だけでなく他の成分が必要である。化粧品を成立させるためには、水（および水溶性基剤）・油性基剤・両親媒性物質という製剤の骨格を形作る原料以外の原料も必要となる。化粧品に特定の機能・作用を付与させることを目的として配合される種々の原料である。ここではそれらをさらに三つに分けて解説する。

(1)　機能的価値を付与・向上させるための原料

通常、化粧品には消費者に提供しようとする複数の価値が組み込まれている。それら複数の価値の中でどの価値が最も重要かは各製品によって異なる。化粧品が有する価値には機能的価値と情緒的価値があり、多くの化粧品にはその両方が必要とされる。機能的価値は化粧品の訴求点に直結することが多く、それ故にいかに機能的価値を高めるかということが化粧品開発において重視される。化粧品の機能的価値につながる作用や機能は生理的なものと物理的なものに分類することができる。

スキンケア化粧品や育毛剤だけでなくある種のメークアップ料にすら生理的作用・機能が求められる。80年代以降、皮膚科学の進展はめざましく、多くの健常皮膚に関する情報が蓄積されてきた。また、培養細胞を用いた実験手法などの新たな評価方法が開発されてきた。これらの情報を用いて美白、抗老化などの分野で新たな皮膚科学的アプローチが提唱されてきた。そしてそれらに基づいてビタミン、アミノ酸、ペプチド、植物エキスなどの多彩な原料を新しい生理活性物質として化粧品に配合することにより、生理的作用・機能の向上が目指されるようになってきた。

一方で、洗浄、保湿、閉塞などの物理的な機能も化粧品においては重要な価値を生み出す。保湿性と柔軟性は特に重視される物理的機能であり、あらゆる化粧品の基本性能である。米国などを除く多くの国・地域でサンスクリーンは化粧品の範疇に分類される。そのため、紫外線遮断、紫外線吸収も化粧品における重要な物理的機能である。これらの物理的機能は製剤の物性確認、及び人を用いた使用試験によって評価される。物理的機能・佐用に関する評価系の進歩も近年めざましく、より緻密な情報が得られるようになってきている。

物理的な機能・作用は製剤全体の特性として発揮されることが多い。ただし、物理的な機能の改変、増強のために特定の原料を添加することも試みられる。例えば、抱水性、閉塞性、紫外線吸収性、経皮吸収促進性などの独特の機能を持つ油剤が存在する。これらの機能性油剤を骨格形成油剤の一部と置き換えることにより、その機能を製剤に付与することも行われる。

なお、化粧品の作用・機能は高ければよいわけではなく、多くの場合に緩和であることが望まれる。例えば、洗浄剤は適切な洗浄力が好ましいのであって、皮脂などを取りすぎる強い洗浄力は好ましくないとされる。

(2) 情緒的価値の付与・向上のための原料

香水のように機能よりも嗜好の方が重視される化粧品アイテムも少なくない。特定の生理的機能成分を配合した抗老化クリームにすら、成分の経皮吸収という機能だけでなく、感触、香りなどを楽しむことのできる嗜好品的な面が求められる。このようにほとんどの化粧品にとって嗜好の問題は無視することができないものとなっている。嗜好は情緒的価値の一つであり、製剤設計においてその向上が試みられる。

化粧品の嗜好に関連して特に重視される感覚は視覚（色、見た目等）、嗅覚（香り、臭い）、触覚（肌触り等）である。色、香りは顧客が細かな違いまで認識できる特性であり、製品の好き嫌いに大きな影響を与える。こうした好みに対応するため、色素、顔料、香料のように直接的に視覚、嗅覚に働きかける原料の種類は多い。触覚も重要な感覚であり、感触調整のために様々な原料の配合が検討される。多くの場合、感触の大勢は製剤の骨格によって決まる。しかしながら、感触・使用感のさらなる向上・改変は可能である。より好ましい感触を求めて、粉体やポリオール、ポリマー、清涼剤などの配合が処方設計時に検討されることも多い。なお、不安定な状態にある製剤の感触を好ましいと感じることもある。製剤改良においては安定性の維持・向上と感触向上のバランスも大切である。

(3)　品質保持のための原料

多くの化粧品には3年以上といった長い使用期限が設定される（この場合、使用期限が明示されないこととするらある）。一方、その長期間、化粧品にとって好ましい環境で保管されるとは限らない。そのため、化粧品製剤の状態、色、臭いなどに関する安定性の基準は厳しく、製剤の安定化を目的として種々の原料が配合される。これらの原料は顧客の購買動機に直接関わるものではない。しかしながら、顧客に化粧品を安心して使ってもらうためには欠かせないものである。

多くの化粧品製剤の調製に乳化技術が用いられる。しかしながら、乳化状態は熱力学的に不安定であるため、安定性の強化が必要とされる場合が多い。それに対応すべくカルボキシビニルポリマーやキサンタンガムのような高分子素材、あるいは高級アルコールなどの乳化助剤が多くの化粧品に配合される。腐敗による製剤の組成変化は、健康被害や嗜好性低下につながる。これを防ぐため、防腐剤配合を含めた微生物抵抗性技術が化粧品の処方には必須である。ちなみに、多くの防腐剤は微生物の細胞膜に作用することによってその機能を発揮する。このようなメカニズムを持つ防腐剤は乳化安定性にも影響を与える可能性がある。そのため、防腐剤の添加・増量は製剤状態を確認しながら行う必要がある。その他にも各種のキレート剤、退色防止剤、抗酸化剤、ｐＨ緩衝剤などが化粧品製剤の安定性を維持するために配合される。

2　化粧品原料の選定・使用における留意点

食品、医薬品、家庭用洗剤など多くの消費財に化粧品原料と同様の素材が用いられる。しかしながら、それらの素材を使用目的、法規制、品質基準などの面で比較すると、化粧品における素材と他の消費財における素材との間には多くの相違点が存在する。そしてそれらの相違点は、素材を化粧品原料として用いるときに留意すべきポイントへとつながる。上記のように化粧品の使用期間は長期にわたる。そのために、製剤の安定化とともに原料自体にも高い安定性が必要とされる。また、使用量・使用頻度などは厳密にコントロールできないという前提に基づき、安全性に最大限の配慮が必要とされる。以上のことから、化粧品原料には独特の品質基準が設定される。

化粧品と医薬品では前提となる製品目的が大きく異なっているにもかかわらず、両者が同じ法律の規制下で製造、販売、使用されている国は多い。さらに、その規制内容は時代、地域によっても変化する。例えば、近年の化粧品開発において特に配慮すべきことの一つとして動物実験禁止への対応が挙げられる。化粧品及びその成分の経皮吸収評価や安全性評価は、医薬品の評価を参考に行われていた。そのため、必然的に医薬品と同様の方法、つまり小動物を用いた*in vivo*法や摘出皮膚を用いた*in vitro*法が主たる評価方法であった。ところが、欧州における化粧品の動物実験禁止規制、および動物愛護の思想やそれらに基づく各社の自己規制によって、この評価系を今後の化粧品開発に使用できなくなった。

以上のような品質基準や法規制が、化粧品原料を選定・使用する際の一つの留意点であるが、それだけではなく、化粧品には嗜好品であるがゆえに特に配慮すべきポイントがある。

化粧品は他の消費財と比べて、ある特定の意見、嗜好や思想に基づく「こだわり」の影響をうけやすい消費財である。仮に科学的に問題がないと証明できた素材・原料であったとしても、特定の考えに反しているために使用を控えなければならない素材・原料となることも化粧品処方においては珍しいことではない。例えば香料、エタノールやパラオキシ安息香酸メチルは長年使われてきた汎用原料であるが、これらを好ましくないと考えている顧客も多い。そのような顧客のこだわりにあわせて、これらの原料をあえて配合しない商品も化粧品市場には存在する。

背景となる文化の差異に基づく原料へのこだわりは市場における顧客の気持ちの中だけではなく、開発ステージにおける化粧品処方開発者の心の中にも存在する。多くの場合、処方開発者は、技術を伝達するときに好みも伝承する。例えば、エモリエント剤の1種である安息香酸アルキルのように欧州で汎用されている一方、日本ではあまり配合されない素材がある。湿潤剤などとして用いられるポリオールの選定に関しても日・欧の処方開発者の間で好みの差異が存在する。これらのように処方開発者の好みによって選択される原料が異なることがある。

化粧品の品質基準の地域間差も考慮すべき点の一つである。今や化粧品は特定地域のみで開発・製造・販売されているものではない。そのため各国における原料規制の把握は重要である。しかしながら、この状況下で注意すべきはそれぞれの国の法的な規制の差異だけではない。例えば、化粧品の開発スタイルの差異が挙げられる。開発スタイルが地域によって異なると、それに伴い原料に要求されることにも地域差が生じる。地域によって化粧品製剤の安定性基準が異なることもある。欧米では原料評価の試作段階でも賦香することが多いが、日本ではプロトタイプの検討時には無賦香とすることが一般的である。

このように実験スタイルが異なることにより、原料の変臭に対する許容範囲は異なる。

地域によって品質目標が異なり、その結果安定性における許容範囲が異なることもある。日本では化粧水として主に澄明な可溶化製剤が用いられるが、欧州ではエマルションが用いられる。そのため、化粧水における成分の沈殿に対する許容範囲が異なる。こうした許容範囲の差異が、使える原料の地域差につながる。

3　今後の化粧品原料開発における課題

化粧品原料に関して今後最大の課題となるものとして、「持続して入手できるかどうか」が考えられる。今後の化粧品原料の開発・使用においては、以下の相反する二つのことへの対応が必要である。それは、使用する原料量が増大する一方で、原料の元となる資源は限られている中でどうやって原料を確保するかということである。

我々化粧品技術者は我々が作る化粧品の価値をより多くの人々に届けたいと願っている。その願いはビジネスの拡大につながり、その結果として未来にはより多くの資源を必要とすることとなる。世界には未だに化粧品を使うことが習慣となっていない多くの人が存在する。グローバル化が進む中、そうした人々にも化粧品を届けることができるならば、現状使っている量とは比較にならないほど多量の素材が未来において必要となる。

一方、地球上のあらゆる資源は有限であると考えられている。その限られた資源の中から化粧品に用いることのできるものはさらに限られている。その理由の一つとして、化粧品には専用の原料が用いられることが挙げられる。過去には化粧品においても他の多くの工業製品と共通の「手に入れやすい安価な原料」が主に用いられていた。しかしながら、化粧品原料には高い安定性と安全性、及び特別な規制への対応が必要であり、そのため、限られたものが化粧品専用の原料として用いられるようになってきた。また、石油由来原料や動物由来原料などのように他の分野で用いることができても化粧品会社が自発的に使用しなくなったものが多く存在する。このことも化粧品に使用できる資源の制限につながっている。

さらに、化粧品への資源分配に対して抑制力が働く可能性もある。例えば、可食バイオマスを化粧品に用いることに反対する人々も存在する。化石資源ではなく、生物由来資源であるバイオマスが工業原料として注目されているが、経口的に身体に取り込まれる可能性のある化粧品原料の粗原料は、可能であるならば食べられるものが望ましい。よって、化粧品原料の粗原料としてもバイオマスは有望視されているわけだが、今後の地球規模の人口増加を考えると可食区分のバイオマスを食用に回すべきだという考えを持つ人も存在するのである。

以上のように、他の産業分野よりも化粧品分野は資源確保に関して厳しい条件がある。一方で今や化粧品は家電や自動車、映画や本などと同様に、ある種の文化レベルを維持する上で必要なものであることは間違いない。そしてこのような考えに賛成する人がグローバル化の中で増加するに伴い化粧品の必要性も大きくなると考えられる。確かに化粧品は食品のように、それが欠乏すると生きていけないというものではない。しかしながら、化粧品がこの世からなくなってよいわけではないことも明白である。我々化粧品技術者には化粧品を供給し続ける義務がある。故に我々化粧品技術者が化粧品のための資源確保を目指した知恵を出さなければならない。ここでは以下の二つの考えを示す。

3―1　新たな粗原料の開拓

まず考えるべきは化粧品原料の元となる新たな素材分野の開拓である。これまでに化粧品原料として十分な検討ができていない多くの素材が存在する。現状使用していない産業余剰物や他の産業分野で多量に得られる素材を含め、今まで注目しなかった素材にも目を向けるべきである。化粧品原料として今後の利用可能性の大きい素材の一つに海洋資源に由来するものが考えられる。現在でも、海藻由来の物質が増粘剤などとして化粧品に用いられている。魚由来のコレステロールやエステル（オレンジラフィー油）、加水分解コラーゲンなども、従来使われている化粧品原料の代替品として使用されるようになってきている。以上のように、これまでも化粧品に種々のものが使用されているが、新たな検討を進めることによって、より多くの素材を化粧品に適用できる可能性がある。現在特に注目されている素材として単細胞藻類に由来するものが挙げられる。単細胞藻類は、多糖類や色素などの従来素材に加え、油剤への適用も考えられているためである。

資源の適切な分配を考える上では、他の産業分野で使い難いものをあえて化粧品原料として積極的に使うのも一つの考えである。あらゆる工業製品の原料には安価で容易に入手できることが望まれる。しかしながら素材のすべてがそのような条件を満たすものではない。

化粧品の中には食品などに比べて1個当たりの容量が小さいにもかかわらず高価なものがある。生産個数を限定した商品も存在する。このような製品特性を利用して、他産業で使うには原料としての必要条件を満たしていないものを積極的に採用することも資源の確保につながる。例えば高コスト素材の採用である。上記のような化粧品の製品特性を考えるならば、ある種の化粧品原料においては「意味のある高コスト」が許容される場合もなくはない。あらゆる商品の開発において原料コストは無視すべきものではない。しかしながら、高価であっても化粧品原料であるならば開発を進められる可能性は高い。もっとも、化粧品の原料であってもより安いことは必要であり、そのために未来のためのコストダウンの継続検討は必要である。

また、生産効率の良くない素材であっても化粧品にならば適用不可能ではない。ホホバは生育に時間のかかる植物である。エーデルワイスは高山の特別な圃場においてのみ栽培が許されている植物である。これらの植物から得られるホホバ種子油やエーデルワイスエキスのような素材は通常産業で使われる植物素材よりも生産効率の面において、工業原料としてふさわしくないようにも思われる。しかし、生産数量が限られる化粧品の原料として使うならば問題は小さい。栽培に水をあまり使わないという情報や希少性というメッセージを製品に付与することができるので、化粧品素材としてはむしろ望ましい素材である。つまりこのような素材を積極的に適用することも資源確保につながる。

3—2　原料製造方法の見直し

新たな素材を得るためには由来だけではなく、製法にも目を向けるべきである。今後期待される原料の製法として、酵素変換法や発酵法が挙げられる。地球上には豊富な微生物資源があり、古来より我々はそれらを物質生産・返還などに活用してきた。サステナビリティや環境対応などへの消費者意識が高まる中、構造中に石油由来成分を含まず、かつ高い生分解性を持つ発酵生産素材への期待度が高くなってきている。

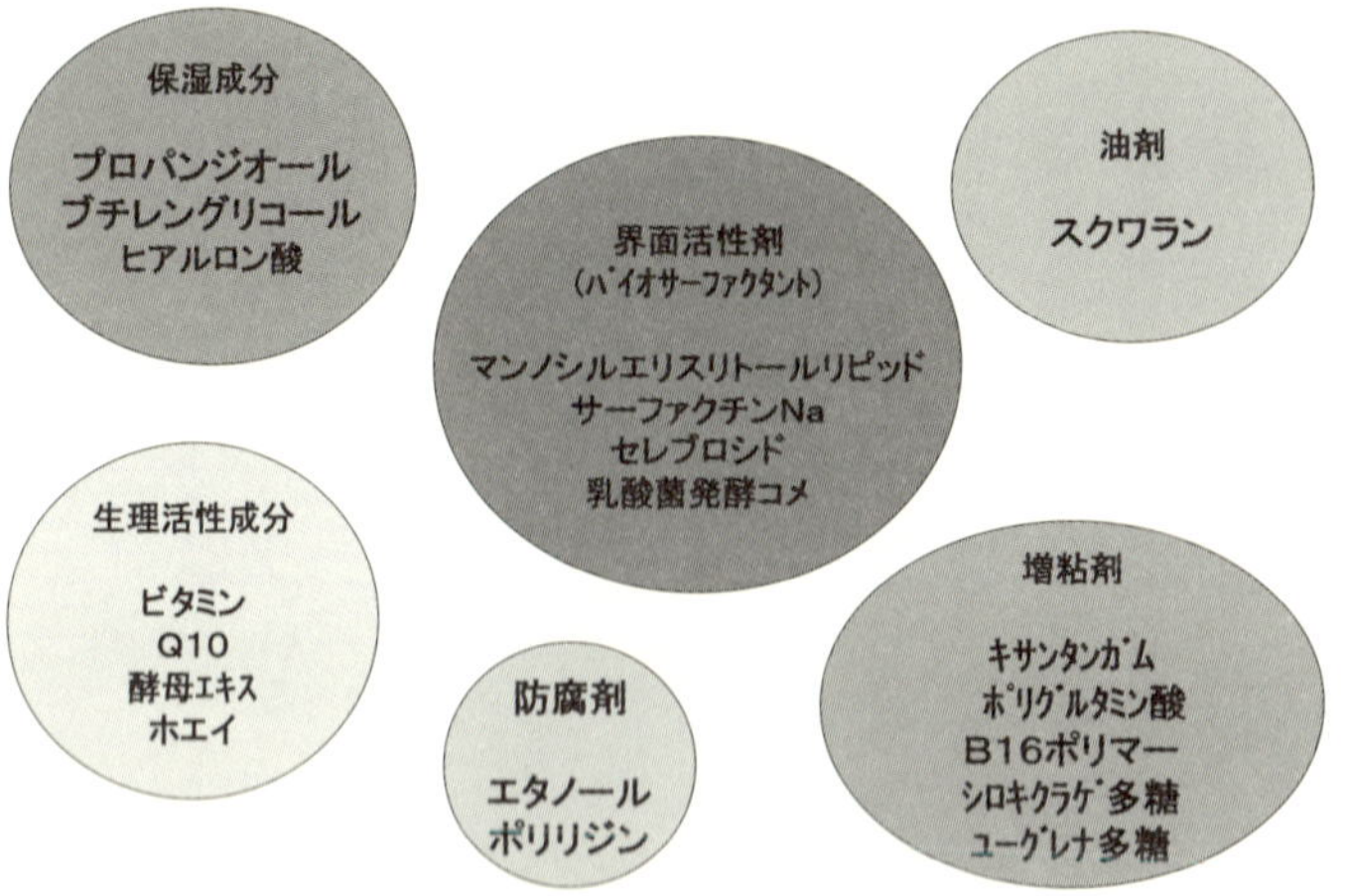

図1　化粧品に使用している発酵生産物

図1に示すように発酵法で製造された多彩な素材が化粧品に用いられている。ヒアルロン酸は、従来動物由来のものが使用されていたが、現在では発酵物が化粧品に用いられている。スクワランやプロパンジオールなどのように従来発酵法では得られなかった素材も近年展開されている。多くの化粧品製剤に必要な界面活性剤に関しても、マンノシルエリスリトールリピッドBやサーファクチンナトリウム、ソホロリピッド誘導体、スフィンゴモナス産生糖セラミドなどが使用されてきており、さらに乳酸菌発酵米など新たなものも提案されている。ある種のビタミンや補酵素のような生理活性物質も発酵法により調製される。工夫すれば、発酵素材のみで化粧品処方の大部分を構成することも今や不可能でな

くなってきた。

近年菌類だけでなく藻類を用いた発酵物も注目されており、ユーグレナの産生多糖などがすでに化粧品に用いられている。「より多彩な発酵素材」が今後ますます提供されることは想像に難くないが、これをさらに進めることが化粧品用原料の安定確保につながると思われる。

おわりに

現在使用している原料を理解し、それに基づき新たな原料を開発・展開することは化粧品技術を進歩させる上では不可欠である。化粧品原料をより深く理解するためには多くの観点から情報を得ることが有効である。今回の視点以外にも原料の由来（動物由来、植物由来、化学合成品など）や使用アイテム（スキンケア用、メークアップ料用など）のように化粧品原料を整理する視点は多く存在する。より多角的に化粧品原料の理解を進めるために本稿がその一助となることを願っている。

第2章

化粧品と水

福井　寛

はじめに

私たちは水がなくては生きていけない。アリストテレスは四元素の一つに水を入れたが、昔からこの地球上で水は普遍的な物質の一つである。生物は海で生まれ、進化して地上に上がったが、その後も体内に海の環境を持っている。このような重要な水と化粧品との関係について述べる。

スキンケアはヒトの皮膚を美しく瑞々しく保つために行うが、これは体内から水が漏れない皮膚を保つことでもある。元々ヒトの皮膚は水を体外に漏らさない非常に優れた仕組みを持っているが、肌荒れなど皮膚の機能が衰えると水が漏れるようになってしまう。皮膚の機能が衰えたときは、外から必要な成分を皮膚に与えてやればよい。皮膚が元来持っている水、皮脂、細胞間脂質、天然保湿因子（ＮＭＦ）の代わりに水、油、保湿剤を与えると皮膚をすこやかに保つことができる。これがモイスチャーバランス理論である。水を主成分として油、保湿剤を混ぜるとモイスチャーバランス理論に適った化粧水や乳液ができる。ただし、水に溶解する成分は良いが、油は水と混ざらない。このため界面活性剤を使って水と油を均一に混ぜるが、この乳化・可溶化は化粧品にとって基本的な技術である。乳化や可溶化には、油が水になじむための界面活性剤の親水基が必要であるが、親水化には水和または水との水素結合がある。このため界面活性剤の親水基がイオン性か非イオン性かを選択する。

メイクアップでは水が関係あるだろうか？　乳化ファンデーションに水が関与していることは容易に推定できるが、油性ファンデーションなど油に顔料を分散させた製品では顔料に吸着している水が分散性を損なう可能性がある。一方、この顔料の吸着水は表面処理をする場合に表面反応に寄与するという一面もある。

「水のあるところに微生物あり！」とは防腐防黴の担当者の言葉である。化粧品の防腐・防黴は、ただ単に製品中に防腐剤を添加すれば良いという訳にはいかない。微生物の水分活性は食品などでも防腐・防黴の基本となっている。化粧品では水分活性を下げるために多価アルコールなどが使われている。

化粧品は経時劣化してはならない。水は加水分解など多くの反応に関与するため、化粧品成分の中には水分を嫌うものがある。このため容器には光、酸素と同様に水分を遮蔽する機構や材質が求められる。

化粧品では良くも悪くも「水」が関与しているが、「水」は分かっているようで分からない物質である。この章では化粧品にとって重要な「水」について、その異常な振る舞いの理由や生体での役割、さらに化粧品との関りについて述べる。

1　水とは何か

地球上には約14億立方キロメートルの水が存在する。この中のほとんどは海水で、淡水は2・5％以下、しかも極地の氷を除くと1％以下になる。地球上の水は海を中心に蒸発し、雨や雪となって地球上に戻ってくる。このように短期的に循環するため、有限資源だが無限と考えられてきた。水分子内の酸素側は若干負電荷を帯び、水素側は若干正電荷を帯びる。共有結合している2原子間に見られる電荷の偏りを結合の極性というが、水は偏りを持っているので極性を持っている。

物質には気体、液体、固体の三態があるが、水は地球上で水蒸気、水、氷の三態をとって存在できる極めて珍しい物質である。また、水素結合によってクラスターを形成しており、このため水は沸点が高い、融点が高い、蒸発熱が大きい、表面張力が高い、固体が液体より軽い（氷が水に浮く）などの性質を持っており、これが生命と大きく関係している。水は極性分子なので極性物質を良く溶かす。水と溶質との相互作用を水和と呼ぶが、イオンや生体高分子の水和は生体反応に重要な役割を果たしている。このように生体にとって水は非常に大切で、皮膚は体内の水を体外に出さないという重要な役割を担っている。

2　水の基本的な物理的性質

2―1　水分子の構造

水分子は、酸素原子１個のＬ殻の電子６個と水素原子２個のそれぞれのＫ殻の電子１個とを共有した非直線形の３原子分子である。図１に示すようにＯ―Ｈ結合距離は96・８ピコメートル（pm）、結合角は約１０４度で、分子がお互いに入り込めない分子の大きさを表現するファンデルワールス半径は約１４０pmである。

水の結合角は正四面体構造の結合角約１０９度に近いので、酸素原子（SP^3）の混成軌道による結合に支配されていると考えられる。酸素原子と水素原子は共有結合している。酸素原子の電気陰性度の方が大きいので、電子は酸素原子側に引きつけられ、酸素原子が負の電荷、水素原子が正の電荷を持つ。

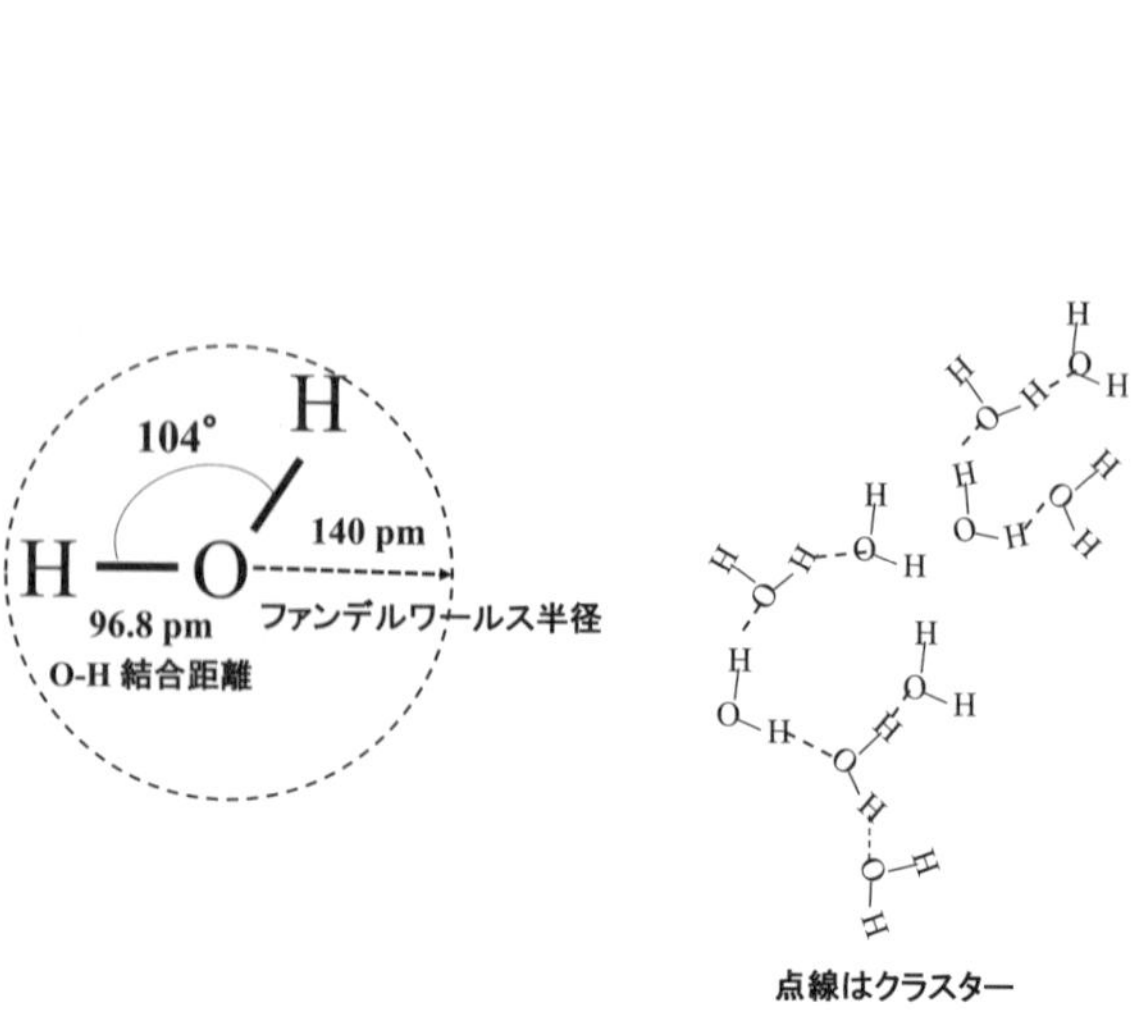

図1　水の分子構造とクラスター

その結果、水分子は永久双極子モーメントを持っており、実測値は1・85デバイ（D）である。この値は、同族水素化合物の硫化水素（H_2S 0.97D）やテルル化セレン（H_2Se 0.63D）と比べ大きく、有機溶媒と比較してもヘキサン（0D）、クロロホルム（0.95D）、エタノール（1.69D）より極性が高いことがわかる。これが無機塩類の溶解性の大きさなどに関わっている。

2—2　水の状態図

水には図2に示すように温度と圧力によって決まる氷（固体）、水（液体）、水蒸気（気体）の三態がある。地球上でこの三つの状態を持つものは限られている。水と水蒸気の境界線に沿って温度、圧力を上昇させると、水と水蒸気の区別がなくなる臨界点

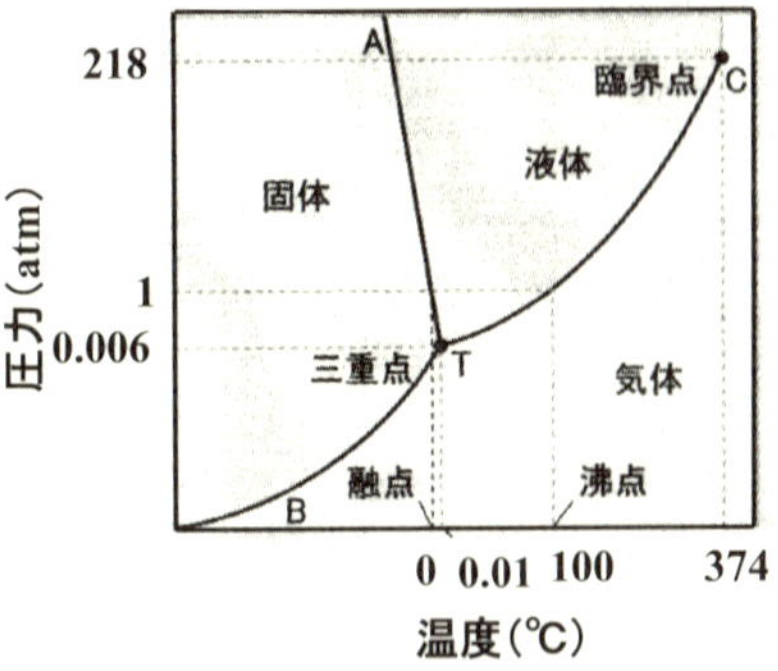

図2　水の状態図

（374℃、218気圧）にたどり着く。この臨界点以上の温度と圧力の水は超臨界水と呼ばれ、気体の性質と液体の性質を合わせ持っている。この状態では無機物質から有機物質までいろいろな物質を溶かす力があり、新しい物質の合成や抽出などに広く利用されている。また、水は3・98℃で密度が最大に、すなわち体積が最小になる。融点から沸点の間の水の密度は、どの温度でも氷の密度を上回っており、結果として氷は水に浮くことになる。氷ができても池の生物が生き延びられるのは、まさに氷が水に浮ぶことによる。

2―3　水の構造と水素結合

分子振動は赤外吸収スペクトルで観測することができる。水には振動数3400cm^{-1}付近にあるO―Hの伸縮振動2本と1600cm^{-1}付近にあるH―O―Hの変角振動の吸収がある。[1)] しかし、実際測定される水分子振動は基本の3本より多くのバンドが観察され、水分子間の水素結合によって多くの水分子が互いに結合したクラスター（図１）を形成すると考えられている。この水分子の集団は時間のファクターを持っており、しかも数ピコ秒（ps）のオーダーである。1ピコ秒に光は30マイクロメートル（μm）しか進まないことを考えると、クラスターの構造変化がいかに速い速度かわかる。

このように、液体の水は分子が互いに水素結合しているので、水素結合していない同族化合物から予想される融点や沸点よりもはるかに高い値を示すことになる。水の持つ物理化学的に特異なその他の性質も、水分子の水素結合と深く関係している。

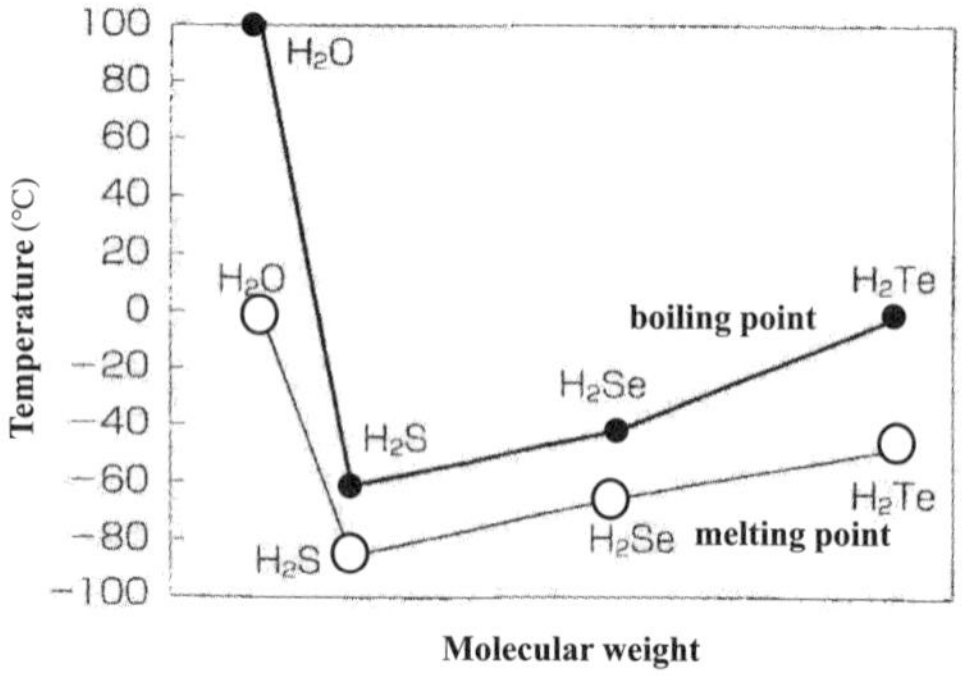

図３　酸素と同族元素の水素化合物の融点と沸点

一般に、周期律表の同族列では、類似の化合物の物理的性質は、結合する原子の原子番号の大小に応じて変化する。例えば、図3に示すように酸素と同族元素の水素化合物、硫化水素（H_2S）、セレン化水素（H_2Se）、テルル化水素（H_2Te）の沸点および融点は分子量に対してほぼ直線的に増加する。この直線から、水の分子量18に対応する沸点、融点を求めると、各々マイナス80℃とマイナス110℃程度となる。しかし実際にははるかに高い値をとり、沸点は約100℃で融点は0℃となる。また、水分子間の水素結合を切断するために、より多くの熱エネルギーが必要である。定圧比熱容量、すなわち水1gを温度1℃上げるのに必要な熱量は同程度の分子量を持つ他の物質に比べて大きい値をとる。これらのことから、水分子間に働く分子間力が大きいことがわかる。

水素結合は電気陰性度が大きな原子（陰性原子）に共有結合で結びついた水素原子が、近傍に位置した窒素や酸素などの孤立電子対と作る非共有結合性の引力的相互作用である。水素結合には、異なる分子の間に働く分子間水素結合と単一の分子の異なる部位の間の分子内水素結合がある。水素結合は、直線的に並んでいる時が最も強く、方向性の強い分子間力である。また、距離が0・3ナノメートル（nm）以上になると、水素結合は働かなくなる。水素結合のエネルギーは、大体10~40キロジュール毎モル（kJ／mol）で、イオン結合や共有結合よりはるかに弱いが、ファンデルワールス力よりは強い。この微妙な力が、室温で「水のクラスターが絶えず変化している動的な性質」をもたらしていると思われる。

X線回折、中性子回折、NMR測定などの結果から、水の中に水素結合が存在することが示されている。水素結合の存在が、水の物理的特性に深くかかわっていることは前述したとおりである。X線回折による動径分布関数の結果から、最近接水分子数が4・4であり、氷[2)]の4・0に比べてやや大きいことが示されている。すなわち、氷は水分子が正四面体の頂点に位置する隣接する四つの水分子と水素結合しており、さらに正四面体の構造は多数繋がって正六角形の筒のような穴を作っている。このため液体の水と比べてすき間が多く軽い。氷が水に浮く理由である。一方、「水は方円に従う」ことから水は運動しながら絶えず水素結合を作ったり解消したりを繰り返し、水構造が絶えず変化していると考えられる。またX線回折から、分子間距離は温度の上昇とともにやや増加することもわかっている。

水分子の回転運動や水素結合の生成消滅は、10^{-12}秒という短時間で起きているため、クラスターといっても、絶えず変化している動的なものと考えられる。

OH伸縮振動の赤外スペクトルをフェムト秒のレベルで観察すると、レーザー光によって生じた水の構造変化が50フェムト秒（$5×10^{-14}$秒）より長く持続しない。一般的にはクラスター構造は5個から10個程度の水分子からなり、環状の構造が安定しているといわれている。

また、水素結合の形成により、分子の極性や、紫外・可視スペクトルの吸収に変化が生じる場合があることも知られている。

2―4 水の熱的性質

18℃の水の温度を1℃上げるのに4・2kJ／kg・Kのエネルギーが必要である。水や種々の物質の比熱容量を比べると表1に示すように水の比熱容量は4・2とエタノールなどより高い。これは水を温めるのに大きな熱量を必要とするが、いったん温まると今度は冷めにくい性質をもっていることを表している。水が暖まりにくく冷めにくいということは、生体の生命維持と密接に関係している。

恒温動物の体は、体温が36～37℃に保たれている。ヒトの体温の上限は44～45℃とされ、この温度で様々な生体化学反応の触媒として作用する酵素タンパクも安定して機能するが、これ以上になると生体内の酵素タンパクなどが不可逆的に変性し死に至る。また体温の下限は33～34℃とされ、これ以下では意識障害を生じ、25～27℃では死に至るとされる。ヒトは体重の60％以上が水分だが、この水の大きな比熱容量の性質によって外部の温度変化から身を守り、体温調節機能によって体内環境の安定を保ち生きていける。

この体温調節に水の気化熱が大きく関わっている。熱は生体内で主に肝臓、心臓、筋肉で

表1　各物質の比熱容量

物質	比熱容量（kJ/kg・K）*
水	4.19
エタノール	2.46
ココナッツオイル	2.10
ペンタン	1.66
アルミニウム	0.90
ガラス	0.68
鉄	0.44

＊標準状態

表2　各液体の表面張力

物質	表面張力（mN/m）
n-ヘキサン	18.40
エタノール	22.55
メタノール	22.60
アセトン	23.30
ベンゼン	28.90
水	72.75

産生され、血液により皮膚に伝達され、そこから空気に放散される。皮膚に到達した熱は放射、伝導、蒸発により外界へ放たれる。放射と伝導とで80％処理され、残りの20％の熱は蒸発によって処理される。この蒸発は発汗と呼吸による不感蒸発を含み外界が体温よりも高い時にきわめて重要になる。汗をかいていない状態でも水は１日５００mL程度肺と皮膚から蒸発する。肺と皮膚からの不感蒸発は調節できないが、発汗は調節され、外界の温度が体温より高い状況では発汗量を増やし、放散される気化熱を増加させる。水の気化熱は２２５０kJ／kgでエタノール３９３kJ／kgなどよりはるかに大きい。気化熱の大きな水はここでも活躍する。

2─5　水の表面張力

液体の水には、できるだけ表面を小さくしようとする性質があって、これを表面張力という。液体と気体の境界面で、液体の表面にある分子と、内部の液体分子各々に働く分子間引力を考えると、液体内部の分子はあらゆる方向から同じ強さの引力を受けている。しかし表面の分子は、液体外部の気体分子からの分子間引力が弱いため、主に前後左右と内部からの力を受ける。そのため、液体の表面には、表面積を小さくしようとする力が働く。表2に示すように水の表面張力は72・75（mN／m）で、エタノールやベンゼンと比べても大きい。表面張力が大きいと固体表面への濡れが悪くなる。その場合は界面活性剤を用いる。

2―6　水の溶解性

2―6―1　水に溶ける物質

水は溶媒として非常に多種類の多量の物質を溶かすことができる。水に溶ける物質（溶質）は、親水性物質、疎水性物質、両親媒性物質に大別でき、溶質の種類によって水への溶け方が異なる。親水性物質には電解質と非電解質がある。

「似たもの同士はよく溶ける」という溶解の一般原則が古くから知られている。水は極性分子であるため、極性物質は水によく溶け、非極性物質は水に溶けにくい。そのため、水は無機塩類やショ糖のような極性有機物質をよく溶かす。一方で、油などの非極性有機物質は溶解しにくい。物質が溶ける限界の濃度のことを溶解度といい、その濃度の溶液を飽和溶液という。溶解度は温度によって変わるが、一般に温度が上がると溶解度は増える場合が多い。気体では、温度が上がると溶解度が減少し、圧力を増すと増加する。

親水性物質（電解質）

水は無機塩類をよく溶かすことができるが、これは水分子の大きな双極子モーメントが関係している。塩化ナトリウム、塩化カリウムなどの無機電解質は、水中では無機イオンとなって、水分子に囲まれて水和される。水は極性分子なので、陽イオンの周りには水の双極子のマイナス（O：酸素）が配向し、陰イオンの周りにプラス（H：水素）が配向するが、これをイオンの水和といい、水和した水を水和水という。Li^{+}のように結晶イオン半径の小さなイオンはより多くの水が水和するため水和イオン半径は大きくなる。ほとんどの金属イオンについて水和水の数、対称性、水分子の酸素との間の距離が得られている[3)]。

溶けるためには溶質粒子がばらばらになり、次に水分子の中にばらばらになった溶質粒子が溶け込む必要がある。エネルギー的には前者は吸熱反応で、後者は発熱反応である。両過程のエネルギー差が溶解熱である。溶けるためには、溶質粒子間の相互作用が弱く、溶質粒子と水分子間の相互作用が強い方がよい。

親水性物質（非電解質）

ショ糖やアルコールなどの極性物質は、水素結合を形成できるＯＨ基などの官能基を有しており、水によく溶ける。

疎水性物質

メタンやエタンなどの炭化水素は疎水性物質であり、非極性なので、とても水に溶け難い。水のなかでは、疎水性分子は水との接触を避けて互いに集まる。疎水性分子同士の間に働く相互作用を疎水性相互作用という。疎水性相互作用は水素結合の10分の1程度の弱い作用だが、ミセル形成や、タンパク質の構造維持、生体膜の形成などに大きく関わっている。

両親媒性物質

分子内に親水基と疎水基の両方をもつ分子を両親媒性物質という。せっけんを水に溶かすと、ある濃度以上では親水基を外側に疎水基を内側に向けて会合し、ミセルという会合体を作る。

2−6−2　生体中でのイオンの水和

水と溶質との相互作用を一般に水和と呼ぶ。水和における水と溶質との相互作用は、主に静電的相互作用や水素結合、それに加えてファンデルワールス力、疎水性水和がある。溶質の性質により、主となる相互作用は異なる。無機イオンでは静電的相互作用が主となるが、ショ糖、デンプンなど多くの糖では、水素結合が主となる。

イオンの水和は重要な問題で、生命を理解しようとする場合でも大きな意味を持つ。人体には体重の約6割の水が含まれているが、その水分の約3割が血液と組織液で、主なイオンはNa^+とCl^-である。この組成は海水に溶けている元素とよく似ている。一方、人体の水分の約7割が細胞内部の水であるが、そのイオンは海水と全く異なり主にK^+とリン酸水素イオンである。このように、生体内の多くの反応にかかわっているNa^+とK^+は生体内で不均一な分布を示し、細胞外ではNa^+の濃度はK^+よりはるかに高いが、細胞内では逆になっている。こうした不均一分布に、イオンの水和特性は密接にかかわっていると考えられている。

3　生体での水の役割

水がからだのなかで果たしている役割の一番大きなものは体内の物質の運搬である。様々な栄養素を各組織へ運ぶためには、適切な水分量を有した消化液や血液が必要となる。代謝産物と老廃物の排泄も水によって行われる。体のなかで生じる老廃物には二酸化炭素のように気化され、肺を通して呼気として排泄されるものと、気化されずに水に溶かされ、血液を通して腎臓に運ばれ尿となるものとがある。これらを肺や腎臓に送るもの水の役割である。二酸化炭素の20％は血液の水の部分（血清）に溶けて運ばれる。溶解性が大きいという水の特性によってこれらが可能である。

3―1　タンパク質と水

3―1―1　タンパク質の一次構造

タンパク質は様々なアミノ酸のアミノ基とカルボキシル基によるペプチド結合（-NH-CO-）により一方向に繋がった鎖状のポリペプチドからできている。タンパク質に含まれるアミノ酸残基の側鎖はどのような生物でも約20種類であり電荷の有無や親水・疎水性など様々な性質を持っている。アミノ末端からカルボキシル末端までのアミノ酸の配列を、タンパク質の一次構造と呼んでいる。このタンパク質の配列情報は、遺伝子により決まっている。

3—1—2 タンパク質の二次構造

タンパク質は長い鎖状のポリペプチドでできているが、実際にはそれが折りたたまれて、固有の立体構造をとっている。この立体構造は、そのタンパク質が存在する環境で最も安定な構造で、たとえば細胞内の水溶液中に存在する水溶性のタンパク質では、疎水的な側鎖が内側にあり表面には親水基がある。タンパク質の立体構造には大きく二種類の折りたたみパターンがある。その一つが、αヘリックスで、側鎖が結合したα炭素原子がらせん状に配置した繰り返し構造である。この構造はα炭素に結合したペプチド結合中のC=O基と、そこから4残基離れたところのα炭素に結合したペプチド結合中のN—H基が水素結合することでつくられる。また、βシートと呼ばれる折りたたみ構造がある。この場合は、α炭素が直線上に配置されていてそれがいくつも並んで、ペプチド結合中のN—H基が、隣のβストランド中のα炭素に結合したC=O基と水素結合を作ることで安定な構造をとる。このαヘリックスやβシートのような繰り返しのある規則構造を二次構造という。

3―1―3　タンパク質の三次構造

アミノ酸の配列が一次構造、特徴的な折りたたみパターンが二次構造であるが、二次構造がつながってできた三次元の立体構造は、三次構造と呼ばれている。またタンパク質分子全体が、複数のポリペプチド鎖の組み合わせでできていることが多く、その全体構造を四次構造と呼ぶ。このような立体構造を持つことで、いろいろな化学的性質をもつタンパク質ができる。しかし、このような有益で安定した立体構造を実現できるポリペプチドは、進化の間にその構造をあまり変えずに新たな機能を実現していったと思われる。このため、タンパク質の多くは、一次構造や三次構造がきわめてよく似たタンパク質ファミリーに分類できる。水に関して特異な作用を持つ水チャネルであるアクアポリンも一つのタンパク質ファミリーを作っている。

3―1―4　タンパク質と水分子

タンパク質は多くのアミノ酸がペプチド結合でつながったものであるが、タンパク質表面に水和した水分子は、ランダムコイルやヘリックス等のタンパク質の分子構造の安定性に大きく寄与している。タンパク質表面の水和には、タンパク質表面に存在するアミノ基やカルボキシル基が大きく寄与している。多くの水溶性タンパク質の分子表面には運動性の遅い水分子の存在が認められ、表面から遠ざかるとその存在はなくなることが観察されている。タンパク質以外の多糖類や核酸などでも同様のことが観察されている。親水界面では、界面に接している水分子は、界面の親水基に直接配向しており、マイナス90℃でも凍結しない。生体高分子表面でも同じ状態であると考えられる。

3―2 細胞膜と水

細胞は細胞膜によって細胞質が外界から明確に隔てられている。これによって細胞内の細胞外の環境からの独立性を保っている。生体膜の主成分であるリン脂質は親水基と疎水基を持った両親媒性物質であり、疎水基同士を内側に向け、親水基を外側に向けた2分子膜構造をとっている。外側の親水性の部分はマイナスに帯電しており、マイナス電荷をもつタンパク質は電荷的な反発で吸着し難い。イオン化した電解質物質も電荷的な相互作用で膜を通過するのは難しくなっている。

水分子や非常に小さな分子および親油性の分子はリン脂質2分子膜を通過できる。しかし、アミノ酸、糖、イオンなどの荷電した分子や極性の分子は膜を通過できない。極性物質は水分子と多くの水素結合を形成し、イオンは水分子によって取り囲まれているため膜に入れない。水分子は浸透と呼ばれる拡散運動によって膜を通過する。この受動的な過程は代謝エネルギーを使わず、溶質の濃度で決まる。水分子はこの単純な浸透以外に、イオンを水和することによりそのイオンと一緒にイオンチャネルを通過したり、アクアポリンと呼ばれる水チャネルを通過したりする。

3―3　細胞膜と物質輸送

細胞膜は静的な境界だけではなく、この膜を通して必要な物質を膜内にとり入れ、不要な物質を膜外に排泄するという動的な役割も行っている。

どうして細胞はこの膜を通して物質の出し入れをしているのだろうか。この膜にはタンパク質が浮かんでいる構造となっており、細胞が必要な成分をとり入れるときに特にこのタンパク質が重要な役割を果たしている。特定の立体構造をもつタンパク質分子は、水素結合などの非共有結合を用いて、特定の分子と結合できる。特定の分子を結合して、その化学反応の中間状態を安定化することで、化学反応を促進する触媒として機能しているタンパク質が多くある。これを酵素と呼んでいる。また、ある特定の分子を認識して、その情報を伝える受容体も知られている。さらに、ある特定の分子を通すチャネルや、輸送するポンプなども存在している。そして、その構造を変えることで、それらの機能を制御できる場合があることもわかっている。このタンパク質はキャリアタンパク質やイオンチャネルで、これらを使って細胞膜を介しても物質をとり込むことができる。キャリアタンパク質の特異的膜輸送はエネルギーを消費して行う能動輸送もあり、濃度勾配に逆らって物質を運ぶことができる。

3—4 水チャネル

細胞内に存在する水は、細胞内に生じる浸透圧によって保たれている。細胞は浸透圧を調節するために、物質輸送を利用し速やかに細胞内の環境の恒常性を維持する。水は細胞内外の浸透圧勾配が大きければ大きいほど速やかに移動できるが、この勾配を形成する物質の輸送にはアデノシン三リン酸（ATP）などのエルギーが必要である。半透膜である細胞膜は脂質2分子膜であるにもかかわらず水を比較的よく通す。とくに水の輸送体がなくても水は浸透圧勾配にしたがって速やかに平衡状態に移動できるが、わずかな浸透圧勾配差でも速やかに水が移動できるような水透過性のチャネルがあると便利である[4)]。

表3　各組織のアクアポリン

組織	アクアポリン	組織	アクアポリン	組織	アクアポリン
皮膚	AQP3,4	肺	AQP1,5	脾臓	AQP12
眼	AQP0,1,3,4,5	気管	AQP3,4	腸	AQP1,3,4,7,8
筋肉	AQP4	鼻腔	AQP3,4	精巣	AQP1,2,7,8,9
赤血球	AQP1,3	心臓	AQP1	胆嚢	AQP1
白血球	AQP9	肝臓	AQP1,8,9	脊髄	AQP1,4
脳	AQP1,3,4,9	腎臓	AQP1,2,3,4,6,7,11	脳	AQP1,3,4,9

3―5　アクアポリン（AQP）

アクアポリンは6個の右向きのαヘリックス構造を持っており、アミノ基末端とカルボキシル基末端は細胞質側の細胞膜表面に突き出している。ヘリックス間には5個のループ構造が存在し、細胞外と細胞内の連絡をしている。この中の二つのループは疎水性であり、NPA（Asn-Pro-Ala）モチーフと呼ばれる構造を持っている。NPAモチーフは細胞膜内部で重なっており、3次元の漏斗状の構造をしている。この部分が水分子を通過させる。アスパラギンと水の酸素原子との水素結合によって水分子は1列でチャネル内を回転して通過する。AQPの大部分は水しか通さないが、グリセリンを通すものも存在する。哺乳類では13種類のAQPが見つかっている。[4)] 表3に示すようにヒトの組織には多くのAQPが存在するが、皮膚にはAQP3があり、水とグリセリンを選択的に通過させて皮膚のみずみずしさを保っている。

4　皮膚と水

4—1　水を逃がさない仕組み

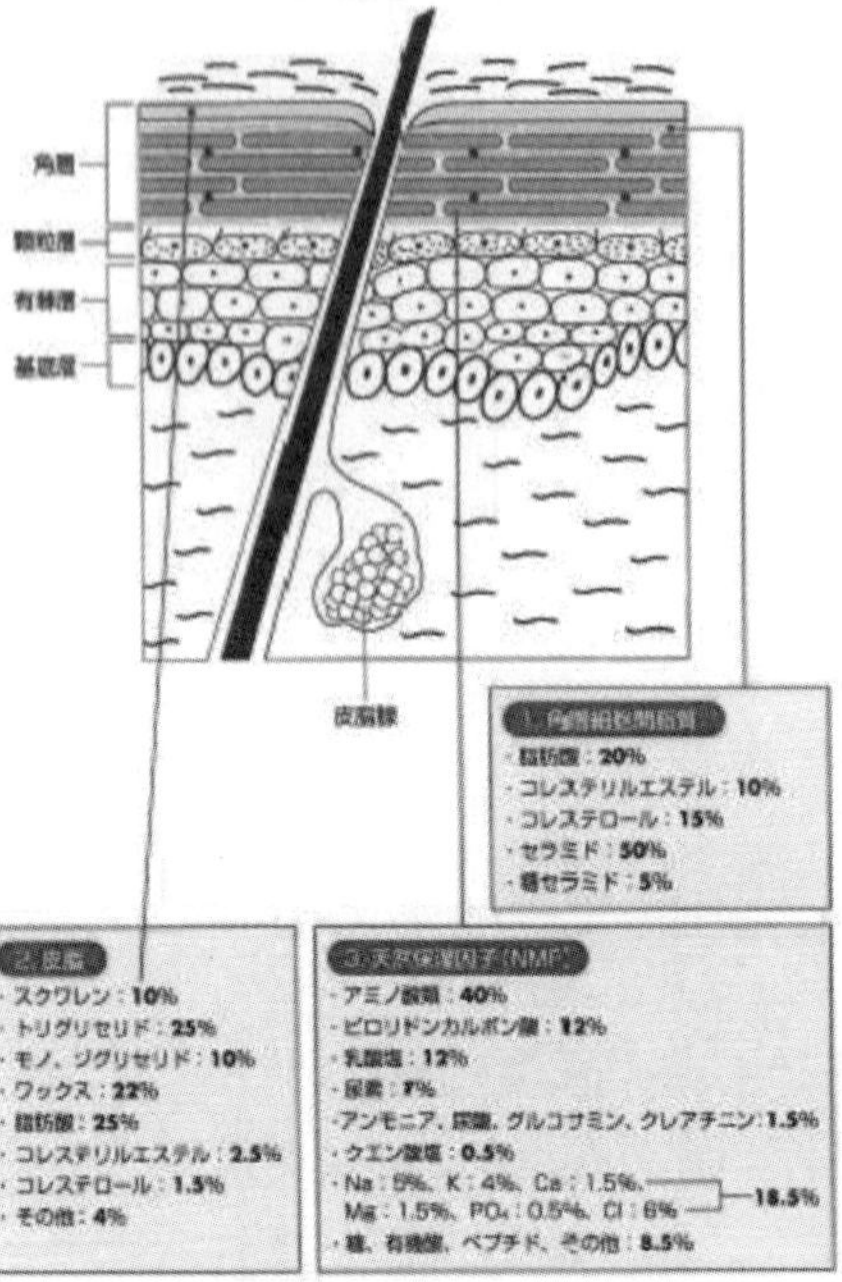

図４　乾燥から身を守るしくみ

　このように大切な水を体の外に逃げ出さないようにするため、角層は乾燥した地上の環境で乾燥から身を護るために図４のような仕組みを作っている。一番外側にはトリグリセリド、ワックスおよび脂肪酸などで構成される皮脂があり水分の蒸発を防ぐ。表皮の顆粒細胞はゆっくりと薄い屋根瓦のような角層細胞に分

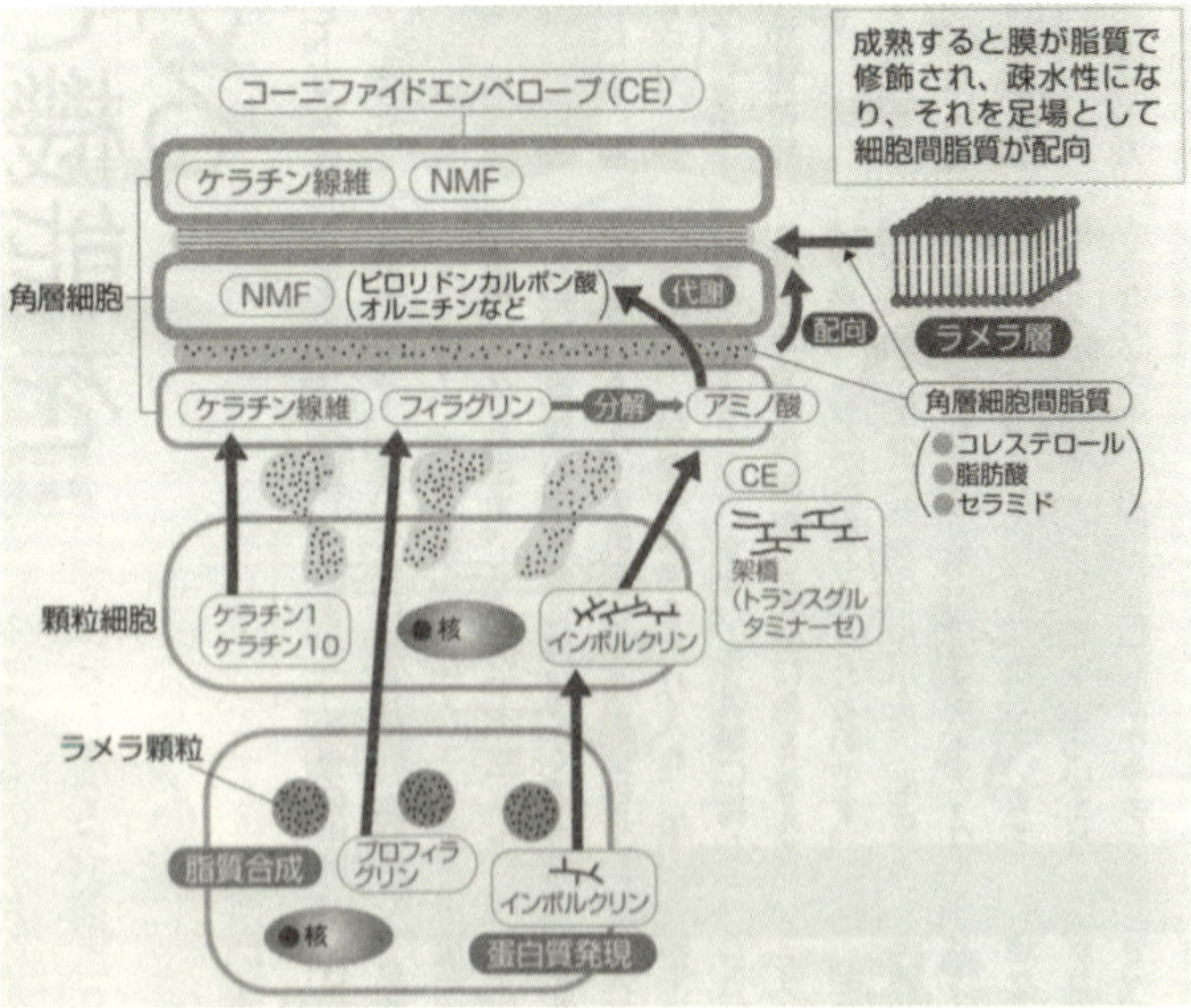

図5　正常な角層ができるまで

化する。これが20層ほどしっかりと積み重なり薄い膜状の角層となって体表面をしっかりと包み「水も漏らさない」膜ができる。この角層細胞は一日一層位のペースで出来ているので、最上層からは古い角層が垢として剥げ落ち、常に新しい防御膜が表面に出る。

この角層細胞には天然保湿因子（NMF）と呼ばれる水溶性成分が存在する。図5のようにNMFは、フィラグリンと呼ばれるタンパク質が角層に移行した後にタンパク分解酵素により分解して生成するアミノ酸類で、この水溶性アミノ酸は角化が正常に行われなければ生成しない。

もう一つ水分バリア機能に重要なものが角化の過程で作られる。ラメラ顆粒という脂質で満たされた層状の小体が角層に移行する直前に脂質を細胞間に放出し、シート状に広がり細胞間脂質を形成する。この細胞間脂質は主にセラミド、コレステロールとそのエステルで構成され、水分の蒸散やNMF成分のアミノ酸の流出を防ぐ。この細胞間脂質は両親媒性物質で、その親水基同士、疎水基同士が集まって層状となったラメラ構造を作っている。この構造だと水は通り抜け難い。この大切な構造を作るには「コーニファイドエンベロープ（CE）」という角層細胞を包む膜の成熟が必要で、CEが成熟するとタンパク質の膜に脂質が修飾され、その上に細胞間脂質がラメラ構造で綺麗に配向しバリア機能が発現する。このようにNMF、細胞間脂質、皮脂などでしっかりと水が体外にでないようにできているが、そのどれかの条件が満たされないと水分は容易に外に出て行く。また、バリア機能がなくなってくると外からの異物の侵入が容易になってくる。

角層は健康な状態で10～20％の水分を保持しており、これが低下すると肌荒れを起こす。このような角層水分量の低下を防ぐために保湿剤とともに水も配合される。毛髪も同様で水の役割は大きい。

4―2　水を出す仕組み

皮膚から水を出す仕組みの代表的なものは汗で、汗は汗腺という腺組織から分泌される。汗腺にはAQP5が発現している。汗腺にはエクリン腺とアポクリン腺がある。

エクリン腺には次の3種類の発汗様式がある――①上昇した体温を平常値に下げるために出る全身性の発汗、②不安や緊張による手のひらや顔面、腋の下など局部に出る精神性発汗、③熱いものや辛いものを食べた時出る味覚性発汗。この汗腺から分泌される汗の成分は99%が水で、残り1%に塩分、尿素、アンモニア、乳酸などが含まれる。

アポクリン腺は腋の下、へその周り、性器周辺などの特定部位に分布し、第二次性徴期の頃大きくなりはじめ老年期には小さくなる。この汗腺から出る汗は塩分がほとんどなく、タンパク質、脂質、糖質、アンモニアなどを含みやや粘り気がある。汗そのものは無臭だが皮膚の菌で分解されて匂いが発生する。

4―3　皮膚の水分測定

角層水分量の測定は水分量によって角層の電気抵抗が変化することを利用し、インピーダンスやキャパシタンスを求めることによって評価できる。また、皮膚から蒸散する水分量を「経皮水分蒸散量（ＴＥＷＬ）」として求め、この値の低いほど角層バリアが高い。

皮膚内に存在する水は、細胞内の水と細胞外の水に分類できる。また、それぞれの水は、バルクの水と同様に蒸発することのできる自由水、生体成分と結合して容易に蒸発しない結合水に分けられる。[5)] 角層にも結合水が存在し、角層の柔軟性を保っている。自由水と結合水は熱分析などで区別できる。正常では約30％程度で、それ以上に水が多い状態では自由水が多くなり、タンパク分解酵素も働いて角層の構造が破壊されてふやけた状態になるといわれている。自由水の皮膚内の分布は皮膚全体の誘電分光およびプローブと皮膚を接触させたまま広帯域測定することによって測定されている。[6)]

水には近赤外領域に吸収を持つため、最も強い１９２０nm^{-1}付近の吸収をターゲットにした近赤外カメラシステムも開発されており、皮膚の水分の可視化も行われている。[7)]

5　化粧品と水

化粧品の成分で一番多く配合されている原料は水である。これは水が生体で重要な役割をしている必須成分であることと無関係ではない。この水に化粧品成分を溶解させるが、溶解できない化粧品成分は可溶化や乳化という形で均一に配合されている。

5—1　化粧品に用いられる水

一般的に化粧品製造に用いられる水は常水か精製水で、常水は水道水および井戸水を指し、水道法による水質基準の要件を備えたものである。精製水は常水をイオン交換したイオン交換水または蒸留した蒸留水である。化粧品に用いる水は無色透明で異臭や沈殿物がないものが用いられるが、さらに安全性や衛生面を考えて雑菌、金属イオン、有機物などの不純物を除去したものが用いられる。

最近では水そのものに機能を持たせた機能水も使われることが多くなり、各地の温泉水や海洋深層水なども用いられる場合がある。

5—2　機能水

高い機能を付加するために活性化された水は色々な分野で注目されている。これらの水は科学的根拠の乏しいものもあるので注意が必要である。

活性化する方法としては、①ある種のエネルギーを与える、②物質を接触または溶解させる、③様々な膜を透過させる、④機能させたい情報を転写させる、などがある。

活性化された水については、①水の構造が変化する、②活性化学種が生成する、③酸化・還元電位が変化する、④エネルギーが変化する、⑤物性が変化する、などの変化が起こるとされる。

自然にできた水としては温泉水や海洋深層水などがある。人工的な機能水の例としては限りなく純度100％に近づけた超純水、超音波で活性化した超音波処理水、電気分解して得られる電解水（アルカリイオン水、酸性水）、磁気水、波動水、πウォータなどがある。また、溶存ガスを除去した脱気水、溶存ガスを制御したオゾン水や水素水（還元水）および各種のガスがミクロンまたはナノレベルの大きさで存在するファインバブル水などがある。

5―2―1　温泉水

温泉水は長い時間地中を循環してミネラル成分など様々な物質が含まれている。地上に湧き出す温泉の元になる水は超高温、高圧であると共に、地下深くは酸素がない状態であることが多い。この場合温泉水は地表に出て初めて酸化され、この酸化反応によって湯の花などが生まれる。言い換えれば温泉水は地上に出ると酸化され生命力を失って老化（エイジング）していくとも考えられる。環境省のパンフレットには表４に示すような10種類の療養泉が掲載されており、[8] 俗にいう「泡の湯」は二酸化炭素泉である。二酸化炭素泉の二酸化炭素は血行を良くすることで知られている。

血液中の酸素はヘモグロビンが運んでいるが、二酸化炭素の濃度が高くなるとヘモグロビンから酸素を追い出し、それによってその組織に酸素を供給する。これをボーア（Bohr）効果と呼ぶが、生理学者クリスティアン・ボーア（ノーベル物理学賞を受賞したデンマークの物理学者ニールス・ボーアの父）により発見された。ボーアは、血液内の二酸化炭素量の変化による赤血球内のｐＨの変化により、ヘモグロビンの酸素解離曲線が移動することを１９０３年に発表している。ヘモグロビンの酸素解離曲線がｐＨの低下や温度上昇でヘモグロビンが酸素を解離しやすくなり、一方、ｐＨの上昇や温度低下で酸素と結合しやすくなる効果である。つまり二酸化炭素が血液中に入ると炭酸が生じてｐＨが低くなるのでヘモグロ

表４　療養泉の種類と特徴

療養泉種	基準	特徴	適応症
単純温泉	溶存成分（ガス成分を除く）が1,000mg/kg未満、泉温は25℃以上。	・アルカリ性単純温泉は、PH8.5以上 ・刺激はマイルド	浴：自律神経不安定症、不眠症、うつ状態
塩化物泉	俗にいう“熱の湯”。陰イオンの主成分が塩化物イオン。	皮膚に塩分が付着するため、保温効果・循環効果がある。	浴：ぎりきず、末梢循環障害、冷え性、うつ状態、皮膚乾燥症 飲：萎縮性胃炎、便秘
炭酸水素塩泉	俗にいう“美人の湯”。陰イオンの主成分が炭酸水素イオン。	皮膚の角質を軟化する作用がある。	浴：きりきず、末梢循環障害、冷え性、皮膚乾燥症 飲：十二指腸潰瘍、逆流佳食道炎、糖尿病、痛風
硫酸塩泉	陰イオンの主成分が硫酸イオン。	飲んで胆のうを収縮させ、腸のぜん動を活発化する。	浴：ぎりきず、末梢循環障害、冷え性 うつ状態、皮膚乾燥症 飲：胆道系機能障害、高コレステロール血症、便秘
二酸化炭素泉	俗にいう“泡の湯”二酸化炭素を1,000mg/kg以上含む。	炭酸ガスか皮膚から吸収され、保温効果や循環効果か知られている。	浴：ぎりきず、末梢循環障害、冷え性、自律神経不安定症 飲：胃腸機能低下
含鉄泉	鉄(Ⅱ)、鉄(Ⅲ)イオンを合計で20mg/kg以上含む	空気に触れると、金色に変色する。	飲：鉄欠乏性貧血
酸性泉	水素イオンを1mg/kg以上含む。	酸性が強いと入浴で皮膚にしみ、口にすると酸味がある。殺菌力が強い。	浴：アトピー性皮膚炎、尋常性乾癬、表皮化膿症、糖尿病
含よう素泉	よう化物イオンを10mg/kg以上含む	非火山性の温泉に多く、放置すると黄色く着色する。日本は、よう素の主要生産国。	飲：高コレステロール血症 飲んで総コレステロールを抑制する。
硫黄泉	総硫黄を2mg/kg以上含む。	殺菌力か強く、表皮の細菌やアトピー原因物質を取り除く。	飲：アトピー性皮膚炎、尋常性乾癬、慢性湿疹、表皮化膿症 飲：糖尿病、高コレステロール血症
放射能泉	ラドンを30x10 ^{10}Ci/kg以上含む。	鼠泉に含まれる微量の放射能は、炎症に効果的。	浴：痛風、間接リウマチ、強直性脊椎炎など

環境省：あんしんあんぜんな温泉利用のいろは

表5　温泉中の物質が皮膚から吸収される量

吸収量（μl/cm²・h）	物質
100	テルペン、二酸化炭素、ラドン
10	硫化水素ガス、酸素
1	水
0.1	ヨウ素、ヨウ素イオン、カリウムイオン
0.01	硫酸塩、ナトリウムイオン、塩素イオン、鉄イオン

ビンが酸素を放出するようになり、末梢組織に酸素が行き渡るという訳である。この理論は多くの二酸化炭素含有化粧品に利用されている。

女性に人気の「美人の湯」は角層細胞中の角質（ケラチン）に効果のある硫黄泉、皮膚を柔らかく滑らかにしてくれる炭酸水素塩泉、皮膚への刺激が少ない単純温泉などである。この美人の湯に共通の微量成分としてメタケイ酸とカルシウムがあり、表皮細胞の角質化が促進されセラミドを整えると言われている。泉質によって適応症が異なっているのでそれぞれの特徴を知って利用して欲しい。

さて、これらの療養泉も時間と共に老化するのでなるべく地表に出た還元状態の温泉水が良いと考えられる。例えば硫黄泉では、還元性のある硫化水素が主体の酸性硫黄泉はもとよりチオ硫酸イオンや硫化水素イオンが主体のアルカリ性硫黄泉でも皮膚を浸透する還元系の硫化水素が有効であることが知られている。[9] 還元力の指標として酸化還元電位（Oxidetion-Reduction Potential：ORP）がある。ORPはその物質の電子濃度を知ることでそれが酸化系か還元系かを評価するものである。酸性硫黄泉に浸かった皮膚の酸化・還元電位を測定すると、温泉に入る前より還元されていることが確認されている。また、酸性硫黄泉のメラニン生成抑制効果も報告されており、硫化水素の効果が示唆されている。酸性硫黄泉はアルカリ性硫黄泉と比べて硫化水素が飛ぶことでエイジング速度が速く、還元力が失われていく。硫化水素は一酸化窒素と同様に生理活性があることが知られており、生体に微量必要であるが、その毒性が死に繋がるため、安全性と効果のバランスを十分考慮する必要がある。

また、日本人はヒノキ風呂が好きであるが、ヒノキの香りなどのテルペン化合物はフィトンチッドとしてのリラックス効果もある。嗅覚によるアロマコロジー的な作用もあるが、テルペン化合物が皮膚から微量吸収されることも考えられる。一般的に、浴水温が高く、浴時間が長く、濃度が高いほど温泉成分の経皮吸収量は多くなる。吸収されやすい物質は親油性で、吸収されにくい物質は水に溶けやすいが、テルペン類は表5に示す通り経皮吸収しやすく体内に取り込まれやすい。[10)]

5—2—2　海洋深層水

海洋深層水は水深が約200メートル以深の海水をいう。そこでは光合成による有機物生産は進まず、生活している生物は表層から沈降してくるわずかな有機物を利用してかろうじて生きている。海洋深層水の特徴は主に三つある。次のとおりである。

①　産業排水や生活排水などの流入がないため化学物質に汚染されておらず清浄である。

②　マグネシウム、カルシウムなどのミネラルだけではなく、光合成のできない環境なので窒素、リン酸、カリが豊富である。

③　低温安定性に優れている。

アトピー性皮膚炎の治療に有用であるという報告もあり[11)]、いくつかの化粧品に使用されている。

5—2—3　ファインバブル

直径0・1ミリメートルより小さな泡をファインバブルと呼ぶ。水中の泡が小さくなることによって泡の上昇が抑えられ、水に溶解しただけの量より泡の分だけ多くのガスを含むため様々な効果が現れる。また、水中に電解質がある場合は泡の表面が電荷を持ち、その電荷同士が反発するので泡の合一が起こり難いとされている。オゾンバブル水は殺菌作用があり、しかもオゾンは分解した後には酸素に変化するので牡蠣の養殖などに使われた。窒素バブル水も含有酸素量が減少することで酸化や菌の増殖を抑えるため、魚の鮮度保持に使われている。空気バブル水は洗浄力が優れ、すすぎの必要もなく、界面活性剤などの残留もないので洗浄に使われている。水素バブル水も活性酸素消去というコンセプトで人気がある。

5―2―4　水素バブル水（高濃度水素水）

アメリカ航空宇宙局（ＮＡＳＡ）が、放射線対策として水素水や水素吸入を提案したことから話題となった[12]。水素ガスは人体の細部まで浸透・拡散し、細胞内部の酸化ストレスとなる活性酸素を消去するとされている。活性酸素の害が叫ばれるようになって脚光を浴びた。溶存水素濃度（ＤＨ）は溶存水素濃度計で測定でき、水素ナノバブル水で０・８～１・３ｐｐｍくらいといわれている。還元力は酸化還元電位（ＯＲＰ）で測定でき、水素ナノバブル水ではマイナス３００ミリボルト（mV）以下となる。水素水については長期間の保存が難しいという問題点があり、栓を開けてＯＲＰの値が高いようであれば水素の存在は少ないと考えられる。水素水については消費生活センターの情報などを参照されたい。水素水の皮膚への効果に関する報告[13]もあるが生物学的な機構が明確ではないため、酸化ストレスに対する防御はKeap1-Nrf2経路など生体の防御機構を中心に検討されている。すなわち、活性酸素をシグナルとしてとらえ、生体が酸化ストレス制御を行うということで、活性酸素は悪者ではなく制御するものと考えられるようになった。

5―3　化粧品成分と水

5―3―1　乳化・可溶化と水

化粧品では水と油を配合する場合が多いが、水と油は混じらないため、水と油の両方に親和性のある両親媒性物質を使って水と油を均一に混ぜる。両親媒性である界面活性剤の親水基は水溶液中でアニオンに解離するアニオン界面活性剤、カチオンに解離するカチオン界面活性剤、ｐＨによりアニオンとカチオンに解離する両性界面活性剤そして水溶液中で親水基がイオンに解離しない非イオン界面活性剤がある。

イオン性界面活性剤には水への溶解度が急激に増加する温度があり、クラフト点と呼ばれている。対イオンの水和度が大きいものほどクラフト点は低くなる。クラフト点は界面活性剤の水和固体の融点という考え方がある[14)]。

非イオン界面活性剤は電荷を持たないポリエチレンオキサイド鎖（ＰＥＯ）などで構成され、ＰＥＯの重合度によって親水基の大きさを変えることができる。親水性―親油性バランス（HLB）は水と油への親和性を表すパラメーターで、界面活性剤を選択するときの指標となる。

界面活性剤の水に溶けない疎水基が水中に存在すると、疎水基は水を避けようとして界面の疎水場を探す。吸着する界面がなくなると界面活性剤の疎水基同士が集まってくる。これは疎水性相互作用と呼ばれるが、積極的な作用というより嫌われ者同士が集まる受動的な作用と言える。こうして水中で界面活性剤は疎水基を中側に親水基を外側に向けてミセルという集合体を形成する。界面活性剤の濃度や温度などによって液晶などの集合体を形成する。

非イオン界面活性剤ではある温度以上で界面活性剤の働きができなくなって曇ってしまう。これを曇点というが、親水基と水との水素結合が温度によって弱くなることによって起こる。曇点は親水基が脱水和して親油性に変化することによって起こるため、低温では水中油型（O／W）エマルション、高温では油中水型（W／O）エマルションになる。曇点は無機塩の共存によって塩析効果の影響を受ける。また、保湿剤として化粧品でよく用いられる多価アルコールについても1・3−ブチレングリコールやプロピレングリコールは曇点を上げるが、グリセリンは曇点を下げる。

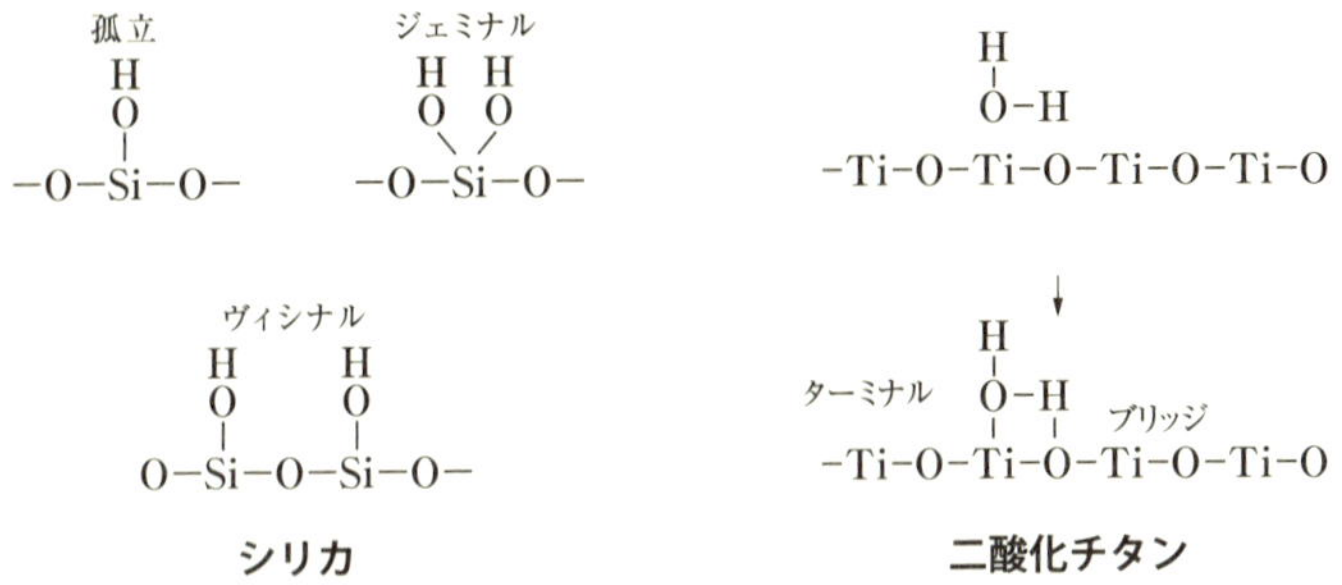

図6　金属酸化物の表面水酸基

5—3—2　粉体と水

化粧品に用いられる顔料などの粉体表面には水が吸着している。シリカや酸化チタンなどの金属酸化物の表面では一層目の水によって水酸基が形成されている。例えばシリカの水酸基は図6のように孤立、ジェミナル、ヴィシナルなどの種類があり[15]、これらの水酸基は表面処理をする時に重要な働きをする。

化粧品に用いられる粉体は大きく水に濡れる親水性粉体と水を弾く疎水性粉体に分けることができる。固体表面に液体を乗せると液滴にならずに固体表面をどんどん濡れ広がる場合を拡張濡れというが、この拡張濡れが生じるためには固体の表面張力が液体の表面張力よりも大きければよい。2—5の表面張力のところで述べたように、水は73（mN／m）と大きい表面張力の値を持っている。これがテフロンは18（mN／m）、ポリプロピレンは29（mN／m）であり、これらは水に濡れない。カオリンは170（mN／m）

であり、水に濡れる。一般的に化粧品に用いられる無機顔料は水に濡れ、有機顔料やポリマー粉末は水に濡れない。

メイクアップ化粧品では粘土鉱物などの無機粉体が主に使われているが、これらは水に濡れてしまう。つまり、汗などに馴染みやすく化粧崩れしやすい。化粧崩れを防ぐために粉体を疎水性にする場合が多い。一方、水が多く含まれる製剤は瑞々しさがあり、水の多い系に疎水性粉体を分散させる技術が望まれている。

常温・大気中では固体表面の一層の水の上にさらに数層の水分子が吸着している。このため油に粉体を分散させるためにはこの水の関与を考えなければならない。また、水中で粉体はその固体の等電点よりｐＨの低い領域ではプラスに、ｐＨの高い領域ではマイナスの電荷を帯びた状態になっている。粉体を水に分散させるには粉体に電荷をもたせて静電的に反発させなくてはならないので等電点は避ける。

5―4　微生物と水

化粧品が微生物に汚染される事例は多く、微生物汚染で毎年数件回収が行われている。汚染対策では、中身だけではなく、容器の工夫も必要である。微生物は水がなければ生きられない。前述したように水には自由水と結合水があるが、微生物が利用できるのは自由水で、この自由水を少なくすれば微生物が生育できず防腐防黴できる。微生物の生育は水分活性という指標でみることができる。

水分活性（Aw）＝ P/P_0

P：化粧品の水蒸気圧、P_0：純水の水蒸気圧

微生物はある水分活性以下になると生育できなくなる。一般的に細菌では0・90、酵母では0・88、カビでは0・80以下である。

一般に水分活性を低下させるには、①乾燥により自由水を減少させる、②砂糖、食塩などを入れて自由水を結合水に変える、などがある。化粧品では「防腐剤ありき」ではなく多価アルコールなどを用いて水分活性を下げ、効率よく防腐防黴を行っている。

5−5　化粧品容器と水

化粧品容器に求められる要素には、①品質保持、②機能・性能、③販売促進、④適正包装、⑤経済性がある。①は中身を保護する適正な材料で、光、酸素、水分などで劣化しないよう

遮蔽して中身の安定性を保つ。容器が水分を透過する場合は、経時での水分の出入りによる中身表示量の変化や吸湿によるエマルションの製品の転相、さらに吸湿による中身処方成分の分解などの問題がある。

ビタミンCなどは吸湿に弱い成分である。吸湿を防ぐには水分が透過しないガラスや金属、または水分透過し難い高密度ポリエチレンやポリプロピレンを材質として用いる。水分透過性の低い層を入れて積層した材質を使っても良い。酸素や二酸化炭素の透過率の低い高分子材料でも水素結合がある場合は水分子によって高分子同士の凝集が弱められ水分子の拡散性が高められることがある。非常に高いバリア性を持たせるためにはプラスチックだけでは困難な場合があり、アルミニウムの蒸着やアルミ箔を張り合わせる方法もある。また、ダイアモンドライクカーボン（ＤＬＣ）を表面に形成させてもガスバリア性は向上する。

6　水が産み出す未来の化粧品

地球外の惑星に生命が存在するかを知りたい時、水の存在を調査する。このように水は生体にとって必須の物質で最も重要な成分である。皮膚はこの水を逃さないように非常に精巧にできている。化粧品にとって水は配合されている成分の中でも最も多い成分であり、一般的な存在ではあるが、その挙動は特異であり、その特異性によって生命が生まれたといっても過言ではない。この章では水の特異な性質と生体および皮膚での働きおよび化粧品との関係について述べた。

水は健康の基本となるため、様々な機能水が世の中に出ている。この中にはエビデンスのないものもあり、消費生活センターなどの情報などを見て判断して欲しい。このような水であるが、水に含まれる微量ガスや金属イオンおよび微妙なエネルギーによって水の構造や酸化還元特性などの物性が変化するので、今後、抗老化や皮膚再生などに適した水が見つかるかも知れない。例えば、温泉水などは地球が作った水で、昔から人々が健康のために利用してきた。温泉水の効果が科学的に解明されることによって微妙な水の作用が明らかになる。例えば、二酸化炭素泉の二酸化炭素は生体の末梢組織に酸素を与える作用があるが、今では多くの化粧品に二酸化炭素が入っている。

酸性硫黄泉につかると短時間で体内に硫黄が取り込まれることが分かっている。そして硫化水素は還元成分として考えられている。活性酸素の害が明らかになると還元物質が救世主のように現れるが、活性酸素は外からの菌などを防御していることもあり単純に悪者だと決めつける訳にはいかない。最近は活性酸素が単なる「防御」の対象ではなく「制御」の対象として理解されつつある。このような視点で硫化水素を見ると、これは数年前に化粧品領域でも話題となった一酸化窒素のように生理活性ガスとして捉えることができる。硫化水素は受容体、イオンチャネル、酵素、転写因子などを標的とし、神経伝達調節、平滑筋弛緩、細胞保護など多彩な作用をすることが報告されている。化学式を見ると、硫化水素（H_2S）は水（H_2O）と類似しており、水にも溶解しやすいが、油にもガスとして溶け込み、細胞膜も硫化水素にとっては障壁とならない。

一酸化窒素が電子を受け取りやすい「親電子性」であるのに対して、硫化水素は生理条件下では「求核性」の高いイオン（HS^-）になることから「求核性」を利用した心不全治療、さらに硫黄については毒性の低い含硫食品の効果などが報告されている[16]。このように硫黄化合物は病気の治療だけではなくよりマイルドな条件で化粧品的な効果も期待できると思われる。

美容も健康も行きつくところは水とも言われている。夢の化粧品が水から生まれることを期待したい。

参考文献

1）水島三一朗、島内武彦、“赤外吸収とラマン効果”、共立全書、(1958).
2）J. Morgan and B.E. Warren, J. Chem. Phys., 6, 3275 (1938).
3）H. Ohtaki and T. Radnai, Chem. Rev., 93, 1157 (1993).
4）佐々木　成、“アクアポリンの生物学”、p.54, p.86, 中山書店
5）G. Imokawa, H. Kuno, and M. Kawai, J. Invest. Dermatol., 96, 845 (1991).
6）白樫　了、村田幸輔、山田　純、生産研究、67, 247 (2015).
7）M. Egawa, M. Yanai, K. Kikuchi, and Y. Masuda, Applied Spectroscopy, 65, 924 (2011).
8）環境省パンフレット、あんしんあんぜんな温泉利用のいろは
9）大河内正一、栗田繕彰、梅田一輝、常重アントニオ、温泉化学、65, 2 (2015)
10）阿岸祐幸、「温泉と健康」、p.56、岩波新書
11）野村伊知郎、小児科臨床別冊、48, 143 (1995)
12）M.P. Schoenfeld, R.R. Ansari, J.F. Zakrajsek, T.R. Billiar, Y. Toyoda, D.A. Wink, A. Nakao, Med Hypothesis, 76, 117 (2011)
13）三羽信比古、COSMETIC STAGE, 8, 60 (2013).
14）K. Tujii, YUKAGAKU, 31, 981 (1982).
15）小林敏勝、福井　寛、「きちんと知りたい　粒子表面と分散技術」、p.48、日刊工業新聞社
16）M. Nishida, T. Toyama and T. Akaike, J. Mol. Cell Cardiol., 73, 10 (2014).

トリチウム水（HTO）は、原子力発電所の汚染物質として時々話題となるので少し詳しく説明する。トリチウムは電子の流れであるβ線（18.6 keV）を弱く放射しながらβ崩壊を起こし、ヘリウム3（^{3}He）へと変わり、半減期は12.32年である。トリチウム水は体内に取り込まれるとβ線の被爆を受けるので体に良くない。トリチウムは原子炉内で重水（HDO）の重水素（D）が中性子捕獲することでトリチウム水の形で生成される。この水は、原子力発電所の汚染水としてその除去が検討されているが、化学的性質が水（H_2O）とほぼ同一であるため、蒸留法や電解法などで両者を分離することは難しい。近畿大学の井原辰彦教授は、アルミニウム粉を用いて直径5nmの以下の孔を多数持ったフィルターを作り、毛細管現象を利用してトリチウム水を孔に取り込み、安全な水を放出するという方法で、これらの水を分離した。フィルターを加熱するとトリチウム水を回収できる。

参考　大きさの単位

大きさ	単位	SI接頭辞	大きさ	単位	SI接頭辞
10^{18}	百京	E（エクサ）	10^{-1}	分	d（デシ）
10^{15}	千兆	P（ペタ）	10^{-2}	厘（りん）	c（センチ）
10^{12}	兆	T（テラ）	10^{-3}	毛（もう）	m（ミリ）
10^{9}	十億	G（ギガ）	10^{-6}	微（び）	μ（マイクロ）
10^{6}	百万	M（メガ）	10^{-9}	塵（じん）	n（ナノ）
10^{3}	千	k（キロ）	10^{-12}	漠（ばく）	p（ピコ）
10^{2}	百	h（ヘクト）	10^{-15}	須臾（しゅゆ）	f（フェムト）
10^{1}	十	da（デカ）	10^{-18}	刹那（せつな）	a（アト）
10^{0}	-	-			

p.38　水分子の構造の双極子モーメントの単位
D：デバイ　電気双極子モーメントを表す単位の1つ。
3.33564×10^{-30} C・m（クーロン・メートル）

コラム　　重水（heavy water）

水にも重い水と軽い水がある。通常の水の水素は陽子と電子からなり$^{1}H_2{}^{16}O$で軽水と呼ばれる。重水とは、質量数の大きい水素または酸素の同位体の水分子を多く含んだ通常の水より比重の大きい水のことである。重水素と軽水素は電子状態が同じであるため、重水と軽水の化学的性質は似通っているが、質量が異なるので物理的性質は異なる。

水素の同位体のうち、重水素（heavy hydrogen）はデューテリウム（deuterium）とも呼ばれ、原子核が陽子1つと中性子1つとで構成されている。重水素は^{2}Hと表記するが、Dと表記することもある。従って重水の分子式は$^{2}H_2O$またはD_2Oと表記する。狭義には化学式D_2O、すなわち重水素2つと質量数16の酸素からなる水のことを言い、その比重は1.11g/cm^{3}で軽水より重い。単に「重水」と言った場合はこれを指すことが多い。

しかし、自然界では、D_2Oとしての重水はほとんど存在せず、重水はDHOの分子式として存在する。原子核が陽子1つと中性子2つとで構成される水素は三重水素（tritium）と呼ばれ、^{3}HまたはTと表記され、トリチウム水はHTOと表記できる。また、酸素には3種類の安定同位体^{16}O、^{17}O、^{18}Oが存在するので$H_2{}^{17}O$も$H_2{}^{18}O$も広い意味で重水と言える。

重水は生物の代謝系の解明に一役買っている。例えば九州大学の与那嶺助教らはミドリムシの光合成の反応に水分子の代わりに重水分子を取り込ませ、器官毎に「ラマン顕微鏡」で重水素を測り合成量を計測している。グルコースや多糖に重水素が多く取り込またミドリムシは光合成能力が高い。機能性微生物や植物の品種改良に役立つ。

第３章

化粧品と植物原料

伊福欧二

はじめに

化粧品には様々な植物原料が使用され、その使用量・範囲は年々拡大している。それは、植物原料が他の動物系・鉱物系の天然原料や化学合成品と比較して次のような特徴があるからと考えられる。①天然由来ということで良いイメージがある、②安全性が高いと思われており、また生分解性・再生可能で環境にやさしい、③作用が一般に穏やかで持続的である、④単一成分として用いられない場合は、副成分の作用で難溶性の成分が易溶性の成分となることが多い。

植物原料の化粧品分野での配合目的は様々であるが、近年その成分の有効性を期待して配合されることが多くなり、その発展も目覚ましい。一方、「無添加」化粧品等を指向する風潮から、植物（由来）成分を基材成分として汎用するケースも目立つ。そのように基材成分として植物成分を使うのは、同じ作用をもつ合成品の代替としての場合が多い。例えば、鉱物油の代わりにオリーブオイルやホホバオイルなどの植物油脂を、タール系色素の代わりにベニバナやシコン、クチナシなどの色素を使うといった場合である。このほか、石油系合成界面活性剤や合成ポリマーを避けるために、保湿目的で大豆イソフラボンや植物性グリセリン、ヒアルロン酸が使われるし、また、パラベン等の合成防腐剤を避ける目的でローズマリーエキス、ヒノキチオールなどが防腐剤として使用され、石油系の合成香料を避けるためにエッセンシャルオイルなどが香料として汎用されている。

しかし、特定の植物に対するアレルギー体質やかぶれを示す人もおり、一概に植物由来だから安全だと言えるものではない。また、植物成分は作用が緩和であるだけに合成品に比べて防腐効果が弱かったりする一方で、植物だけが天然成分でもなく、動物成分や鉱物色素などの「天然成分」にも安全な成分は多々ある。

本章では、植物原料・成分の特徴、遺伝資源の規制、オーガニックコスメ、そして化粧品に配合される植物原料・成分の開発の現状と課題について述べる。

1　植物成分の特徴

1―1　植物成分の多様性

植物成分は一次代謝産物と二次代謝産物に分けることができる。一次代謝産物は、アミノ酸、糖、核酸を代表とする、生体を維持するのに必須の物質群であり、植物に限らず生物に共通のものである。一方、一次代謝系から派生して出てきたもので、生物にとって必ずしも必須でない低分子化合物が二次代謝産物である。二次代謝産物は、それぞれの生物にとって固有の産物である点が一次代謝産物との根本的な違いである。

植物は動物と異なり、自ら動くことができないので、周囲の環境変化に適応するため、一般的に生物的、非生物的ストレスに対する防御に重要な働きをする多様な二次代謝産物を生産してきた。人は植物に含まれる一次代謝産物を栄養素として摂取しているが、人が薬用として利用してきた植物の薬効成分はいずれも二次代謝産物である。世界には高等植物だけでも25万種くらい存在すると言われており[1]、各生物種、生物群に固有の二次代謝産物は膨大な数になり、その化学的多様性も極めて大きい。一説によると植物が生産する二次代謝産物は、植物界全体で100万種以上あると推定されており[2)]、人類が利用してきたものはそのうちのごくわずかに過ぎず、まだまだ無限の利用可能性を秘めていると言っても過言ではないだろう。

1―2　原料としての植物成分

植物原料は、植物から特定の成分を単離精製された形で使われることもあるが、全体処理として植物抽出エキスもしくは乾燥物という形で利用される場合が多い。その場合は、多くの成分を含む（多成分系）ことが大きな特徴となっている。品質の安定した原料を確保するためには、原料となる植物およびその使用部位、加工処理方法を如何にしっかりと定義しておくかが重要になってくる。

原料の基となる基原植物に関しては、流通品でも地域により同名異物なども存在し、学名も地域研究の進展によっては変化する場合もあり、注意を要する。また、基原植物がしっかり管理され、使用部位も規定されている状態でも、化学組成は採取地域、季節、気候等の環境によっても個体差ができ、品質に違いが生じることがある。可能ならば自生品よりも栽培品で、一定条件を整えた原料を用いるなどの配慮も必要であろう。また、安定性、安全性等に悪影響を与える成分の除去、精製等を含む加工処理方法の検討も重要である。それぞれの原料ごとに如何なる品質規格を設け、コントロールして行くことができるかが大きなポイントとなっている。

このように多成分系を特徴とする植物原料だからこそ、多様な活性を示す。同時に有効成分の作用と副成分の作用のバランスで全体的な有用性が穏やかに持続的になったりすることにつながっていると思われる。よって、有効成分・副成分等の成分規格の安定性は不可欠である。植物原料の規格化、組成の一貫性の追求は、今後とも品質確保における重要な鍵となる要素と言える。

2 植物成分の規制

原料の確保の点で、留意すべき国際的な規制や取組みとしては、「絶滅のおそれのある野生動植物の種の国際取引に関する条約」（ワシントン条約）や「絶滅のおそれのある野生生物の種のリスト」（レッドリスト）があり、これらは稀少生物の保護を目的としている。一方、生物を経済的な価値として認めた「生物の多様性に関する条約」（生物多様性条約）があり、これは化粧品業界にとっても重要なテーマであることから経緯を含めて少し詳しく紹介する。

2―1　生物多様性条約[3)]

「生物の多様性に関する条約」（Convention on Biological Diversity：CBD）は1992年に採択され、リオデジャネイロで開催された環境と発展に関する国際連合会議（United Nations Conference on Environment and Development：UNCED）で、署名のため開放された多数国間環境協定の一つである。[4)] 同条約は1993年に発効し、2016年末現在、アメリカを除く194か国と欧州連合（EU）、パレスチナが締結している（日本は1993年5月締結）。同条約に限るものではないが、こうした条約の最高決定機関である締約国会議はコップ（Conference of Parties：COP）と呼ばれる。生物多様性条約に関する締約国会議（COP―CBD）は現在2年ごとに開催されており、直近では2016年にメキシコのカンクン市でCOP13が開催されている。

生物多様性条約の目的は、①地球上の多様な生物をその生息環境とともに保全すること、②生物資源を持続可能であるように利用すること、そして③遺伝資源の利用から生じる利益を公正かつ衡平に配分することである（第1条）。また、条約では「遺伝資源の取得の機会につき定める権限は、当該遺伝資源が存する国の政府に属し、その国の国内法令に従う」、「遺伝資源の取得の機会が与えられるためには、（中略）、事前の情報に基づく締約国の同意を必要とする」などと定められている（第15条）。遺伝資源の利用や利益配分に関する目的第③項は、略してABS（Access to genetic resources and Benefit Sharing）と呼ばれる。ABSは、遺伝資源の提供側（主に途上国）と利用側（主に先進国の企業）で利害が衝突する解決の難しい問題である。

2002年、オランダのハーグで開催されたCBDの第6回締約国会議（COP6）で、各締約国がこのABSに取り組む際の国際的なガイドライン（「ボン・ガイドライン」という）が採択された[5)]。ボン・ガイドラインは、ABSに関してPIC（Prior Informed Consent）と呼ばれる事前合意の仕組みや、MAT（Mutually Agreed Terms）と呼ばれる相互合意条件に関する一定基準を明確にする意義があった。しかしながら、あくまで拘束力のない任意のガイドラインであることから、遺伝資源の利用から生じる利益が、資源提供国に対して適正に配分されるためには不十分なものであるという声が上がった。そこで、同年開催されたヨハネスブルグ・サミット（持続可能な開発に関する世界首脳会議）では、ABSに関する実効性のある国際的制度の制定を目指した議論が始まった。その後数々の交渉が積み重ねられたが、利益配分をめぐって、遺伝資源の提供国と利用国、あるいは開発途上国と先進国の間で強い対立があり、交渉は難航した。

しかしながら、ついに2010年に名古屋市で開催されたCOP10で政治決着という劇的な展開を迎え「生物の多様性に関する条約の遺伝資源の取得の機会及びその利用から生じる利益の公正衡平な配分に関する名古屋議定書」が採択され、2014年に発効した。[6)] 先進国（遺伝資源の利用国）は、遺伝資源の存する国の国内法令に従う必要があるという点に留意しなくてはならない。現在、締約国は遺伝資源の提供に係わるルール作りに着手している段階と思われる。

COP10名古屋会議での論点は、開発途上国（遺伝資源の存する国）が主張する次の5点であった。①利益配分の対象に遺伝資源を出発材料として得られたあらゆる「派生物」を加えるべきである、②「伝統的知識」を利益配分の対象に含めることを明記すべきである、③ABSルールは議定書発効前に遡って「遡及適応」されるべきである、④遺伝資源へのアクセスとその利用が公正かつ衡平に行われていることを資源利用国においてもモニターすべきである、⑤先進国が求めてきた「病原菌」をＡＢＳの対象から除外することを明確にすることには反対する。

議論の結果、名古屋議定書では、①「派生物」の語句は使用されず、代わりに「遺伝資源の利用」の語句が使用され、利益配分の対象は「遺伝資源の利用」とすることが規定された。②「伝統的知識」を判断する基準は明確化されなかったが、「伝統的知識」はその国の国内法に従って、利益配分を含め遺伝資源と同等の扱いになった。③過去に遡って利益配分を許容する「遡及適応」の条項は採用されなかった。④「モニター」については、遺伝資源の利用に関するモニタリングのための一つ以上のチェックポイントを指定することが新たに規定されたが、具体的なポイントの特定等はされていない。⑤「病原菌」に関しては、議定書の適用範囲との関係は明記されなかった。

さらに、名古屋議定書では、遺伝資源の提供国の措置と釣り合いの取れた利用国での遵守措置、アクセスと利益配分に関する情報を収集・提供するクリアリング・ハウスの設置が規定された点が重要である。

2—2　遺伝資源の産業利用と課題

遺伝資源の利用の仕方や利益配分の考え方は、産業によってかなり異なっている。化粧品素材や健康食品素材分野では、遺伝資源を大量に継続的に必要とすることが大きな特徴である。また、伝統的知識の関与も、医薬品業界では全くないのに対して化粧品業界では大きな意味を持つ場合が多いと思われる。

一般的に原料を遺伝資源国から直接購入し金銭で決済している企業からすれば、利益配分は適正に行われているとの感覚を持つであろう。ただ、資源国からの資源流通経路は多種多様で、複雑で、何段階もの業者や人の手を経て、また多数の国を経由しているのが普通である。そうしたときにアクセスと利益配分を適切に行うためには、これら多数の入手経路を包括した組織体が必要である。さらに、遺伝資源を安定的に流通させるには、自然界からの採取だけでは限界があり、人為的な生産システムの構築も必須となろう。生産システムの構築は、資源国に雇用促進を及ぼすので、一種の非金銭的利益配分ということもできる。いずれにしろ、化粧品領域でも今後資源国の規制は益々強化されることが予想されることから、資源生産のビジネス化への倫理配慮も含めて、そうした問題の解決に経験のある専門家集団に

頼ることも効率的な方法であろう。[7)〜9)]

3　オーガニックコスメ

3―1　自然ブーム

化粧品分野で自然ブームが全世界的な傾向となったのは、1970年代からである。その頃、米国では植物由来の素材（plant-derived ingredients）を配合する化粧品をフィトコスメ（phyto cosmetics）またはハーバルコスメ（herbal cosmetics）と呼んで差別化し、天然抽出物の利用を大いに推奨していた[10)]。実際、その頃チョウセンニンジンエキスを配合した化粧品もみられた[11)]。一方、日本では従来からヘチマ水やハマメリス水（ウィッチヘーゼル）を配合した化粧水等もあったが、1970年代にはこれらの他アロエ、カミツレ、カンゾウなどの生薬の抽出エキスを配合して、第一次の自然化粧品ブームが到来していた。

3—2　オーガニックとは

アルバート・ハワード（Albert Haward）が、インドでの25年に及ぶ農業研究者としての実績を元に、1940年に出した著書『農業聖典』の中でオーガニック農法というものを世界で初めて示した。[12)] オーガニック農法は、「無農薬」と混同されるが、そうではなく、基本は資源の循環を育み、生態系のバランスを整え、生物多様性の保護という概念を取り入れた農法である。オーガニック認証に関しては、米国農務省（U.S.Department of Agriculture：USDA）のナショナル・オーガニック・プログラム（Nationaol Organic Program：NOP）のウェブサイトが参考になる。[13)]

3—3　グリーンケミストリー

オーガニックコスメ、ナチュラルコスメを求める消費者の声が高まる中、同時に持続可能性、環境負荷低減、資源エネルギーの有効利用など地球規模での環境保全が叫ばれる中で、ヒトにも環境にも優しい植物原料は今後ともその重要性を増してくると思われる。

オーガニックコスメ、ナチュラルコスメの国際統一基準である「コスモス基準」(COSMOS-standard)[14]は、天然、あるいは天然由来成分、とりわけオーガニック農法由来原料を推奨しているが、環境にやさしい「グリーンケミストリー」の考え方を取り入れることも大きな要素として主張している。米国のポール・アナスタス（Paul T. Anastas）博士が提唱したグリーンケミストリー12か条を以下に示す[15]。

① 廃棄物を出してから処理するのではなく、初めから出さない。
② 原料物質中のできるだけ多くの原子が最終製品産物に残るように合成法を設計する。
③ 可能な限り環境や人間に対して毒性の少ない物質を使って合成する。
④ 機能が同じならできるだけ毒性の少ないものを使用する。
⑤ 溶媒や分離のためにはできるだけ毒性の少ない物質を使う。
⑥ 化学プロセスのエネルギー消費は環境への影響、経済性を考慮して最小限にする。
⑦ 技術的に可能で経済性もあるなら、枯渇性資源ではなく再生可能な原料を使う。
⑧ 反応の効率化等のための官能基の修飾は、余分の薬品を要し廃棄物も増やすので、できるだけ避ける。
⑨ 選択性の高い触媒は反応の効率を高めるために優れている。

⑩　化学製品は使用後、無害なものに分解し、残留性がないようにすべきである。
⑪　化学プロセスにおいて、有害物質の生成をモニター、制御するにはリアルタイムで計測する分析法が必要である。
⑫　爆発、火災、有害物質の漏出等の事故が起こらないような方法を取る。

また現在、グリーン・サスティナブルケミストリーという考え方も広まっている。これはグリーン（環境にやさしい）ケミストリーとサスティナブル（持続可能）ケミストリーを合わせた言葉で、使用資源やエネルギーを少なくするとともに、あらかじめ廃棄物や有害物質を出さないような製品・製造プロセスを設計していこうという考え方である。化粧品業界にとっても、このような生物の有効利用、保存・育成事業、資源保有国への経済的還元等にどう対応していくのかは避けて通れない課題である。環境対応等で注目されるオーガニックコスメの国際的な認証制度の現状を次に述べる。

3−4　オーガニックコスメの国際動向

化粧品への安全性に対する意識の高さから、植物を用いた化粧品への要望は強く、数多くのオーガニックコスメ、ナチュラルコスメが存在し、世界中に広がりつつある。しかしながら、オーガニックコスメ、ナチュラルコスメに関して、現在では世界中で色々な認証機関が存在するが、信頼できる統一基準があるかというと、あるとは言い切れず未だ過渡期と言えよう。もともと有機食品に関しては世界基準というものがある。この統一基準のベースを作成したのは、国際NGOの「国際有機農業運動連盟」（IFOAM）である。

一方、化粧品の有機認証に関してはこの基準は適用されず、色々な認証団体が独自の基準で認証してきたのが現状であった。歴史的には、世界で初めてナチュラルコスメの基準を定めたのは、ドイツに本部を置く「BDIH」である。ドイツの主要なナチュラルコスメの製造業者19社からなる作業部会で制定された。2001年のことである。その後、色々な認証団体がナチュラルコスメ認証を始めたが、基準統一を目指して2010年にEUに「コスモス」という認証団体が設立され、「コスモス基準」（COSMOS-standard）を制定した[16]。この基準はオーガニックコスメ、ナチュラルコスメの定義を確立した初めての国際統一基準である。参加認証機関は、ドイツのBDIH[17]、フランスのコスメビオ（Cosmebio）[18]、エコサート（Ecocert）[19]、イタリアのイチェア（ICEA）[20]、イギリスのソイル・アソシエーション（Soil Association）[21]である。統一基準の実施に関しては、参加団体内での調整に時間がかかっており、当初の２０１５年の目標は、先延ばしになっている状況である。また、コスモス基準では、合成防腐剤や合成界面活性剤などいくつかの石油系合成成分の使用が可能とされていたりして、消費者目線からは疑問視の声も上がっている。

４　植物成分の有用性

４―１　植物素材の有用性

植物素材を化粧品に配合する大きな理由の一つに、その生理学的有用性がある。例えば、スキンケア化粧品は、基本機能としての保湿以外に、差別化のために種々の皮膚科学的有用性が求められている。その有用性を満足させるものとして植物素材に大きな期待がかかっている。それは抗炎症作用であり、肌の引き締め効果であり、紫外線吸収作用や抗酸化作用、細胞増殖促進作用である。また、メラニン生成を抑制してシミ、そばかすを防ぐ効果、新陳代謝を促進、血行を良くして肌を若返らせ、小じわを防ぐ効果等々である。植物素材には色々な効果が期待されている。

いつも同じ評価系しか用いなければ訴求する作用が限られてしまう。よって、皮膚科学研究を進展させ、新しい皮膚生理機序を明らかにし、それに対処できる有効な生理作用をもった植物素材を開発する研究が行われている。

植物原料から安定的に抽出物を得るのは容易ではない。また、植物抽出物は、成分組成が複雑であるので、その品質や有効性は、季節、栽培環境、地理的条件、製造方法、保存状態等によって大きく左右される。よって、品質や有効性のしっかりした植物抽出液を安定的に供給するためには、有効成分を特定し、その成分規格をしっかりコントロールすることが不可欠である。

植物素材の開発研究例として、多方面の研究が行われている植物素材の一つである甘草（カンゾウ）を例に挙げ、以下に少し詳しく説明する。カンゾウは洋の東西を問わず、薬用植物などとして人類が利用してきた極めて長い歴史を持ち、その有効成分のグリチルリチン酸は、1937年の構造決定と同時に植物由来の近代医薬品として開発され、以来長く使用されている。

また、カンゾウ以外にも化粧品に配合される植物エキスにどのような有効性が見いだされているか、特に植物エキスから活性成分が同定されているものを中心に以下にいくつか具体例を挙げる。ただし、その中には実用化に至っていない研究段階のもののも含む。

①　カンゾウ属（Glcyrrhiza）

カンゾウは中国東北部から中央アジア、南ヨーロッパにかけて分布するマメ科の多年生草本カンゾウ属(Glcyrrhiza)植物の根あるいはストロンに含まれる甘味配糖体を主成分としたものである。遠く4000年の昔メソポタミアの渓谷で発見され、強壮薬、美容薬として用いられたのが起源とされている。

　カンゾウ属植物の根、ストロン（図1）を乾燥したもの自体がカンゾウと言われ、水やアルコールによる粗抽出物や粗精製物、あるいは主活性成分であるグリチルリチン酸（図2）はトリテルペン配糖体の一種で、漢方処方の実に7割に配合されている。抗炎症、抗肝炎作用もあることから、医薬品、化粧品に幅広く用いられている。また、グリチルリチン酸は砂糖の200倍の甘味を有することから、天然の甘味料[22]として、食品領域に非常に需要の多い植物である。日本では、その甘味質が塩の鹹味《かんみ》を減じる作用、いわゆる塩馴れ効

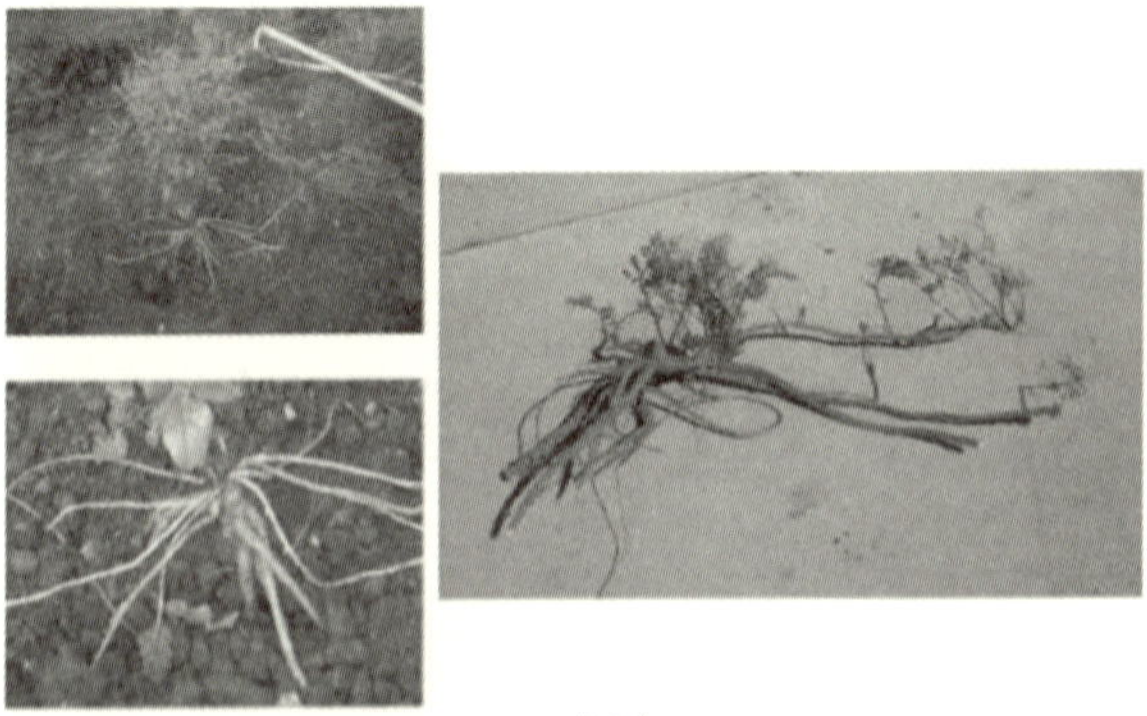

図1　カンゾウ属植物の根と匍匐《ほふく》茎

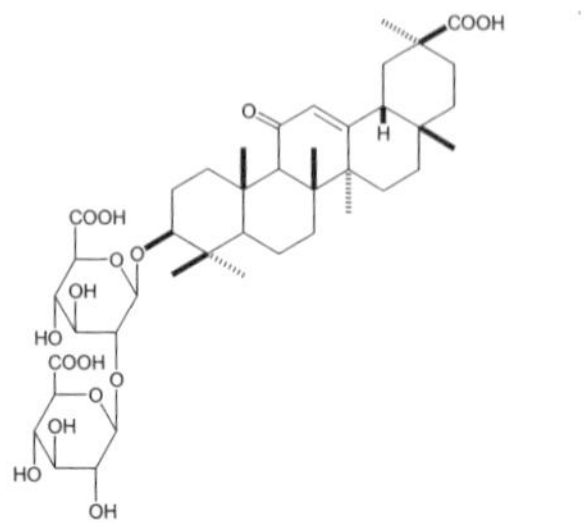

図２　グリチルリチン酸の化学構造

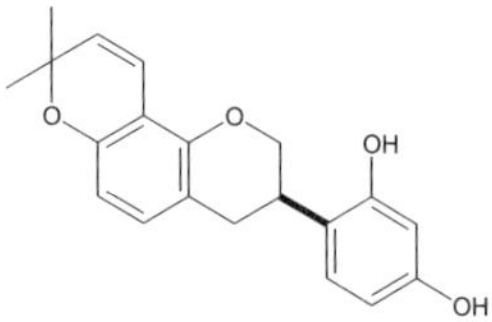

図３　グラブリジンの化学構造

果を有することから、食品特に醤油、味噌、漬物など含塩食品に広く添加されている。さらに世界中でタバコの香料としても幅広く一般に利用されている[23]。

カンゾウ属植物の中で主に利用されているのは、主成分であるグリチルリチン酸を含有するスペインカンゾウ（*G. glabra*）、シンキョウカンゾウ（*G. inflata*）、ウラルカンゾウ（*G. uralensis*）の3種である。主な産地とその種類を表1に示す。また、グリチルリチン酸は、抗炎症だけでなく、抗アレルギー、解毒および抗潰瘍作用などを有し、活性酸素除去、酸化ストレス防御などの作用も報告されており[24]、ＨＩＶ[25]やＣ型肝炎ウイルスへの抗ウイルス作用[26]なども見出されている。また、火傷の後の日和見感染症の防止への適応も報告されている[27]。化粧品には、その抗炎症作用、抗アレルギー作用などの薬理作用で種々の製品に広く使用されている。

グリチルリチン酸のアグリコンであるグリチルレチン酸には、抗炎症、抗アレルギー作用の他に抗菌作用[28]も報告されて

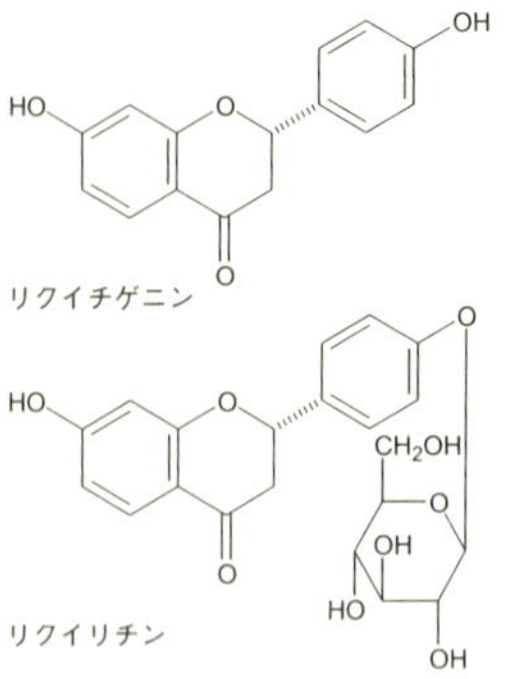

図４　リクイリチン（下）とリクイチゲニン（上）の化学構造

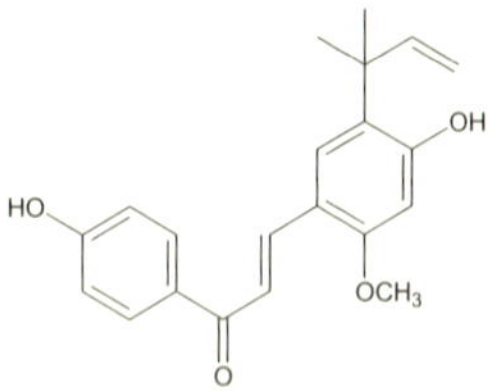

図５　リコカルコンＡの化学構造

いる。カンゾウには、グリチルリチン酸類縁体に加え、その他リクイリチン、イソリクイリチン等のフラボノイド配糖体、グラブリジン、グリシクマリン、リコカルコンＡなどの種特異的に存在するフラボノイドが存在する（表１）。脂溶性フラボノイドだけでも、約１５０種の化合物が分離・同定され報告されている[29]。

それらの構造は多岐にわたり、その活性も多様である。作用例として化粧品に近いところでは、グラブリジン（図３）は抗酸化作用[30]、エストロジェン様作用等[31]、さらに色素沈着の抑制効果が報告されている[32]。また、リクイリチン（図４）には美白作用[33]、リクイリチゲニン（図４）は抗カビ作用[34]、イソリクイリチゲニンは抗酸化作用[35]、ヒスタミンＨ２ブロッカー[36]等が示され、リコカルコンＡ（図５）は抗炎症作用が見出されている[37]。その他フラボノイド配糖体としてフラボングリコシド、カルコングリコシド、イソフラボングリコシド等の成

表1　甘草の産地と主要成分

産地	種類	水溶性成分	主要な種特異的フラボノイド成分
中国 東北〜内蒙古〜西北	*G. uralensis*	glycyrrhizic acid, liquiritigenin, isoliquiritigenin, 及びそれらの配糖体	licocoumarone, glycycoumarin, licoricidin
新疆	*G. inflata*	glycyrrhizic acid, liquiritigenin, isoliquiritigenin, 及びそれらの配糖体	licochalcone A, licochalcone B
モンゴル	*G. uralensis*	glycyrrhizic acid, liquiritigenin, isoliquiritigenin, 及びそれらの配糖体	licocoumarone, glycycoumarin, licoricidin
アフガニスタン、 ウズベキスタンなど 中央アジア	*G. glabra*	glycyrrhizic acid, liquiritigenin, isoliquiritigenin, 及びそれらの配糖体	glabridin, glabrene
イタリアなど ヨーロッパ	*G. glabra*	glycyrrhizic acid, liquiritigenin, isoliquiritigenin, 及びそれらの配糖体	glabridin, glabrene

表2　カンゾウの用途

業種	作用	用途
医薬品	抗炎症作用、抗アレルギー作用、 繊維芽細胞増殖作用、肉芽形成作用、 抗体産生抑制作用、ストレス反応抑制作用、 抗潰瘍作用、解毒作用	胃炎、胃潰瘍、十二指腸潰瘍、胃痛、 胃酸過多症、二日酔い、自家中毒、皮膚炎、 蕁麻疹、湿疹、薬物中毒、肝炎、黄疸、 各種疼痛、痰咳、結膜炎
化粧品		クリーム、化粧液、ヘアトニック、石鹸、 浴用剤、歯磨類
食品	塩馴、旨味、調味（コクづけ）、 甘味、フレーバー強化	醤油、味噌、漬物類、佃煮、スープ、 ソース、珍味類、練製品、飲料、冷菓、 菓子類、飴、ココア、乳製品

分が同定され、これらが抗酸化活性、抗炎症活性、抗腫瘍活性、抗発癌抑制活性など多くの薬理活性を示すことが報告されている[38)〜42)]。

総じて、フラボノイド成分は多様な活性を有しており、甘草の主成分であるグリチルリチン酸自体の有用性だけでなく、甘草の幅広い有用性を認識させるものである（表2）。

②　アムラ（Emblica officinalis）

アムラは、インド原産のトウダイグサ科の木本植物である。アーユルヴェーダ（インド伝承医学）において、最も重要なハーブの一つとして位置付けられており、強壮、若返り作用のハーブとして知られている。

アムラのオイルは世界最古のヘアコンディショニング剤の一つとしても知られているが、近年の研究では繊維芽細胞の増殖促進作用、プロコラーゲンの生合成促進作用が報告されている[43]。また、近年の研究で美白作用、高い抗酸化作用、マトリックスメタプロテアーゼ−1（MMP−1）阻害作用を持つことが明らかになり、その高い抗酸化力は、βグルコガリン（図6）によるものであることが見出されている[44]。

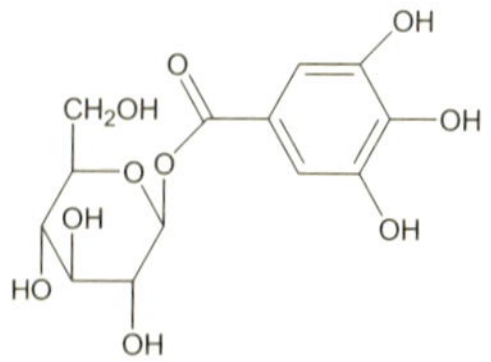

図6　β-グルコガリンの化学構造

③　アシュアガンダ（Withania somnifera）

アーユルヴェーダで最も良く用いられる生薬の一つで、抗炎症、抗ストレス、疲労回復、記憶力増強など様々な目的に使用されてきた[45]。アシュアガンダは肌に潤いを与えるともいわれ、外用剤としても、シミやシワ対策としても塗布されている。近年、活性酸素除去機能とし

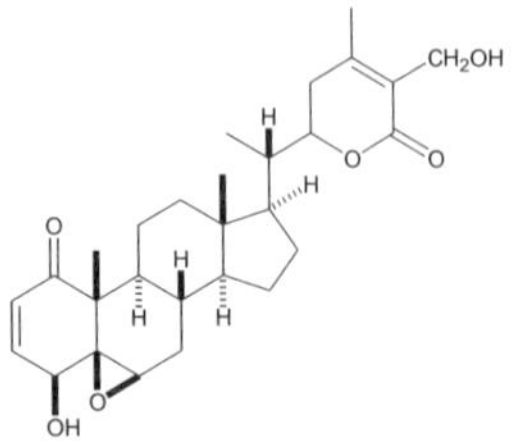

図7　ウィザフェリンAの化学構造

て、グルコース—6—リン酸デヒドロゲナーゼの発現誘導を介した細胞内の還元型グルタチオンの濃度維持等が報告されて、紫外線による肌の老化や細胞死を防止する化粧品原料として期待されている[46]。アシュアガンダの有効成分は、ステロイドラクトン類に分類されるウィザフェリンA（図7）、ウィザノライドA、ウィザノシドおよびウィザノンであることが明らかにされている[47~50]。

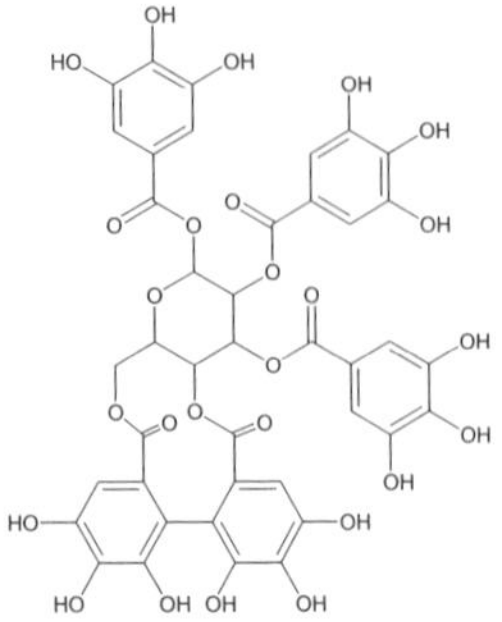

図8　オイゲニンの化学構造

④ ドゥアバンガ　グランディフロラ（Duabanga grandiflora)

ハマザクロ科のドゥアバンガ　グランディフロラはタイ、マレー半島、中国雲南省などの亜熱帯の多雨林・山地に自生する高木であるが、その種子は煎じて古くから民間療法として食中毒、胃痛、消化性潰瘍等に使われてきた。近年、化粧品用途として、加齢とともに減少するⅢ型コラーゲン[51]の産生促進効果が見出され、その活性成分が加水分解タンニンの一種、オイゲニイン（図8）と同定されている。[52]

⑤　アセロラ（Malpighia emarginata）

アセロラは、西インド諸島、南アメリカ北部から中央アメリカが原産とされる常緑低木で、鮮やかな赤色の果実を食用とする。アセロラを原料とした抽出エキスはポリフェノールを多く含むが、その中でも特徴的なフラボノール配糖体の一種であるクエルシトリン（図9）は、週末糖化産物（advanced glycation endproduct：AGEs）形成阻害活性[53]や、抗炎症活性[54]があることが報告されている。

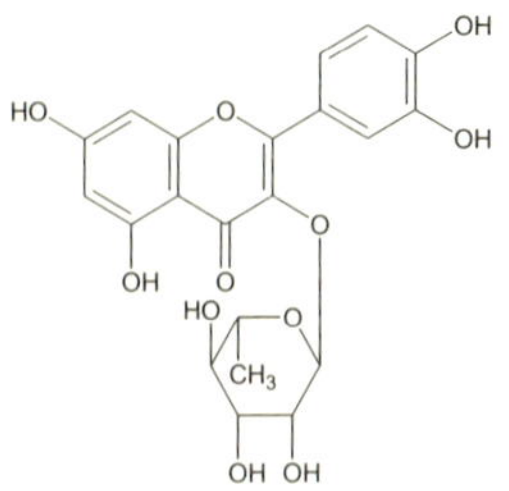

図9　クエルシトリンの化学構造

⑥　アナスタティカヒエロクンティカ（Anastatica hierochuntica）

アブラナ科植物のアナスタティカヒエロクンティカは北アフリカのサハラ砂漠などに自生する一年草で、地表を覆うように広がって生育している。古くからエジプトの女性がお守りとして肌身に付け、婦人病の治療に効果的と言われており、数々の有効性と活性成分が同定されてきている。[55,56] さらに化粧品的には、メラニン生成抑制効果を指標に多くの活性成分が同定されており、その作用機序としてチロシナーゼ活性阻害、TRP−2のmPNA発現抑制作用等が報告されている[57]。

⑦　イチョウ（Ginkgo biloba）

イチョウ葉抽出液にチオレドキシンリダクターゼ1遺伝子の発現を亢進する作用があり、活性成分であるケンフェロールが、表皮の細胞内抗酸化能を高める機能を有することが見出され、皮膚の抗老化作用が期待されている[58]。

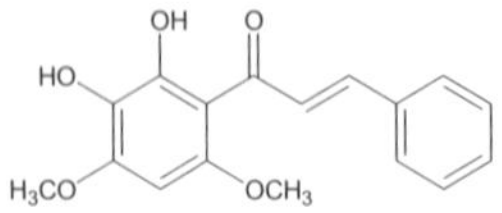

図10　DDC（2', 3'-ジヒドロキシ-4', 6'-ジメトキシカルコン）の化学構造

⑧　青ジソ（Perilla frutescens var. crispa f. viridis）

カルコンはフラボノイドファミリーに属する芳香族エノンでありフラボンの前駆体となる。これまで多くのカルコン誘導体が植物から発見されており[59]、抗炎症作用や抗酸化作用が報告されている[60]。

DDC（図10）はカルコンを基本骨格に持つ化合物であるが、青ジソにDDCが含まれること、さらにDDCが生体内抗酸化システムであるNrf2−ARE経路を活性化することにより抗酸化酵素の誘導を引き起こし、生体内で生じる酸化ストレスに対して細胞保護作用を示すことが報告されている。[61)]

⑨　バイケイソウ（Veratrum album subsp. Oxypetalum）

ユリ科植物バイケイソウから1939年にポリフェノールの一種トランスレスベラトロール（図11）が発見された。その後1988年にブドウ果皮に含まれることが報告され、1992年にワイン消費量が多いほど虚血性心疾患の罹患が減少するフレンチパラドックス効果が報告された。[62)] 化粧品的な用途としては、炎症に係わるNF－κBの機能を抑制して抗炎症に働くこと等が報告されている。[63)] また、別にメラノサイト刺激ホルモン（MSH）のレセプターであるメラノコルチン1レセプター（MC1R）の発現を抑制することで合成に至る下流シグナルをブロックすることが報告されている。[64)]

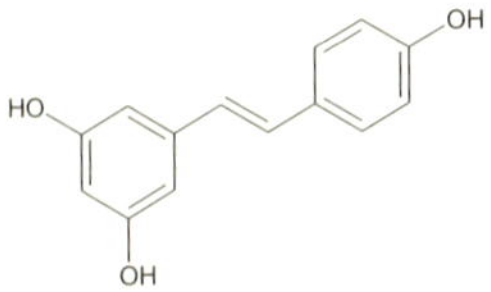

図11　トランスレスベラトロールの化学構造

⑩　**温州ミカン**（Citrus unshiu）

温州ミカンエキスから活性成分β－クルプトキサンチン（β－CPX）が同定された。β－CPXは、骨粗鬆症改善効果や抗肥満効果が報告されているカロチノイドの一種である。

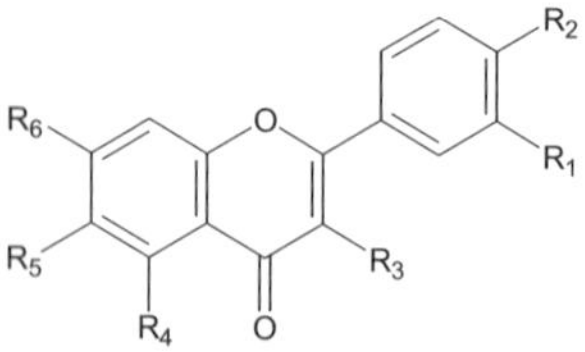

R_1	R_2	R_3	R_4	R_5	R_6	Name
-H	-OH	$-OCH_3$	-OH	-H	$-OCH_3$	kaempferol; 3,7-dimethyl ether
-OH	-OH	-OH	-OH	-H	-OH	quercetin
$-OCH_3$	-OH	$-OCH_3$	-OH	-H	-OH	quercetin 3,3'-dimethyl ether
-OH	-OH	$-OCH_3$	-OH	-H	$-OCH_3$	quercetin 3,7-dimethyl ether
$-OCH_3$	-OH	$-OCH_3$	-OH	-H	$-OCH_3$	quercetin 3,7,3'-dimethyl ether
$-OCH_3$	-OH	$-OCH_3$	-OH	$-OCH_3$	$-OCH_3$	quercetagenin 3,6,7,3'-tetramethyl ether
$-OCH_3$	$-OCH_3$	$-OCH_3$	-OH	$-OCH_3$	$-OCH_3$	quercetagenin 3,6,7,3',4'-pentamethyl ether

図12　オウシュウヨモギから見つかったフラボノイドアグリコン

このβ—CPXが、紫外線B波の刺激においてエンドセリン—1（ET—1）のレセプターであるエンドセリンA（EDNRA）およびエンドセリンBレセプター（EDNRB）の発現を抑制することが報告されている[65]。

⑪ ヨモギ（Artemisia indica var. maximowiczii）

ヨモギはキク科の多年草、ヨモギ属の植物であり、世界各国の野山に生息している草である。ヨモギには、精油、フラボノイド、ポリフェノールなど（図12）の成分が含まれ[66~70]、抗酸化作用が多く報告されている[71~73]。

⑫ ホウガンヒルギ（Xylocarpus granatum）

バングラデシュ産センダン科植物ホウガンヒルギの二次代謝産物は、ユニークな化学構造と興味深い生物活性を示すものが多く、[74] 例えば、薬部のメタノール抽出物にウィント（Ｗｎｔ）シグナル阻害を指標に活性成分を単離分析した結果、新規化合物が同定されている。[75] 一方、ウィントシグナルは色素幹細胞から表皮メラノサイトへの分化を制御することが報告されており、[76] 美白分野でも注目されつつある。

4−2　植物香気成分の有効性

植物は香気成分の宝庫である。植物が生合成する香気成分には神経伝達物質やホルモンなどと類似した構造をもつものが多く、種々の薬理作用を有する場合が多い。ここでは香気成分が嗅覚を通して作用する例ではなく、直接細胞や生体分子に働きかけ、薬理効果を示す例を挙げる。

ティーツリーオイル（Melaleuca alternifolia）やテルピネン4オールにヒトM14メラノーマ細胞の増殖を抑制する作用[77]が、ペパーミントオイルに抗ウイルス作用[78]があることが報告されている。また、複数の精油成分が相乗的に作用するケース、[79,80] 経皮吸収促進剤としての効果[81,82]を示すものもある。さらに、シトラスの精油にフリーラジカル消去作用[83]が、ローズマリー油やその主成分である1・8―シネオールに紫外線や二酸化窒素による活性酸素種の増加抑制作用や細胞死の抑制作用がある。[84] ローズマリーやその他の精油がアクネ菌等に対して抗菌作用を示し、[85,86] 種々の精油がアラキドン酸カスケードに係わる酵素阻害等の作用で抗炎症作用を示すこと等も報告されている。[87,88]

温度刺激や痛みに係わるTRP受容体が、精油成分で活性化されることが知られており、メントールは、冷刺激受容体であるTRPM8の温度閾値を上げることで、結果的に冷感をもたらす効果等がある。[89,90] また、カンファー等は、熱刺激を受容するTRPV3を活性化させる。[91]

グレープフルーツ油が中性脂肪合成に関わるグリセロール―3―リン酸脱水素酵素の遺伝子発現を抑制することで、中性脂肪の蓄積を抑える働きがあること等が示されている。[92]

以上、香気成分の薬理作用だけに絞っても多くの効果が期待できることがわかる。

5　植物成分開発の今後の課題

5―1　植物成分の安全性

アレルギー性接触皮膚炎は、原因物質が皮膚を浸透することによって引き起こされる遅延型の細胞性免疫反応である。一旦接触皮膚炎を引き起こす皮膚感作性物質が身体に異物として認識（感作）されると、一生涯、記憶されてしまうため、原料が皮膚感作性を誘導しないかどうかを確認することは、ことのほか重要である。化粧品の安全性は何より優先されるべきものであるが、化粧品を販売する企業は、自らの安全性評価結果に対する責任と、消費者への安全性保証に対する責任を負うことになる。

一方、2004年に始まり、2013年に施行されたEUによる動物実験の禁止に関する化粧品規制は[93]、世界的な規模で拡大しつつある。しかしながら、トキシコキネティクス、反復投与毒性、発がん性、皮膚感作性、生殖毒性等に関する*in vitro*試験法は確立されていない[94]。さらにそれら動物実験代替法に加えて、一般には構造活性相関などのデータベースを活用して行かざるを得ないが、それらは純度の高い単一成分に限られた手法である。植物抽出物のように多成分系に対しては適応できない手法である。

食品に関しては、食経験が安全性を担保する大きな根拠となるが、日本で加水分解コムギ（グルパール19S）による即時型コムギアレルギーが大きな社会問題となったことは記憶に新しい。いみじくも食物アレルギーが経口ではなく経皮感作によって発症することを図らずも実証したケースである[95〜98]。このケースは非常に特異的な例と言えるが、この点を頭に叩き込んだ上で、経口を含む生薬として安全性が長い歴史の中で担保されている素材は、今なお開発に有利ではある。

さらに、植物群の民族植物学調査等から、効果・効能だけでなく、安全性に関しても経験豊富な報告がある植物にも期待がかかる[99]。とにかく、できるだけ安全性情報が豊富な常用されている生薬等を活用して対象を絞ることが大切と考えられる。過去に皮膚安全性がすでに保証されている原料を用いて、新しい作用機序等の解明が積極的に研究されているのも一つの大きな方向性である。

5―2　植物成分の醗酵的手法による開発

植物の有効成分の生産に関して、将来的に植物からの抽出に頼らない方法が研究されている。カンゾウを例に挙げて示す。

カンゾウの主要な供給国は中国であるが、中国では国内でカンゾウの需要が高まっていること、自生品の乱獲によるカンゾウ生育地の砂漠化や環境破壊が進んでいることから、レアアース同様に、カンゾウ等のレアプラントの採取・輸出を規制する動きが出始めており、今後の価格高騰と安定供給への懸念が高まっている。さらに、グリチルリチン酸含量が高い優良品の減少が問題となっており、グリチルリチン酸高含量品種の育種[100]、植物工場での栽培試験など広範囲の研究が進んでいる。将来的には、グリチルリチン酸高含量品種の分子育種とともに、微生物による発酵工学的手法によるグリチルリチン酸生産も狙っている。その実現への道は、グリチルリチン酸の生合成機構の解明と合成酵素の同定が必要不可欠である。この領域に関しての現状の技術レベルを記す。

グリチルリチン酸は多くの植物に共通に存在するトリテルペンの一種β―アミリンが炭素

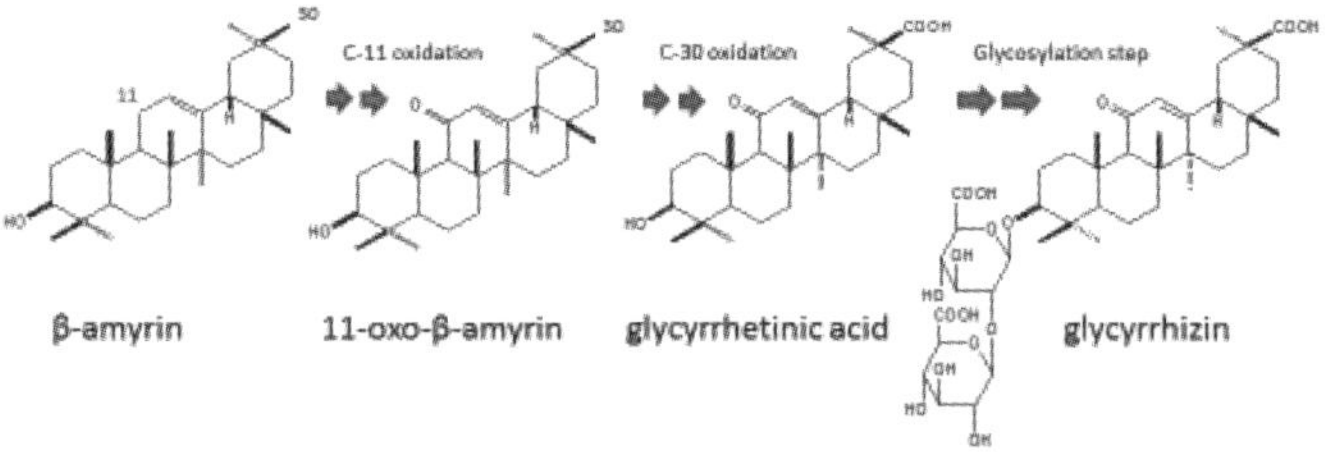

図13　グリチルリチン酸の生合成経路

骨格になる。２・３―オキシドスクワレンを閉環するβ―アミリン合成酵素がスペインカンゾウを含む複数の植物種から遺伝子単離されていたが[101]、グリチルリチン酸は、そのβ―アミリンの11位、30位の炭素に対する酸化反応と、３位水酸基への配糖化反応により生合成される。このステップには、それぞれ二つの酸化酵素と配糖化酵素が関与すると推測されていた。村中らのグループは、２００８年に、β―アミリン11位の２段階の水酸化反応を触媒し、グリチルリチン酸の生合成中間体の一つである11―オキソ―β―アミリンに変換する酵素（ＣＹＰ８８Ｄ６）を特定した[102]（図13）。

さらに、11―オキソ―β―アミリンの30位の３段階の水酸化反応を触媒し、グリチルリチン酸の非糖部に相当するグリチルレチン酸に変換する酵素を特定している[103]（図13）。そして、これらの生合成遺伝子を導入した組み換え酵母でグリチルレチン酸合成を成功している。ただし、現時点では組み換え酵母によるグリチルレチン酸の生産量は微量であり、実用化までには今後メバロン酸経路の増強や、2・3―オキシドスクワレン以降のステロールパスウェイの抑制などのトリテルペノイド生産に最適化した株の分子育種等による生産性向上が望まれている。また、グリチルレチン酸から、さらにグリチルリチン酸の配糖化酵素の一部も同定しており、将来の醗酵工学的手法によるグリチルリチン酸生産へ向けた研究は着実に進化している。[104)]

おわりに

人間と植物の関係はとても長い歴史があり、食物から医薬品、化粧品だけでなく生活のあらゆる場面で人は植物を利用してきた。それほど人は植物の力に頼ってきた。化粧品用として植物素材を開発するには、化学品などとは違った考え方、取り扱い方が必要であることは言うまでもない。安全性保証はもちろんのこと、資源性の担保、生物多様性条約の順守、そして素材の規格化、組成の一貫性など植物素材であるが故に追求しなくてはならない特別な領域が存在する。そして、皮膚および生体のメカニズムの基礎研究の進歩と相俟って、化粧品や医薬品の原料として有用な植物成分が開発されていく。化粧品にも、有用性の科学的な裏付け（エビデンス）のある製品（evidence based cosmetics：EBC）が強く求められている。化粧品の将来像を考えても、無限の可能性を秘めた植物素材の有用性に期待するところはますます大きくなってきていると感じる。

参考文献

1) Judd et al. (2002) Plant Systematics: A Phylogenetic Approach, Scond Ed. Synauer, Massachusetts U.S.A.

2) Afnedi, F. M., Okada, T., Yamazaki, M., Hirai-Morita, A., Nakamura, Y., Nakamura, K., Ikeda, S., Takahashi, H., Altaf-Ul-Amin, M., Darusman, L. K., Saito, K., and Kanaya, S., KNApSAcK Family Databases: Integrated Metabolite-Plant Species Databaces for Multifaceted Plant Reseach, Plant Cell Physiol., 53(2), (2012) 1-12.

3) WWW.cbd.int/convention/text/

4) Koester, V., The Biodiversity Convention Negotiation Process And Some Comments on the Outcome, In Environmental Policy and Law, 27(3), (1997) 175-192.

5) WWW.cbd.int/doc/publications/cbd-bonn-gdls-en.pdf

6) WWW.mabs.jp/archives/nagoya/index.html

7) Watanabe, K. N., and Teh G. H., Wanted: bioprospecting consultants, Nature Biotchnol., 29(10), (2011) 873-875.

8) Okada,Y., and Watanabe, K. N., Social responsibility for the use of genes, genomes and biotechnology in biotechnology companies: A commentary from the bioethical viewpoint, J. Comm. Biotechnol., 14(2), (2008) 149-167.

9) Okada, Y., and Watanabe, K. N., Rationalization of the Genes as a Corporate Stakeholder Based on International Laws, Jome. Intl. Biotechnol. Laws, 5, (2008) 103-112

10) Lundmark, L. D., Plant-Derived Ingredients and PhytoCosmetic Emusions, Drug & Cosmet. Ind.,

Oct., (1978) 58-68, 152-153
11) Chang, J. C., Ginseng and cosmetics, Cosmetics & Toiletries, 92(5), (1977) 50-57
12) Howard, A., An Agricultural Testament, Oxford University Press, New York and London, (1940)
13) WWW.ams.usda.gov/nop
14) WWW.cosmos-stadard.org
15) Anastas, P. T., Warner, J. C., Green Chemistry: Theory and Practice, Oxford University Press, New York, (1998)
16) WWW.cosmos-stadard.org
17) WWW.ionc.info
18) WWW.cosmebio.org
19) WWW.ecocert.com/en/natural-and-organic-cosmetics
20) WWW.icea.info
21) WWW.soilassociation.org
22) Hayashi, H. and Sudo, H., Economic Importance of Licorice, Plant Biotechnol., 26, (2009) 101-104.
23) Gibson, M. R.,Glycyrrhiza in Old and New Perspectives, J. Nat. Prod., 41(4), (1978) 348-354.
24) Hidaka, I., Hino, K., Korenaga, M., Gonda, T., Nishina, S., Ando, M., Okuda, M., and Sakaida, I., Stronger Neo-MinophagenCTM, a glycyrrhizin-containing preparation, protects liver against carbon tetrachloride-induced oxidative stress in transgenic mice expressing the hepatitis C virus polyprotein, Liver Int., 27, (2007) 845-853.
25) Hattori, T., Ikematsu, S., Koito, A., Matsushita, S., Maeda, Y., Hada, M., Fujimaki, M., and Takatsuki, K., Preliminary evidence for inhibitory effect of glycyrrhizn HIV replication in

patients with AIDS, Antiviral Res., 11, (1989) 255-262.

26) Ashfaq, U. A., Masoud, M. S., Nawaz, Z., and Riazuddin, S., Glycyrrhizin as antiviral agent against Hepatitis C Virus, J. Trasl. Med., 9, (2011) 112-118.

27) Yoshida, T., Yoshida, S., Kobayashi, M., Herndon, D. N., and Suzuki, F., Glycyrrhizin restores the impaired production of β-defensins in tissues surrounding the burn area and improves the resistance of burn mice to Pseudomonas aeruginosa wound infection, J. Leukoc. Biol., 87, (2010) 35-41.

28) Kim, H. K., Park, Y., Kim, H. N., Choi, B. H., Jeong, H. G., Lee, D. G., and Hahm, K. S., Antimicrobial mechanism of β-glycyrrhetinic acid isolated from licorice, Glycyrrhiza glabra, Biotechnol. Lett., 24, (2002) 1899-1902.

29) Nomura, T., and Fukai, T., Phenolic Constituents of Licorice (Glycyrrhiza species) , Springer, Wien, New York, (1998) 1-140.

30) Yu, X. Q., Xue, C. C., Zhou, Z. W., Li, C. G., Du, Y. M., Liang, J., and Zhou, S. F., In vitro and in vivo neuroprotective effect and mechanisms of glabridin, a major active isoflavan from Glycyrrhiza glabra (licorice) , Life Sciences, 82, (2008) 68-78.

31) Tamir, S., Eizenberg, M., Somjen, D., Stern, N., Shelach, R., Kaye, A., and Vaya, J., Estrogenic and Antiproliferative Properties Glabridin from Licorice in Human Breast Cncer Cells, Cancer Res., 60, (2000) 5704-5709.

32) Yokota, T., Nishio, H., Kubota, Y., and Mizoguchi, M., The Inhibitory Effect of Glabridin from Licorice Extracts on Melanogenesis and Inflammation, Pigment Cell Res., 11, (1998) 355-361.

33) Amer, M., and Metwalli, M., Topical liquiritin improves melasma, Int. J. Dermatol., 39, (2000) 299-301.

34) Lee, J. Y., Lee, J. H., Park, J. H., Kim, S. Y., Choi, J. Y., Lee, S. H., Kim, Y. S., Kang, S. S., Jang, E. C., and Han, Y., Liquiritigenin, a licorice flavonoid, helps mice resist disseminated candidiasis due to Candida albicans by Th1 immune response, whereas liquiritin, its glycoside from, does not, Int. Immunopharmacol., 9, (2009) 632-638.

35) Vaya, J., Belinky, P. A., and Aviram, M., Antioxidant Constituents from Licorice Roots: Isolation, Structure Elucidation and Antioxidative Capacity toward LDL Oxidation, Free Radic. Boil. Med., 23(2), (1997) 302-313.

36) Kim, D. C., Choi, S. Y., Kim, S. H., Yun, B. S., Yoo, I. D., Reddy, N. R. P., Yoon, H. S., and Kim, K. T., Isoliquiritigenin Selectively Inhibits H2 Histamine Receptor Signaling, Mol. Pharmacol., 70, (2006) 493-500.

37) Kolbe, L., Immeyer, J., Batzer, J., Wensorra, U., Dieck, K. T., Mundt, C., Wolber, R., Stab, F., Schonrock, U., Cielley, R. I., and Wenck, H., Anti-inflammatory efficacy of Licochalcone A: correlation of clinical potency and in vitro effects, Arch. Dermatol. Res., 298, (2006) 23-30.

38) Chin, Y. W., Jung, H. A., Liu, Y., Su, B. N., Castoro, J. A., Keller, W. J., Pereira, M. A., and Kinghorn, A. D., Anti-oxidant Constituents of the Roots and Stolons of Licorice (Glycyrrhiza glabra), J. Agric. Food. Chem., 55, (2007) 4691-4697.

39) Kwon, G. T., Cho, H. J., Chung, W. Y., Park, K. K., Moon, A., and Park, J. H. Y., Isoliquiritigenin inhibits migration and invasion of prostate cancer cells: possible mediation by decreased JNK/AP-1 signaling, J. Nutr. Biochem., 20, (2009) 663-676.

40) Jayaprakasam, B., Doddaga, S., Wang, R., Holmes, D., Goldfarb, J., and Li, X. M., Licorice Flavonoids Inhibit Eotaxin-1 Secretion by Human Fetal Lung Fibroblasts in Vitro, J. Agric. Food Chem., 57, (2009) 820-825.

41) Ma, J., Fu, N. Y., Pang, D. B., Wu, W. Y., and Xu, A. L., Apoptosis Induced by Isoliquiritigenin in Human Gastric Cancer MGC-803 Cells, Planta Med., 67, (2001) 754-757.

42) Kumar, S., Sharma, A., Madan, B., Singhal, V., and Ghosh, B., Isoliquiritigenin inhibits IκB kinase activity and ROS generation to block TNF-α induced expression of cell adhesion molecules on human endothelial cells, Biochm. Pharmacol., 73, (2007) 1602-1612.

43) Fuji, T., Wakaizumi, M., Ikami T., and Saito, M., Amla (Emblica officinalis Gaertn.) extract promotes procollagen production and inhibits matrix metalloproteinase-1 in human skin fibroblasts, Journal of Ethnopharmacology, 119, (2008) 53-57.

44) Majeed, M. Bhat, B., Jadhav, A. N., Srivastava J. S., and Nagabhushanam K., Ascorbic Acid and Tannins from Emblica officinalis Gaertn. Fruits-A Revisit, J. Agric. Food Chem., 57(1), (2009) 220-225.

45) Mishara, L. C., Singh, B. B., and Dagenais, S., Scientific Basis for the Therapeutic Use of Withania somnifera (Ashwagandha) : A Review, Altern. Med. Rev., 5(4), (2000) 334-346.

46) Widodo, N., Shah, N., Priyandoko, D., Ishii, T., Kaul, S. C., and Wadhwa R., Deceleration of Senescence in Normal Human Fibroblasts by Withanone Extracted From Ashwagandha Leaves, J. Gerontol A Biol Sci Med Sci., 64(10), (2009) 1031-1038

47) Widodo, N., Kaur, K., Shrestha, B. G., Takagi, Y., Ishii, T., Wadhwa, R., and Kaul, S. C., Selective Killing of Cancer Cells by Leaf Extract of Ashwagandha: Idendification of a Tumor-inhibitory Factor and the First Molecular Insights to Its Effect, Clin. Cancer Res., 13(7), (2007) 2298-2306

48) Matsuda H. Murakami, T., Kishi, A., and Yoshikawa, M., Structures of Withanosides I, II, III, IV, V, VI, and VII, New Withanolide Glycosides, from the Roots of Indian Withania somnifera DUNAL. and Inhibitory Activity for Tachyphylaxis to Clonidine in Isolated Guinea-Pig Ileum,

Bioorg. Med. Chem., 9, (2001) 1499-1507.
49) Zhao J., Nakamura, N., Hattori, M., Kuboyama, T., Tohda, C., and Komatsu, K., Withanolide Derivatives from the Roots of Withania somnifera and Their Neurite Outgrowth Activities, Chem. Pharm. Bull., 50(6), (2002) 760-765.
50) Kuboyama T., Tohda, C., Zhao, J., Nakamura N., Hattori, M., and Komatsu, K., Axon- or dendrite-predominant outgrowth induced by constituents from Ashwagandha, Neuroreport, 13(14), (2002) 1715-1720.
51) Keene D.R., Sakai, L. Y., Bachinger, H. P., and Burgeson, R. E., Type III Collagen Can Be Present on Banded Collagen Fibrils Regardless of Fibril Diameter, J. Cell Biol., 105, (1987) 2393~2402.
52) Tsukiyama, M., Sugita, T., Kikuchi, H., Yasuda, Y., Arashima, M., and Okumura, H., Effect of Duabanga grandiflora for Human Skin Cells, Am. J. Chin. Med., 38(2), (2010) 387~399
53) Hanamura, T., Hagiwara, T., and Kawagishi, H., Structural and Functional Characterization of Polyphenols Isolated from Acerola (Malpighia emarginata DC.) Fruit, Biosci. Biotechnol. Biochem., 69(2), (2005) 280~286.
54) Medina, F. S., Vera, B., Galvez, J., and Zarzuelo, A., Effect of quercitrin on the early stages of hapten induced colonic inflammation in the rat, Life Sciences, 70, (2002) 3097-3108.
55) Yoshikawa, M., Xu, F., Morikawa, T., Ninomiya, K., and Matsuda, H., Anastatins A and B, New Skeletal Flavonoids with Hepatoprotective Activities from the Desert Plant Anastatica hierochuntica, Bioorg. Med. Chem. Lett., 13, (2003) 1045-1049.
56) Yoshikawa, M., Morikawa, T., Xu, F., Ando, S., and Matsuda, H., (7R,8S) and (7S,8R) 8-5' Linked Neolignans from Egyptian Herbal Medicine Anastatica hierochuntica and Inhibitory Activities of Lignans on Nitric Oxide Production, Heterocycles, 60(8), (2003) 1787-1792.

57) Nakashima S., Matsuda, H., Oda, Y., Nakamura, S., Xu, F., and Yoshikawa, M., Melanogenesis inhibitors from the desert plant Anastatica hierochuntica in B16 melanoma cells, Bioorg. Med. Chem., 18, (2010) 2337-2345.

58) Sugahara, M., Nakanishi, J., and Katsuta, Y., Kaempferol Enhanced the Intracellular Thioredoxin System in Normal Cultured Human Keratinocytes, Biosci. Biotechnol. Biochem., 74(8), (2010) 1701-1703.

59) Izumi, Y., Sawada, H., Sakka. N., Yamamoto, N., Kume, T., Katsuki, H., Shimohama. S., and Akaike, A., p-Quinone Mediates 6-Hydroxydopamine-Induced Dooaminergic Neuronal Death and Ferrous Iron Accelerates the Conversion of p-Quinone Into Melanin Extracellularly, J. Neurosci. Res., 79, (2005) 849-860.

60) Yamamoto, N., Izumi, Y., Matsuo, T., Wakita, S., Kume, T., Takada-Takatori, Y., Sawada H., and Akaike, A., Elevation of Heme Oxygenase-1 by Proteasome Inhibition Affords Dopaminergic Neuroprotection, J. Neurosci. Res., 88, (2010) 1934-1942.

61) Izumi Y., Matsumura, A., Wakita, S., Akagi, K. I., Fukuda, H., Kume, T., Irie, K., Takada-Takatori, Y., Sugimoto, H., Hashimoto, T., Akaike, A., Isolation, identification, and biological evaluation of Nrf2-ARE activator from the leaves of green perilla (Perilla frutescens var. crispa f. viridis), Free Radic. Boil. Med., 53, (2012) 669-679.

62) Renaud, S., and de Lorgeril, M., Wine, alcohol, platelets, and the French paradox for coronary heart disease, Lancet, 339, (1992) 1523-1526.

63) Horio, Y., Hayashi, T., Kuno, A., and Kunimoto, R., Cellular and molecular effects of Sirtuins in health and disease, Clin. Sci., 121(5), (2011) 191-203.

64) Chen, Y. J., Chen, Y. Y., Lin, Y. F., Hu, H. Y., and Liao, H. F., Resveratrol Inhibits Alpha-

Melanocyte-Stimulating Hormone Signaling, Viability, and Invasiveness in Melanoma Cells, Evid. Based. Complement. Alternat. Med., 20, Article ID 632121, (2013) 1-8.

65) Shimoda, H., Shan, S. J., Tanaka, J., and Maoka, T., β-Cryptoxanthin suppresses UVB-induced melanogenesis in mouse; involvement of the inhibition of prostaglandin E2 and melanocyte-stimulating hormone pathways, J. Pharm. Pharmacol., 64, (2012) 1165-1176.

66) Mohamed,A. E. H. H., El-Sayed, M. A., Hegazy, M. E., Helaly, S. E., Esmail, A. M., and Mohamed, N. S., Chemical Constituents and Biological Activities of Artemisia herba-alba, Rec. Nat. Prod., 4:1, (2010) 1-25.

67) Nisra, L. N., and Singh, S. P., α-Thujone, the Major Component of the Essential Oil from Artemisia vulgaris Growing Wild in Nilgiri hills, J. Nat. Prod., 49, (1986) 941.

68) Nikolova, M., Infraspecific variability in the flavonoid composition of Artemisia vularis L., Acta. Bot. Croat., 65(1), (2006) 13-18.

69) Toda, S., Inhibitory Effects of Polyphenols in Leaves of Artemisia princeps PAMP on Protein Fragmentation by Cu(II)-H2O2 In Vitro, J. Med. Food., 7(1), (2004) 52-54.

70) Toda, S., Polyphenol Content and Antioxidant Effects in Herb Teas, Chinese Med., 2, (2011) 29-31.

71) Toda, S., Antioxdative Effects of Polyphenols from Leaves of Artemisia princeps Pamp. on Lipid Peroxidation, J. Food Biochem., 29, (2005) 305-312.

72) Nugroho, A., Lee, K. R., Alam, M. B., Choi, J. S., and Park, H. J., Isolation and Quantitative Analysis of Peroxynitrite Scavengers from Artemisia princeps var. orientalis, Arch. Pharm. Res., 33(5), (2010) 703-708.

73) Kim, M. J., Han, J. M., Baek, N. I., Bang, M. H., Chaung, H. G., Choi, M. S., Lee, K. T., Sok, D. E.,

and Jeong, T. S., In Vitro Antioxidant and Anti-inflammatory Activities of Jaceosidin from Artemisia princeps Pampanini cv. Sajabal, Arch. Pharm. Res., 31 (4), (2008) 429-437.

74) Ueda, M., Chemical Biology of Natural Products on the Basis of Identification of Target Proteins, Chem. Lett. 41, (2012) 658-666.

75) Toume, K., Kamiya, K., Arai, M. A., Mori, N., Sadhu, S. K., Ahmed, F., and Ishibashi, M., Xylogranin B: A Potent Wnt Signal Inhibitory Limonoid from Xylocarpus granatum, Org. Lett., 15 (23), (2013) 6106-6109.

76) Yamada, T., Hasegawa, S., Inoue, Y., Date, Y., Yamamoto, N., Mizutani, H., Nakata, S., Matsunaga, K., and Akamatsu, H., Wnt/β-Catenin and Kit Signaling Sequentially Regulate melanocyte Stem Cell Differentiation in UVB-Induced Epidermal Pigmentation, J. Invest. Dermatol., 133, (2013) 2753-2762.

77) Calcabrini, A., Stringaro, A., Toccacieli, L., Meschini, S., Marra, M., Colone, M., Salvatore, G., Mondello, F., Arancia, G., and Molinari, A.,Terpinen-4-ol, The Main Component of Melaleuca Alterifolia (Tea Tree) Oil Inhibits the In Vitro Growth of Human Melanoma Cells, J. Invest. Dermatol. 122, (2004) 349-360.

78) Schuhmacher, A., Reichling, J., and Schnitzler, P., Virucidal effect of peppermint oil on the enveloped viruses herpes simplex virus type 1 and type 2 in vitro, Phytomedicine,10, (2003) 504-510.

79) Miyazawa, M., Watanabe, H., Umemoto, K., and Kameoka, H., Inhibition of Acetylcholinesterase Activity by Essential Oils of Mentha Species, J. Agric. Food Chem., 46, (1998) 3431-3434.

80) Savelev, S., Okello, E., Perry, N. S. L., Wilkins, R. M., and Perry, E. K., Synergistic and antagonistic interactions of anticholinesterase terpenoids in Salvia lavandulaefolia essential oil,

Pharmacol. Biochem. Behav., 75, (2003) 661-668.

81) Fang, J.Y ., Lee, Y. L., Hwang, T. L., Cheng, H. C., and Hung, C. F., Development of sesquiterpenes from Alpinia oxyphylla as novel skin permeation enhancers, Eur. J. Pharm. Sci., 19, (2003) 253-262.

82) Monti, D., Chetoni, P., Burgalassi, S., Najarro, M., Saettone, M. F., and Boldrini, E., Effect of different terpene-containing essential oils on permeation of estradiol through hairless mouse skin, Int. J. Pharm., 237, (2002) 209-214.

83) Choi, H. S., Song, H. S., Ukeda, H., and Sawamura, M., Radical-Scavenging Activities of Citrus Essential Oils and Their Components: Detection Using 1,1-Diphenl-2-picrylhydrazyl, J. Agric. Food Chem., 48, (2000) 4156-4161.

84) Saito, Y., Shiga, A., Yoshida, Y., Furuhashi, T., Fuzita, Y., and Niki, E., Effects of a Novel Gaseous Antioxidative System Containing a Rosemary Extract on the Oxidation Induced by Nitrogen Dioxide and Ultravilet Radiation, Biosci. Biotechnol. Biochem., 68(4), (2004) 781-786.

85) Fu, Y., Zu, Y., Chen, L., Efferth, T., Liang, H., Liu, Z., and Liu, W., Investigation of Antibacterial Activity of Rosemary Essential Oil against Propionibacterium acnes with Atomic Force Microscopy, Planta Med., 73, (2007) 1275-1280.

86) Tsai, M. L., Lin, C. C., Lin, W. C., and Yang, C. H., Antimicrobial, Antioxidant, and Anti-Inflammatory Activities of Essential Oils from Five Selected Herbs, Biosci. Biotechnol. Biochem., 75(10), (2011) 1977-1983.

87) Miguel,M.G., Antioxidant and Anti-Inflammatory Activities of Essential Oils: A Short Review, Molecules, 15, (2010) 9252-9287.

88) de Cassia da Silveira e Sa, R., Andrade, L. N., and de Sousa, D. P., A Review on Anti-

Inflammatory Activity of Monoterpenes, Molecules, 18, (2013) 1227-1254.

89) McKemy, D. D., Neuhausser, W. M., and Julius, D., Identification of a cold receptor reveals general role for TRP channels in thermosensation, Nature, 416, (2002) 52-58.

90) Masamoto, Y., Kawabata, F., and Fushiki, T., Intragastric Administration of TRPV1, TRPV3, TRPM8, and TRPA1 Agonists Modulates Autonomic Thermoregulation in Different Manners in Mice, Biosci. Biotechnol. Biochem., 73(5), (2009) 1021-1027.

91) Moqrich, A., Hwang, S. W., Earley, T. J., Petrus, M. J., Murray, A. N., Spencer, K. S. R., Andahazy, M., Story, G. M., and Patapoutian, A., Impaired Thermosessation in Mice Lacking TRPV3, a Heat and Camphor Sensor in the Skin, Science, 307, (2005) 1468-1472.

92) Haze, S., Sakai, K., Gozu, Y., and Moriyama, M., Grapefruit Oil Attenuates Adipogenesis in Cultured Subcutaneous Adipocytes, Planta Med., 76, (2010) 950-955.

93) Commission Staff Working Document: Timetables for the phasing-out of animal testing in the framework of the 7th Amendment to the Cosmetics Directive (Council Directive 76/768/EEC) ; EN, SEC82004, (2004) 1210.

94) Adler, S., et al., Alternative (non-animal) methods for cosmetics testing: current status and future prospects-2010. Arch. Toxicol., 85, (2011) 367-485.

95) Fukutomi, Y., Itagaki, Y., Taniguchi, M., Saito, A., Yasueda H., Nakazawa, T. Hasegawa, M., Nakamura, H., Akiyama, K., Rhinoconjunctival sensitization to hydrolyzed wheat protein in facial soap can induce wheat-dependent exercise- induced anaphylaxis, J. Allergy Clin. Immunol., 127(2), (2011) 531-533.

96) Chinuki, Y., and Morita, E., Wheat-Dependent Exercise-Induced Anaphylaxis Sensitized with Haydrolyzed Wheat Protein in Soap, Allergol. Int., 61, (2012) 529-537.

97) Hiragun, M., Ishii, K., Hiragun, T., Shindo, H., Mihara, S., Matsuo, H., and Hide, M., The Sensitivity and Clinical Course of Patients with Wheat-Dependent Exercise- Induced Anaphylaxis Sensitized to Hydrolyzed Wheat Pprotein in Facial Soap-Seconday Publication, Allergol. Int., 62, (2013) 351-358.

98) Nakamura, M., Yagami, A., Hara, K., Sano, A., Kobayashi, T., Aihara, M., Hide M., Chinuki, Y., Morita, E., Teshima, R., and Matsunaga, K., A New Reliable Method for Detecting Specific IgE Antibodies in the Patients with Immediate Type Wheat Allergy due to Hydrolyzed Wheat Protein: Correlation of Its Titer and Clinical Severity, Allergol. Int., 63, (2014) 243-249.

99) Sampson J., :Ethnobotanical Eenquiry into Plonts,: Searching out new agents for inflammation and dermatological diseases, Cosmetics & Toiletries, 113(11), (1998) 75-82.

100) Kojoma, M., Hayashi, S., Shibata, T., Yamamoto, Y., and Sekizaki, H., Variation of Glycyrrhizin and Liquiritin Contents within a Population of 5-Year-Old Licorice (Glycyrrhiza uralensis) Plants Cultivated under the Same Conditions, Biol. Pharm. Bull., 34(8), (2011) 1334-1337.

101) Hayashi, H., Huang, P., Kirakosyan, A., Inoue, K., Hiraoka, N., Ikeshiro, Y., Kushiro, T., Shibuya, M., and Ebizuka, Y., Cloning and Characterization of a cDNA Encoding β-Amyrin Synthase Involved in Glycyrrhizin and Soyasaponin Biosyntheses in Licorice, Biol. Pharm. Bull., 24(8), (2001) 912-916.

102) Seki, H., Ohyama, K., Sawai, S., Mizutani, M., Ohnishi, T., Sudo, H., Akashi, T., Aoki, T., Saito, K. and Muranaka, T., Licorice β-amyrin 11-oxidase, a cytochrome P450 with a key role in the biosynthesis of the triterpene sweetener glycyrrhizin, Proc. Natl. Acad. Sci., USA, 105(37), (2008) 14204-14209.

103) Seki, H., Sawai, S., Ohyama, K., Mizutani, M., Ohnishi, T., Sudo, H., Fukushima, E. O., Akashi, T.,

Aoki, T., Saito, K., and Muranaka, T., Triterpene Functional Genomics in Licorice for Identification of CYP72A154 Involved in the Biosynthesis of Glycyrrhizin, Plant Cell , 23, (2011) 4112-4123.

104) Seki, H., Tamura, K., and Muranaka,T., P450s and UGTs: Key Players in the Structural Diversity of Triterpenoid Saponins, Plant Cell Physiol., 56(8), (2015) 1463-1471.

第４章

エモリエント

宮原令二

1　エモリエント剤とは

ヒトの皮膚の平均面積は約1・7㎡である。ヒトは皮膚によって外界への水分の蒸散をコントロールして、体温を調節するとともに、体内の乾燥を防いでいる。皮膚を乾燥から守るしくみとして、天然保湿因子（NMF）、角層細胞間脂質、皮脂がある。これら成分の働きによって健常な角質細胞はおよそ25％の水分を含んで、柔らかさを保持している。化粧品成分の中でちょうど皮脂の役割を果たしているのが、エモリエント剤と呼ばれる成分である。すなわち、皮膚表面に膜を張って皮膚からの水分蒸散を防止してうるおいを保持し、柔軟にするという皮膚に対する生理作用のことをエモリエント効果と呼び、皮膚に対してエモリエント効果を示すものをエモリエント剤と呼ぶ。皮膚にとってもっとも理想的なエモリエント剤は、皮膚表面で皮脂膜を構成してうるおいを守る皮脂そのものである。ヒトの

表1　ヒトの平均的な皮脂組成

構成成分	成分量（%）
有離脂肪酸	5
グリセリド類	50
ワックス類	20
スクワレン	10
分岐炭化水素類	5
コレステロール	1
コレステロールエステル	4
その他のコレステロール類	1
その他	4

平均的な皮脂組成を表1に示したが[1]、エモリエント剤の多くは、皮脂に類似した成分が用いられている。

エモリエント剤を配合した化粧品は、皮膚外側の角層の水分を保ち，皮膚を柔軟に整えるための基礎化粧品で、エモリエントクリームが最も一般的である。エモリエントクリームは また、保湿クリーム、ナイトクリーム、モイスチャークリームなどとよばれることもある。剤型はオクルージョン効果の高い油中水（w／o）型で、エモリエント剤となる油分が比較的多いものが多い。エモリエントクリームには、エモリエント剤のほかグリセリンや1・3―ブチレングリコール、プロピレングリコール、ヒアルロン酸塩などの保湿剤も含まれ、クリームの基本的な製法に準じてつくられる。また、乾燥とかかわりが大きい小じわや肌荒れに対しレチノールやα―ヒドロキシ酸、各種ビタミン、アスタキサンチンなどの薬剤を配合し、効果価値を高めた製品も多い[1]。

2　エモリエント剤の種類

エモリエント剤には、肌になめらかに伸展し、皮膚閉塞性の高い各種油性物質が用いられている。ワセリン、スクワランなどの炭化水素類、トリグリセリドなどの天然油脂、脂肪酸エステル、ラノリン及びその誘導体、ステロールエステル類、脂肪族高級アルコール、脂肪酸、セラミドなどである。[2] また、近年、コハク酸ジエトキシエチルやクエン酸トリエチル、ポリオキシエチレン・ポリオキシプロピレンランダム共重合体[3]など水と極性油の両方に溶解するエモリエント剤も開発され、バリエーションが増えている。これらのエモリエント剤の種類や量を肌質や季節などに応じて組み合わせることで、適切なエモリエント効果をもつスキンケア化粧品（例えば、乳液タイプのエモリエントローションやクリーム状のエモリエントクリーム）が作られている。以下に各種エモリエント剤について述べる。

2—1　炭化水素類

表2に化粧品原料の公定書類に記載されているエモリエント剤として良く用いられる主な炭化水素類をまとめて示した。[4] この中から数種の原料について以下に解説する。

(1)　スクワラン

スクワランは、皮脂の主成分の一つであるスクワレンを水素添加した油分であり、重要なエモリエント剤である。スクワランの原料であるスクワレンは、ヒトの生体内ではアセチル

表2　主な炭化水素類

成分名	INCI名	基原	常温での状態	特徴
スクワラン	SQUALANE	深海鮫肝油やオリーブ油中のスクワレンを水素添加したもの	液体	ペーストオイル、保湿性、エモリエント性、浸透性
ペンタヒドロスクワレン	PENTAHYDRO SQUALANE	スクワレンの部分水素添加物	液体	エモリエント性、皮膚保護
流動パラフィン	MINERAL OIL	原油から分留・精製した比較的低沸点の混合物	液体	エモリエント性、ヘアコンディショニング性、皮膚保護
ワセリン	PETROLATUM	原油の分留・精製物のうち流動パラフィンとワックスの中間物の精製物	半固体	粘着性、エモリエント性、被覆性
ポリイソブテン	POLYISOBUTENE	イソブテンの重合物でイソブチレン、イソプレン単位からなる重合物	半固体	親油性増粘剤
パラフィン	PARAFFIN	石油系ワックス	固体	保形剤、感触改善剤
マイクロクリスタリンワックス	MICROCRYSTAL LINE WAX	石油系結晶性ワックス	固体	保形剤、感触改善剤口紅用固化剤

CoAからメバロン酸経路を経て、コレステロールへと代謝される。一方、代謝されないスクワレンは体内で還元され[5]、スクワランやその他の代謝産物と一緒に皮脂腺から分泌され、皮脂膜となる。皮脂中にはスクワランよりもスクワレンの方が多

く含まれているが、スクワレンは6個の二重結合を有し、酸化安定性が低いため、部分水添したペンタヒドロスクワレン以外は、化粧品ではほとんど用いられていない。

スクワランは、ヒトの皮脂にも含まれる成分であるため、他の炭化水素類に比べて皮膚への親和性、浸透性、拡散性に優れ[4]、エモリエント剤として優れた性質がある。現在、市販されているスクワランは、大部分、深海鮫の肝油から供給されているが、漁獲量が近年減少しており、オリーブ油、コメヌカ油に1%程度含まれるスクワレンから精製、水添した植物性スクワランも用いられている。高度に精製した植物性スクワランは成分的には、深海鮫肝油由来のスクワランと類似しているが、中に含まれている微量のステロールを分析すると、植物由来のスクワランはフィトステロール、深海鮫肝油由来のステロールはコレステロールをそれぞれ主成分としているため、分析で判別できる。

(2) 流動パラフィン

流動パラフィンは、石油から分留によって精製されるガソリンと灯油の中間留分から、不純物の芳香族化合物を触媒還元処理または硫酸洗浄によるスルホン化後の水抽出によって精製除去して得られる無色透明な液状油分である。価格がエステル油などに比較して安価であるため、化粧品に配合されている総量は非常に多い。精製法により成分に若干の差はあるが、ナフテン、イソパラフィン、パラフィンといった炭化水素の混合物で粘度により、グレード分けされている。また、これらをブレンドしたものもある。鉱物油という好ましくない印象はあるが、古くは食パンの離型剤としても用いられていた（現在はこの用途では用いられていない）。

(3) ワセリン

ワセリンは、白色ペースト状の半固形油分で、流動パラフィンよりも、やや融点の高いイソパラフィン類の混合物である。オクルージョン性（隠ぺい性）が非常に高いため、皮膚科領域において軟膏基剤として古くから用いられてきた。西山ら[6)]は、極性の低い炭化水素の中でもワセリンのオクルージョン効果が最も高いと報告しており、このことからもワセリンは優れたエモリエント剤である。

(4) ポリイソブテン

ポリイソブテンは、石油プラントで発生するイソブテンを重合させたもので、水添されたイソブチレンとイソプレン単位からなる重合物であり、重合度によりグレード分けされている。また、パラフィンワックス、マイクロクリスタリンワックスは、共に原油の減圧蒸留残渣油部分から取り出されるワックスであるが、パラフィンワックスが直鎖状炭化水素（ノルマルパラフィン）が主成分であるのに対し、マイクロクリスタリンワックスは、ワックス分岐炭化水素（イソパラフィン）や飽和環状炭化水素（シクロパラフィン）が多くなっており、パラフィンワックスに比較して結晶が小さい。油分の増粘剤、固形化剤としてクリーム、アイシャドウ、口紅などに用いられている。

2―2　天然油脂

動植物から採取したグリセリン1分子に脂肪酸3分子がエステル結合したトリエステル（トリグリセリド）が主成分で、微量のジエステルやモノエステルを含んでいる。化粧品に使われる代表的な油脂としては、オリーブ油、アボカド油、ゴマ油、アーモンド油、コムギ胚芽油、サフラワー油（紅花）、シアバター（シア）、ツバキ油、ヒマシ油（トウゴマの種子）、マカデミアナッツ油、ヤシ油などの植物性油脂、牛脂、馬油、卵黄油などの動物性油脂がある。トリグリセリドを構成する脂肪酸は、油脂の種類によって様々で、例えばヒマシ油のように12―ヒドロシステアリン酸のポリエステルのような変わった脂肪酸残基を持つものもある。天然油脂は炭化水素より極性が高く、炭化水素とは異なった性質があり、水分閉塞効果は炭化水素油よりも弱いが、肌や毛髪に柔らかさ・なめらかさを与える効果や極性が高いために紫外線吸収剤などを溶かす作用がある。

2―3　脂肪酸エステル

脂肪酸エステルは、脂肪酸とアルキルアルコールの脱水によって合成され、皮膚を柔軟にしてすべり効果を出し感触を整える、極性の高い有効成分や紫外線吸収剤の溶解性を高めるなどの目的で配合されている。直鎖脂肪酸と低級アルコールのエステルは軽い感触の油分で難溶解性物質の溶解性にすぐれているが、ジネオペンタン酸トリプロピレングリコールなどの分子内にエステル基を二つ持つ2塩基酸エステルは極性が非常に高く、特に紫外線吸収剤などの溶解性に優れている。イソステアリン酸などの分岐脂肪酸や不飽和脂肪酸の液状油分はエモリエント剤としてよく用いられる。高級脂肪酸と高級アルコールのエステルで融点の比較的高いものはクリームの使用性調整などに用いられている。また、ポリグリセリンの脂肪酸エステルは非常に抱水力の高いエステル油である[7]。

2―4　ラノリン及びその誘導体、ステロールエステル類

ラノリンは、ヒツジの皮脂腺に含まれる成分で、コレステロールと長鎖のα―ヒドロキシ酸のエステル類を多く含んだ複雑な組成の半固形油分である。独特の粘靭性があり、クリームや口紅に用いられている。抱水性が高いエモリエント剤である。

加水分解、分画結晶化、水素化、アルコキシル化、四級化などを行ったラノリン誘導体も化粧品に多く用いられている。さらに、皮脂や細胞間脂質中のコレステロールエステルを模して、コレステロールやフィトステロールの脂肪酸エステルも合成されている。脂肪酸としては皮脂に含まれるパルミトオレイン酸の多いマカダミアナッツ脂肪酸などが用いられており、自重の300%ほどの抱水力がある。

2―5　脂肪族高級アルコール及び脂肪酸

脂肪族高級アルコール及び脂肪酸は、単独ではエモリエント剤としての機能に乏しいが、親水性界面活性剤とともにαゲルと呼ばれる自己組織体を形成してエモリエント効果を示す。[8)]

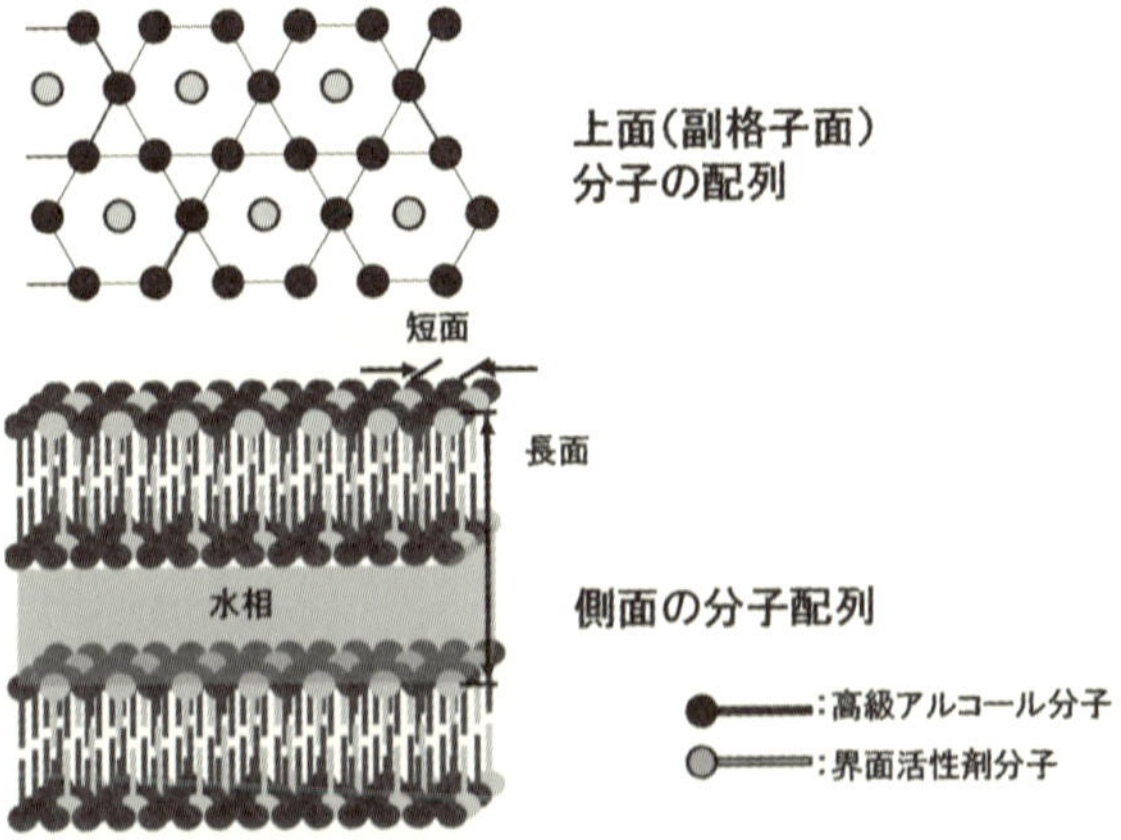

図１　αゲルの分子配列

αゲルとは、図１に示すように高級アルコールや脂肪酸及び界面活性剤が、ラメラ液晶構造のように長軸方向に規則的な配列をもち、上面から見ると六方晶型に規則的に配列した水和固体である。[9] αゲルは親水基内部に水を保持[8,10]できるため、高い閉塞性、保湿性を有している。

2−6　セラミド

角層細胞間脂質は、角層を構成する角層細胞間に存在するラメラ構造の脂質の自己組織体で、外界からの刺激物の侵入と角質細胞からの水分蒸散を防いでいる。セラミドは細胞間脂質の主成分の一つで、細胞間脂質は、セラミド50％、コレステロールエステル15％、コレステロール5％、脂肪酸20％、糖セラミド5％からなる。

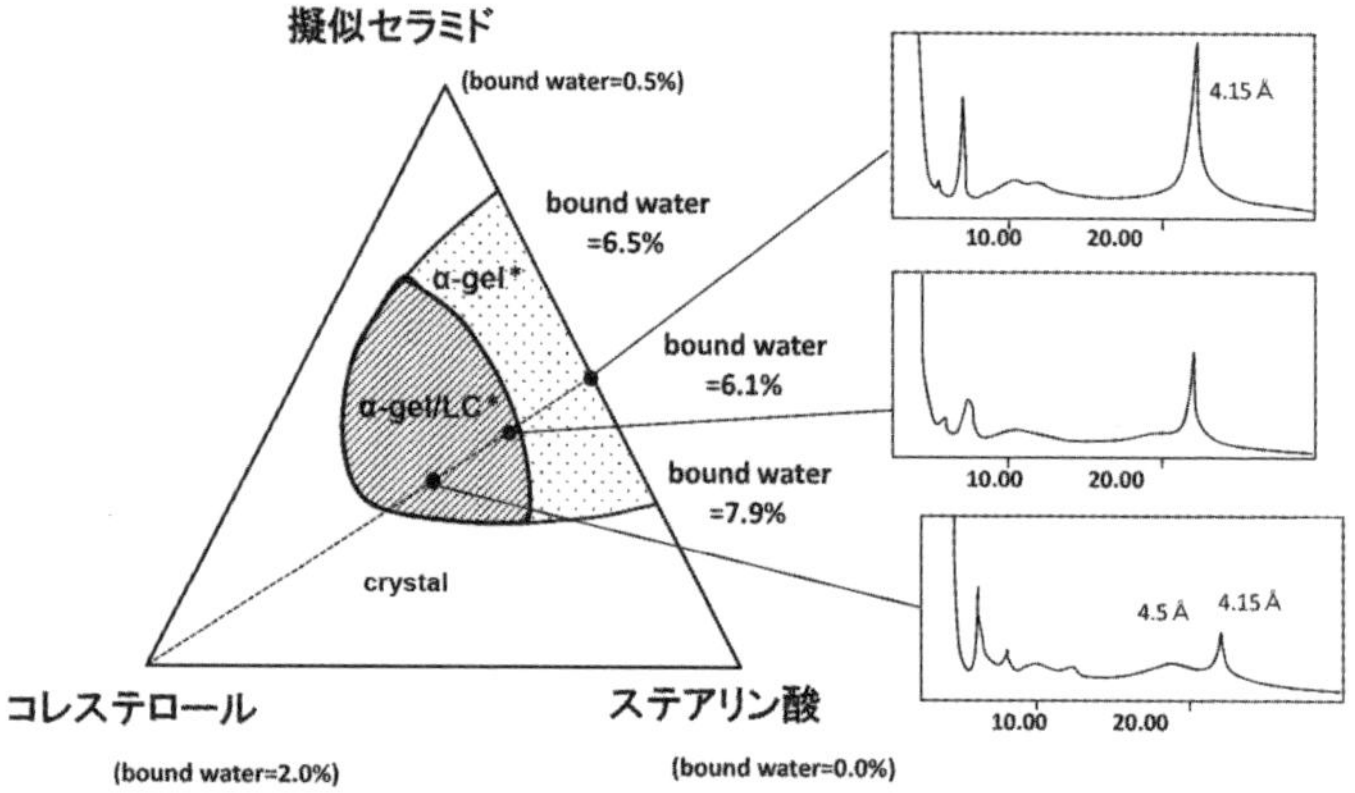

図２　疑似セラミドを用いたαゲルの３成分状態図とＸ線回折

鈴木ら[11)]は、合成疑似セラミドとコレステロール、ステアリン酸の３成分で準安定なαゲル（経時でγ型結晶に転移）が形成され（図２）、それを液晶乳化で乳化させたエマルジョンを適用すると、従来のエマルジョンよりも皮膚のコンダクタンス値が上がる（皮膚中の水分が保持される）と報告している。

２―７　水溶性油分

油分の分子設計において、極性を上げていくと、油分に相溶すると同時に水に対する溶解性が出てくる。図３に、これまで知られている水溶性油分を示す。

どの化合物も極性油と保湿剤の中間の極性を有しており、流動パラフィンやスクワランなどの炭

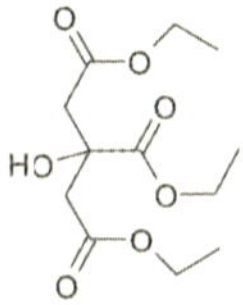

クエン酸トリエチル

シクロヘキサン-1,4-ジカルボン酸ビスエトキシジグリコール

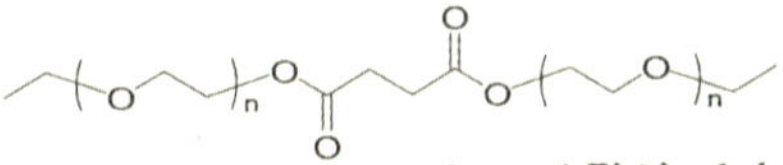

n=1;コハク酸ジエトキシエチル
n=2;コハク酸ビスエトキシジグリコール

$$CH_3O\text{-}(CH_2CH_2O)_m/(\underset{\displaystyle CH_3}{\underset{|}{C}}HCH_2O)_n\text{-}CH_3$$

PEG/PPGランダム共重合体ジメチルエーテル

図３　化粧品に用いられる水溶性油分

化水素油には溶解しないが、トリグリセリドなどの極性の高い油分には溶解する。どの油分も水に溶解した状態で臨界ミセル濃度はなく、界面活性剤のような分子集合体は形成していない。図３の油分のうち、クエン酸トリエチル、シクロヘキサン－１・４－ジカルボン酸ビスエトキシジグリコール、コハク酸ジエトキシエチル、コハク酸ビスエトキシジグリコールは水に数％しか溶解しないが、ポリエチレングリコール／ポリプロピレングリコール（ＰＥＧ／ＰＰＧ）ランダム共重合体ジメチルエーテルのみは、水と任意の割合で相溶する。これは、恐らく水に溶解する際、ＰＥＧ部分が外側を向くコンフォメーション変化が起こるためと考

えられる。また、PEG／PPGランダム共重合体ジメチルエーテルは、界面活性剤の乳化助剤として超微細乳化に用いることができる。[12)13)] これらの油分は、それ自体にも保湿性があるが、グリセリンのべたつきを抑える働きもある。

3　エモリエント剤の評価法

エモリエント剤の評価法として、使用感触を定量的に調べる方法が種々試みられている。皮膚への保湿効果や乾燥からの保護の評価法としては、油分そのものへの水分の最大取り込み量としての抱水性を測定したり、水分の蒸散を抑えるオクルージョン効果を測定する方法がある。以下、エモリエント剤の評価法について概説する。

3―1　Spreading Value

エモリエント剤として用いられる油分は、肌なじみが良く、さっぱりした使用性のものが好まれる。簡便に肌なじみの良さやさっぱり感を評価する方法として、一定量の油分を皮膚上に滴下し、一定時間経過した後の油分の広がった面積（Spreading Value）[14)] を測定する方

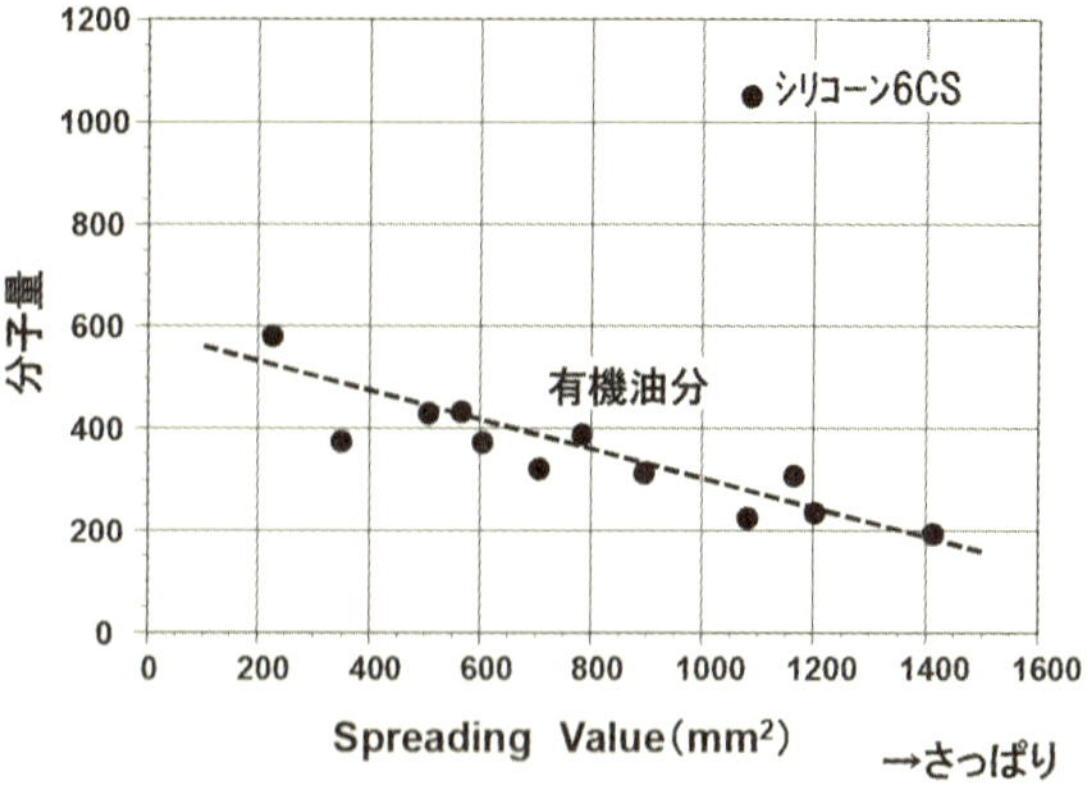

図4　Spreading Valueと分子量の関係

法がある。この面積の大きい油分ほど、さっぱり感がある。著者が測定した、皮膚に1滴の油分を滴下した後、5分後の広がった面積と分子量の関係を図4に示した。

炭素―炭素結合で構成された通常の油分の比較においては、Spreading Valueと分子量の間には負の相関関係があり、分子量の小さい油分ほど、Spreading Valueは大きい。

なお、シリコーン油のSi―O結合は、小さなエネルギーでもセグメント回転が起こるので、1000くらいの分子量でもSpreading Valueは大きく、さっぱり感を得ることができる。化粧品では、半固形油分からさっぱりとした油分までをバランス良く配合して使用感触を整えている。

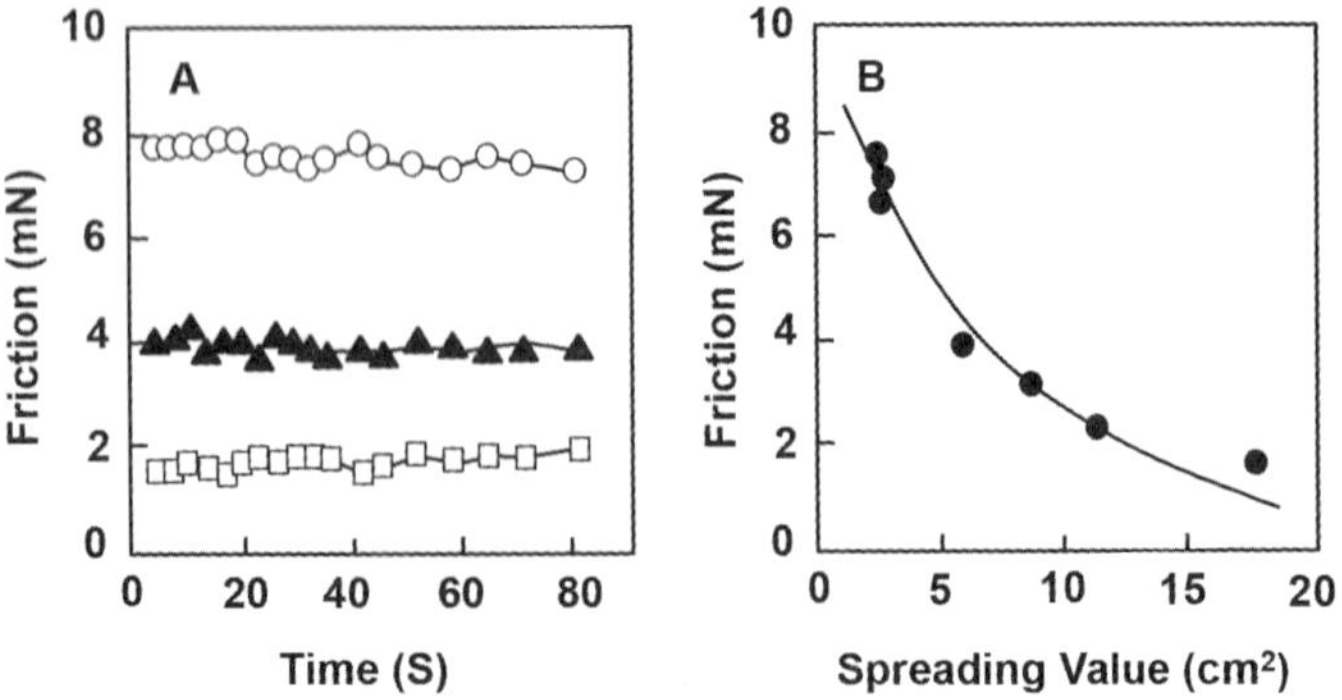

A：テトラオクタン酸ペンタエリスリチル（○）、トリオクタノイン（▲）、ジメチルポリシロキサン（□）の転がり摩擦値とSpreading Valueの関係
B：各種油分の転がり摩擦値とSpreading Valueの関係
図５　転がり摩擦とSpreading Valueの関係

3―2　塗布摩擦とべたつき評価[15)]

機器を用いた皮膚表面摩擦の測定は大きく二つのタイプに分けられる[16)]。一つは回転型で、ヒト皮膚の表面摩擦を計測する[17)~19)]。もう一つはすべり型で、人工皮革や豚皮の上に塗布した化粧品や原料を計測し、摩擦感テスターとも呼ばれ、これを用いた研究もある[20)~22)]。正木らは、平均摩擦係数（ＭＩＵ）と油分のなめらかさとの間に負の相関（相関係数０・７５８）があると報告している[23)]。

肌表面の横方向の滑りやすさを評価する回転型の摩擦計や摩擦感テスターに対し、縦方向のべたつきを評価する方法として、草苅らが考案した転がり摩擦測定がある。[24] この方法は摩擦感テスターのセンサー先端に回転するローラーを取り付け、油分を塗布した表面を転がすことにより、表面からローラーが剥がれる際の垂直方向の力でべたつきを評価するものである。Spreading Valueと相関があることが報告されている（図5）。

3－3　オクルージョン効果

皮膚からの水分蒸散を抑える効果をオクルージョン効果と呼ぶ。肌荒れが起こると皮膚のターンオーバーが亢進するが、高橋ら[25]は、皮膚をオクルージョン効果がややあるガーゼで保護するとターンオーバーが遅くなり、オクルージョン効果の更に高いフィンチャンバー（製造販売元 Smart Practice）で覆うとそれがさらに遅くなることを報告している。このように内部からの水分の蒸散を防ぐオクルージョン効果はエモリエント化粧品にとって大切な機能である。

オクルージョン効果の測定方法としては、アセチルセルロース膜やろ紙表面にアプリケーターで油分を均一に塗布したものを水の入った容器の上部にシールし、一定温度、湿度下で

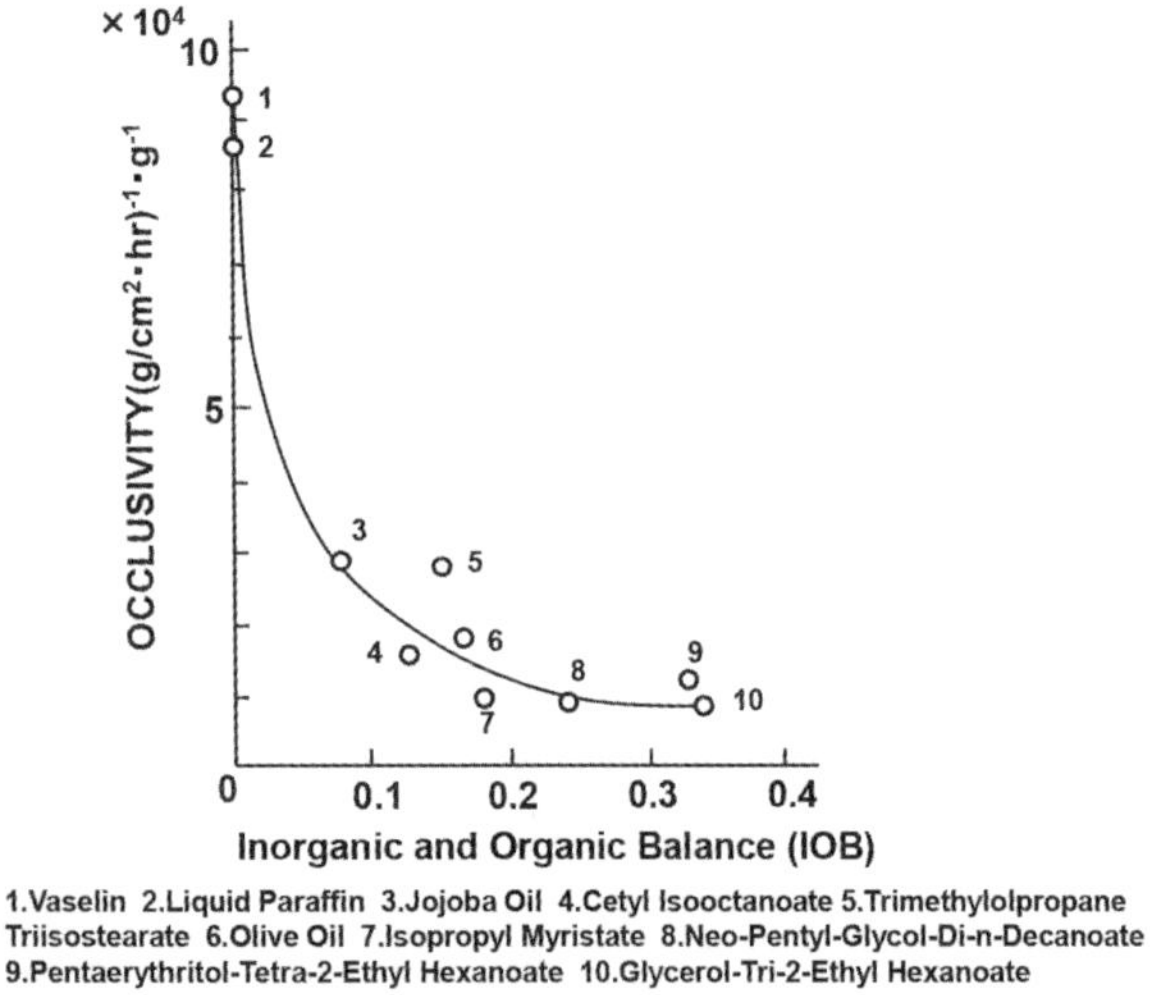

各種油分の水分蒸散を遅くする効果（オクルージョン効果）（縦軸）と極性（有機概念図上のIOB（無機性有機性バランス）値）の関係。オクルージョン効果は極性が低い油分ほど高い。

図6　油分のオクルージョン効果と極性（IOB）との関係

膜を通じて揮散した水分量で測定する方法がある。西山ら[6]は、この方法で各種油分や保湿剤配合クリームのオクルージョン効果を系統的に比較し、極性（ＩＯＢ[26]）が低い油分ほどオクルージョン効果が高い（図6）が、シリコーン油分は有機の油分よりもオクルージョン効果が低いと報告している。また、保湿剤としてはグリセリンが最もオクルージョン効果を下げ、各保湿剤ともに濃度依存的にオクルージョン効果を下げるが、これは保湿剤の吸湿性によるところが大きいと考察している。

3−4　皮膚柔軟測定

化粧品などを皮膚に塗布した際の「はり」や「柔軟感」を評価する方法として、ダーマフレックス（Dermaflex）やキュートメーター（Cutometer）といった機器を用いる方法がある。これは吸引法で皮膚に密着させたセンサー内を減圧し、その時持ち上がった皮膚の高さから皮膚の力学的特性を調べるものである。表3に梅屋らが報告した柔軟化粧水を20～25歳女性の前腕部に5分間塗布した際の処理前後での皮膚の粘弾性の変化を示した。[27] 柔軟化粧水により、粘性、弾性ともに減少していることがわかる。

表3　柔軟化粧水の皮膚粘弾性への効果

SUBJECT	ELASTICITY	VISCOSITY
1	0.86*	0.81*
2	0.73*	0.74*
3	0.90*	1.02
4	0.87*	0.87
5	1.28*	0.97
MEAN	0.93	0.88

数値は柔軟化粧品処理前後の比率。＊ t-test（P<0.1）

しかしながら、この方法による力学的な特性は、真皮までの状態が全て反映されるため、角層変化による皮膚の柔らかさの評価には適さない。そこで、共鳴振動状態にある棒を皮膚に接触させ、皮膚表面の振動により、変化した共鳴振動をセンサーで感知するビーナストロン（Venustron）と呼ばれる測定機器が開発されている。[28] これを用いて、*in vivo* で水負荷した角層水分量と共鳴周波数の変化を調べた結果、両者によく対応の取れた結果が得られている。[29]

引用文献

1) Wheatley V.R.,*Pro.Sc.Sect.*, 39, May, 25-28(1963)
2) Website, The Society of Cosmetic Chemists of Japan
3) Ohmori T., Yamamura Y., Nakahara K., Miyahara R.,Hosokawa K.,Maruyama K., Okamoto T., Kakoki H.,*J.Oleo Sci.*, 55(7), 365-375 (2006)
4) *Journal of the American College of Toxicology Special Issue*, "Second Report of the Cosmetic Ingredient Review Expert Panel", 1(2),37-56(1982)
5) Kaiya A.,*Fragrance Journal*,20,65-70(2007)
6) Nishiyama S.,Komatsu H.,Tanaka M.,*J.Soc.Cosmet.Japan*,16(2),136-143(1983)
7) Noguci Y., *Fragrance Journal*,20,113-117(2007)
8) Orita M.,Uchiyama M.,Hanamoto T.,Yamashita O.,Takeuchi K.,Katayama Y.,Tanabe H.,Fukuda K.,Okada J., *J.Soc.Cosmet.Japan*,46(1),25-32(2012)
9) Fukushima S.,Yamaguchi M.,*Yakugakuzasshi*, 101,1010-1015(1981)
10) Watanabe, K.;Inoue, H.;Teshigawara, T. and Kimura, T., *J.Oleo.Sci.*61(1),29-34(2012)
11) Suzuki T.,Imokawa G.,Kawamata A.,*J.Chem.Soc.Jpn.*,No.10,1107-1117(1993)
12) Miyahara,R.,Watanabe K.,Ohmori T.,Nakama Y., *J.Oleo Sci.*, 55(8), 403-411(2006)
13) Miyahara,R.,Watanabe K.,Ohmori T.,Nakama Y., *J.Oleo Sci.*, 55(9), 473-482(2006)
14) Barry A. Salka,*Cosmetics & toiletaries*,112,101-106(1997)

15) Kakoki H., *Fragrance Journal*,20,2-6 (2007)
16) Egawa M.,Hirao T.,Takahashi M.,*J.Soc. Cosmet.Chem.Jpn.*,37 (3),187-194 (2003)
17) Nacht S., Close J.A.,Yeung D.,Gans E.H.,*J.Soc.Cosmet.Chem.*,32,55-56 (1981)
18) Highley D.R.,Coomey M.,Denbeste M.,Wolfram I.J.,*J.Invest.Dermatol.*,84,37-43 (1971)
19) Comanish S.,Bottoms E.,*Br.J.Dermatol.*,69,303-305 (1977)
20) Nakajima K.,Narasaka H.,*Int.J.Cosmet.Sci.*,15,135-151 (1993)
21) Hironaka S.,*Hyoumen*,37 (6),329-338 (1999)
22) Suganuma K.,Niwa M.,*J.Soc.Cosmet.Chem.Japan*,24 (3),212-219 (1991)
23) Masaki K.,Totani N., *J.Soc.Cosmet.Chem.Japan*,32 (1),59-64 (1998)
24) Kusakari K., Yoshida M., Matsuzaki F., Yanaki T., Fukui H., Date M.,*J.Cosmet.Sci.*, 54 (4), 321-333 (2003)
25) Takahashi M.,Machida Y.,Marks R.,*J.Soc.Cosmet.Chem.*,38,321-331 (1987)
26) Kohda Y.,Honma Y.,Sato S., Yuuki Gainen Zu - Kiso to Ohyou (Organic Concept Diagram - Basics and Applications),Sankyou-Shuppann Co.,Ltd.
27) Umeya J.,Takahashi M.,Komatsu H.,Machida Y.,Fukushima S., *J.Soc.Cosmet.Chem. Japan*,20 (2),98-102 (1986)
28) Omata S.,Hihu no Mekanizumu no Kaimei to Keisoku・Hyoukahou (Explication, measurement and estimation method of a mechanism of skin) Gijutsujouhoukyoukai Co.Ltd., pp.262-278 (1999)
29) Takahashi M., *J.Soc.Cosmet.Chem.Japan*,36 (2),93-101 (2002)

第５章

粉体及び無機材料

野々村美宗

1　化粧用粉体の歴史

カイロ博物館の化学者アルフレッド・ルーカスは、1930年に考古学の専門誌上で、古代エジプトにおける化粧について解説している。古代の人々がどんな化粧をしていたかということは、考古学者にとっても興味深いトピックスらしく、アイメイクやフェイスペイントに含まれている最も一般的な顔料は、クジャク石$Cu_2(CO_3)(OH)_2$と方鉛鉱PbSだったことが記されている。[1)] その後、さまざまな分析技術が進み、容器の中に残されたほんのわずかなかけらから、その化粧品に含まれている全ての成分が分かるようになった。特に、電場の中でシンクロトロンを用いて荷電粒子を加速したときに放射される放射光を用いると、パウダーメイクアップ化粧料の中に含まれるごく微量の不純物の組成や結晶構造まで解析することが可能になったことは画期的だった。[2)] この方法によって、紀元前2000~1200年頃に使われていた容器中に残ったメイクアップ化粧料に、ほんのわずかなローリオナイトPbOHClと角鉛鉱$Pb_2Cl_2CO_3$が含まれており、当時の人々が高度な湿式プロセスで化粧用顔料を調製していたことが明らかになった。[3)] すなわち、数千年以上昔から、ヒトは繊細で美しい化粧を求めており、これを実現するための化学合成のノウハウを身に着けていたことになる。[4)]

人類の化粧の歴史は古代エジプトよりももっと古い。１９６６年、フランスのニースで、約35万年前に生息したテラ・アマタ原人のキャンプの痕跡と、身体彩色用と思われる赤土の破片が見出された。このことから、赤土と脂肪の混合物が狩猟における儀式だけでなく、日焼けの防止のために用いられていたのではないかという仮説が提案された。[5] このように、人類にとって初めての化粧は、粘土・黄土・赤土によって行われ、その後、白色の鉛系顔料と酸化鉄や植物由来の色素によって着色をほどこすメイクアップが長いこと続けられた。

現在のメイクアップの基盤は20世紀半ばに築かれた。化粧用顔料として欠くことのできない酸化チタンが、１７８９年に小川の砂の中から発見され、[6] 20世紀初めに工業生産されるようになり、毒性の高い鉛に代わって白色顔料として用いられるようになったのだ。この無機粉体は、紫外光を散乱するだけでなく、半導体ギャップを持つために、短波長の紫外光を吸収し、優れた紫外線防御効果を示す。[7] このように、粉体および無機材料は化粧料に彩りを加える顔料として用いられるだけでなく、皮膚を紫外線から守り、スキンケア効果を実現する上でも重要な材料として位置付けられるようになった。

さらに最近の化粧料には、複数の素材を組み合わせたり、特殊な形状を持つことで特別な機能を示す粉体が利用されている。その代表例はマイカなどの板状粒子の表面を酸化チタンで覆うことで鮮やかな干渉光が現れる干渉パールである。[8] この個性的な顔料は、口紅やネイルエナメルなどのメイクアップ化粧料の発色を鮮やかにしただけでなく、ベースメークに展開されてナチュラルメイクを可能にした。このように、粉体材料は化粧品の機能を担保するうえで重要な役割を果たしている。本稿では、広く使われている化粧用粉体とその特性を紹介する。

2　化粧料に用いられる粉体

2―1　無機系色材

(1)　体質顔料

化粧料には、顔料の着色性・強度などを改善するための混合剤として体質顔料と呼ばれる白色の顔料が配合される。以下にその代表的なものを紹介する。

①　粘土鉱物

何十万年も昔のわれわれの祖先が使っていた化粧料と同じように、最先端の機能を持つ化粧料にも粘土鉱物は含まれている。粘土鉱物は、特にメイクアップ化粧料を調製するうえで、欠くことのできない粉体といえる。なかでも水酸化マグネシウムとケイ酸塩からなる粘土鉱物であるタルク $Mg_3Si_4O_{10}(OH)_2$ は、層状で割れやすく、薄い板状結晶になり、滑りやすい性質を示すことが知られている。[9] そのため、肌への伸びや広がりを改良するために、ファンデーションや白粉に配合される。また、マイカも含水ケイ酸アルムニウムカリウムを主成分とする板状粉体で、表面が滑らかで潤滑効果を示すだけでなく、ツヤ感を出すことや皮膚への密着性を高めることが知られている。

原石の種類によって白雲母 $KAl_2(AlSi_3)O_{10}(OH)_2$ と金雲母 $KMg_3(AlSi_3)O_{10}(OH)_2$ があるが、さらに、シリカ、酸化マグネシウム、酸化アルミニウム、ケイフッ化カリウムの混合物を溶解・結晶化する溶融法やタルクとアルカリケイフッ化物を混合・熱処理する固相反応合成法によって人工的に調製された合成金雲母 $KMg_3AlSi_3O_{10}F_2$ は、肌へののりがよく、透明性が高いため、素肌っぽさを演出するファンデーションの体質顔料や干渉パールの基材として用いられる。[10]

②　シリカ

二酸化ケイ素SiO_2および二酸化ケイ素によって構成される物質で、無水ケイ酸とも呼ばれる。石英や珪砂の主成分であるだけでなく、シダやイネ、ケイソウ中でその骨格を形作るバイオミネラルとして自然界に大量に存在する。化粧品に利用されるシリカの多くは、ケイ酸ソーダの脱水反応・アルコキシシランの加水分解・カルシウムシリケートと酸の反応などの湿式法や、ハロゲン化ケイ素の高温加水分解・石英の電気アーク法などの乾式法によって調製されるものである[11)]。

シリカの表面にはシロキサン≡Si-0-Si≡と4種類のシラノール≡Si-OHがあり、各基の存在する量によって表面物性が変化する[12)]。また、シリカ表面のシラノール基とハロシラン、アルコキシシラン、シラザン、シロキサンなどを反応させ、表面の親水・疎水性をコントロールした表面改質シリカも広く用いられている[13)]。サラサラした感触で透明感のある仕上がりとなるため、メイクアップ化粧料の体質顔料として用いられる。また、水や油を吸収・増粘するために、スキンケア化粧料にも配合される[14)]。

③ 窒化ホウ素

ホウ素と尿素の混合物を加熱して合成した六方晶窒化ホウ素BNは、グラファイトのような層状の結晶構造を形成している[15)]。この層間の結合が小さいために、潤滑効果を示すといわれている。[16)17)] 皮膚に塗布した時の触感が滑らかで光沢を示すため、ファンデーション、フェイスパウダーに配合される。

④　アルミナ

アルミナは、別名酸化アルミニウム Al_2O_3 といい、結晶であるコランダムまたは水和物であるボーキサイトなどから製造される。白色顔料やツヤ消しのために配合されるだけでなく、造粒物をスクラブ剤として用いる場合もある。

⑤　硫酸バリウム

水酸化バリウムなどのバリウム源と硫酸を反応させて得られる硫酸バリウム $BaSO_4$ は、透明感のある白色顔料として古くから用いられてきた。硫酸バリウムは、その調製条件、特にバリウム源の過飽和度によって板状・星状・球状など様々な形状となるだけでなく、その内部の細孔の大きさも変化する。[18)] 特に板状硫酸バリウムは潤滑性を示し、皮膚に塗布するときの感触を滑らかにするだけでなく、光を散乱する特性に優れ、小じわや毛穴を見えにくくするソフトフォーカス効果を示す。[19)]

(2) 着色顔料

① 酸化鉄

ファンデーションをはじめとする、メイクアップ化粧料の肌色は、多くの場合、ベンガラFe_2O_3、黄酸化鉄$Fe_2O_3 \cdot H_2O$、黒酸化鉄Fe_3O_4を用いて調色される。数十万年前のわれわれの祖先は、赤土を使って赤い彩色を皮膚に施していたが、現在では硫酸鉄や塩化鉄から湿式プロセス、乾式プロセス、水熱プロセスにより、より鮮やかな色調の顔料が調製されている。[20] ベンガラおよび黄酸化鉄は、鉄原子中の電子がd軌道間で移動するd-d遷移によって発色する。すなわち、鉄イオンFe^{3+}の最外殻の電子が光照射によって励起され、高いエネルギー状態に遷移するときの光吸収によって赤または黄色に着色する。[21] 一方、黒酸化鉄は、光照射によりFe^{2+}から結晶で隣接しているFe^{3+}からFe^{2+}に電荷が移動する際に、可視光全域の光を吸収するために黒色を呈する。酸化鉄は、その大きさや形状によって見た目の質感や使用感が変化することから、鱗片状の酸化鉄や一次粒子が光の波長よりも小さい透明性酸化鉄が開発されている。

② グンジョウ

ウルトラマリンとも呼ばれる。硫黄を含んだアルミニウム、ケイ素からできた青色～紫青色の顔料で、黄を含んだケイ酸ナトリウムの錯体$Na_{8-10}Al_6Si_6O_{24}S_{2-4}$である。顔料の青色は不対電子を持つラジカルアニオンS^{3-}とされているが、発色メカニズムの詳細は現在も議論の対象となっている。[22] 古くは柘榴石を粉砕していたが、現在はシリカ、アルミナ、無水炭酸ナトリウム、粉末硫黄、活性炭などを混合・融解して調製される。耐熱性・耐光性に優れるため、アイライナーをはじめとするメイクアップ化粧料に配合されるが、酸性条件下では使用できない。

③　水酸化クロム

化学式Cr_2O_3で示される緑色の無機化合物。クロム鉄鉱から合成され、着色成分としてアイシャドウなどに配合される。

④　マンガンバイオレット

二酸化マンガンをリン酸アンモニウム、リン酸カリウムと反応させて得られる紫色顔料。主成分はマンガンピロリン酸アンモニウム錯体$Mn(III)NH_4P_2O_7$である。[23] 隠蔽力、耐光性に優れており、ポイントメイクの着色剤として用いられる。

⑤　カーボンブラック

火を灯した時に発生する煤（すす）が集められ、顔料として用いられるようになった。このすすの主成分がカーボンブラックである[24]。現在、用いられているカーボンブラックの多くは天然ガス、アセチレン、タール、芳香族油などを熱分解したり、不完全燃焼させたりして調製される。この黒色の顔料はグラファイト様の層状構造物からなる結晶子が一次粒子を形成し、さらにこの粒子が集まって凝集体を形成している[25]。また、その表面にはカルボキシル基やキノン型酸素原子などの極性基が存在するため[26]、水中への分散が可能な場合もある。一般に一次粒子は数十ナノメートル（nm）と小さいために、高い着色力を示す。

(3)　白色顔料

①　酸化チタン

1966年、水中に二酸化チタンTiO_2電極と白金Pt電極を置き、TiO_2電極に光を当てると水が分解されて、酸素と水素が発生するとともに、電流が流れることが見いだされ、本田－藤嶋効果と名付けられた[27]。この現象は植物中で起こる光合成反応と共通点があるため、人工光合成によるエネルギー開発につながることが期待された。その後、光触媒による有機物の分解現象や固体表面の超親水化が見いだされ、酸化チタンは材料科学の分野で最も注目される無機物質の一つとなった。[28)29)]

化粧品原料としてもこの顔料は脚光を浴び続けてきた。酸化チタンは白色顔料の中で最も屈折率が高く、隠ぺい力に優れるためである。酸化チタンの結晶形にはアナタース、ブルッカイト、ルチルという三種類の結晶形があるが、屈折率が一番大きく、安定なルチル型が化粧品には用いられる。特に、約２００nmの酸化チタンは、最も高い光散乱性を持ち、高い隠ぺい力が期待されることから、顔料として広く用いられている。[30)]また、微粒子酸化チタンが皮膚を紫外線による日焼けから防御するうえで有用であることは古くから知られていた。[31)]一次粒径が数十ナノメートルの超微粒子酸化チタンを用いると、高い紫外線防御能が得られることが多くの研究者によって確認されている。[32)]

酸化チタンを化粧品に配合する際には、光触媒による皮膚への刺激や製剤の劣化を防ぐ必要がある。そのため、酸化チタンの表面にはアルミナやジルコニアなどの金属酸化物やシリコーンなどの有機物による処理が施されるが、光触媒を抑制する効果は無機物によるコーティングのほうが高いことが知られている。[33)]また、ケイ素を中心として無機官能基と有機官能基を持っており、固体表面を修飾することのできるシランカップリング型の表面処理を施した場合でも、その表面処理率によって光触媒能の抑制効果は異なるので注意が必要である。[34)]

このように、酸化チタンは有用な材料である一方で、その安全性については多くの研究者の議論の的となってきた。特に紫外線防御のために用いられる微粒子酸化チタンは、角層のバリアを超えて体内に取り込まれることが懸念されていた。従来の研究結果はこれを否定するものがほとんどだった[32,35]が、しかし、豚の耳に数十日間酸化チタン超微粒子を塗布すると、各層のバリアを超えて取り込まれ、体内の各器官に貯蔵されるという報告もあり、今後の慎重な検討が求められる。[36]

② 酸化亜鉛

酸化亜鉛ZnOは六方晶系構造の白色粉末で、古くから白色顔料として用いられている。ただし、その屈折率は2・03で酸化チタンよりも小さいため隠ぺい力に劣り、白色顔料としての最適粒径は300〜500ナノメートルとされている。[37]また、酸化亜鉛は酸化チタンと同じようにn型半導体であり、波長が380ナノメートル以下の紫外光を効率的に吸収することができるだけでなく、透明性が高く皮膚に塗ったときに白浮きしづらいことから、シワなどの原因となる波長320〜400ナノメートルのUV—A領域の紫外線から皮膚を守る紫外線防御剤として有用であるといわれている。[38,39]

酸化亜鉛にはスキンケア効果があることも知られている。例えば皮膚を引き締め毛穴を見えにくくする収れん効果[40]、肌荒れや感染症の原因となる黄色ブドウ球菌・緑膿菌を殺す殺菌効果、[41] にきびの症状を改善する効果が報告されている。[42] また、酸化亜鉛は遊離脂肪酸を選択的に吸着することから、これをメイクアップ化粧料に配合することで皮膚の上の化粧膜のもちを改善し、化粧崩れを防止する技術が開発されており、ファンデーションなどに応用されている。[43]

③　炭酸カルシウム

炭酸カルシウム $CaCO_3$ は、貝殻・サンゴ・卵の殻・石灰岩などに含まれる白色～薄灰色の粉末である。一般に多孔質で、[44] その細孔中に薬剤、香料を多量に担持させて医薬品や化粧品に配合される。[45][46] また、ファンデーションや白粉に配合すると、皮脂を吸収して化粧効果の持続性を高めたり、透明感のある仕上がりを可能にすることが知られている。

(4)　パール顔料

真珠（パール）の透明感のある柔らかな色合いは多くの人々を魅了してきた。この自然界で生まれた仕組みを人工的に再現したのがパール顔料である。天然の真珠の特徴的な光沢は、炭酸カルシウムの結晶層とたんぱく質シートが繰り返して積み重なった平行層による光の干渉と、結晶層を構成する結晶粒による拡散反射光の干渉によって発生するとされている。[47] この真珠の光沢を化粧料に付与するために、魚鱗箔のような比較的屈折率の高い板状または針状の粒子が化粧料に配合されてきた。[8] さらに、板状のマイカの表面を酸化チタンや酸化鉄の薄膜で被覆し、干渉光による発色を実現する技術が開発され、化粧料に応用されるようになった。[48] 特に、1980年代に薄膜の厚さをコントロールする技術が確立し、赤、青、黄、緑などの多彩な色彩を調製することが可能になると、メイクアップ化粧料だけでなく、自然な仕上がりのファンデーションにも利用されるようになった。[49,50]

2―2 有機系色材

(1) 体質顔料

① ポリマー樹脂

メタクリル酸メチルクロスポリマー、シリコーン樹脂、ナイロン類、ウレタン樹脂などの多くのポリマー樹脂が、製品の剤形を保ち、使用感や光沢を調節する体質顔料として用いられている。ポリマー樹脂のほとんどは数百ナノメートルから数十ナノメートルの球状粒子だが、ナイロン類は球状から繊維状まで様々な形状で供給される。球状のポリマーは光を散乱して毛穴などを見えにくくするソフトフォーカス効果をもたらすのに対して、[51] 繊維状のポリマーはマスカラに配合されてまつげを太く、長く見せる効果を示すだけでなく、若々しい肌の質感を実現するためにベースメークに配合される[52)]。

② 界面活性剤およびその金属塩

ミリスチン酸マグネシウム、ミリスチン酸亜鉛、ラウロイルタウリンカルシウムなどの界面活性剤金属塩やラウロイルリシンのような界面活性剤の結晶はしばしば体質顔料やメイクアップ化粧料用粉体の表面処理剤として用いられる。これらの結晶は白色のサラサラした粉体で、撥水性に優れているだけでなく、潤滑性に優れており、粉体化粧料の使用感を向上させる。また、粉体同士が凝集・固化するケーキングを防ぐ効果もある[53)54)]。

(2) 着色顔料

天然物から抽出された色素としてはβカロチン、クチナシ、ベニバナ、シコニンがメイクアップ化粧料に用いられる。これらの色材は物性が不安定で耐光性や耐熱性弱い場合が多い。一方で、合成の色材であるタール色素は化粧品に使用することが法律で許可されたものしか使用することができない。一般に無機の色材よりも発色が鮮やかであることから、アイシャドウ、口紅などのメイクアップ化粧料に利用される。

3　おわりに

これまでに有機から無機まで多くの化粧用粉体が開発されてきた。最近ではこれらの素材を組み合わせた有機無機複合材料やカプセル型複合粒子が開発され、新たな光学・化学的機能を可能にしている。今後も、これらの材料・機能開拓が進み、新たな美の提案が続けられるであろう。

参考文献

1. A. Lucas, Cosmetics, perfumes and incense in ancient Egypt, *J. Egyptian Archaeol.*, 16 (1/2), 41-53 (1930).
2. P. Martinetto, M. Anne, E. Dooryhée, M. Drakopoulos, M. Dubus, J. Salomon, A. Simionovici, P. Walter, Synchrotron X-ray micro-beam studies of ancient Egyptian make-up, *Nucl. Instr. and Meth. in Phys. Res. B*, 181 (1-4), 744-748 (2001).
3. P. Walter, P. Martinetto, G. Tsoucaris, R. Bréniaux, M. A. Lefebvre, G. Richard, J. Talabot, E. Dooryhee, Making make-up in Ancient Egypt, *Nature* 397 (6719), 483-484 (1999).
4. E. Dooryhée, P. Martinetto, P. Walter, M. Anne, Synchrotron X-ray analyses in art and archaeology, *Radiat. Phys. Chem.* 71 (3-4), 863-868 (2004).
5. 鈴木守, *化粧品技術者のみた化粧品ルーツ考*, *J. Soc. Cosmet. Chem. Japan*, 22 (2), 103-108 (1988).

6. T. E. Thorpe, On the atomic weight of titanium, *J. Chem. Soc., Trans.*, 47, 108–132 (1885).
7. R. M. Sayre, N. Kollias, R. L. Roberts, A. Baqer, I. Sadiq, Physical sunscreens, *J. Soc. Cosmet. Chem.*, 41(2), 103–109 (1990).
8. R. A. Bolomey , L. M. Greenstein, An instrumental study of the optical characteristics of nacreous and interference pigments *J. Soc. Cosmet. Chen.*, 22(2), 161–177 (1971).
9. R. F. Deacon, J. F. Goodman, Lubrication by lamellar solids, *Proc. Roy. Soc. London A*, 243(1235), 464–482 (1958),
10. 太田俊一，合成マイカとその応用，粘土科学，44(1), 31–36 (2004-2005).
11. H. E. Bergna, W. O. Roberts, *Colloidal Silica: Fundamentals and Applications*, CRC Press, 2005.
12. R. S. McDonald, Study of the interaction between hydroxyl groups of aerosil silica and adsorbed non-polar molecules by infrared spectrometry, *J. Am. Chem. Soc.*, 79(4), 850–854 1957
13. S. Sterman, J. G. Marsden, Silane coupling agents, *Ind. Eng. Chem.*, 58(3), 33–37 (1966).
14. S. K. Wason, Cosmetic properties and structure of fine particle synthetic precipitated silicas, *J. Soc. Cosmet. Chem.*, 29(8), 497–521 (1978).
15. T. E. O'Connor, Synthesis of boron nitride, *J. Am. Chem. Soc.*, 84(9), 1753–1754 (1962).
16. G. W. Rowe, Some observations on the frictional behaviour of boron nitride and of graphite, *Wear*, 3(4), 274–285 (1960).
17. Y. Kimura, T. Wakabayashi, K. Okada, T. Wada, H. Nishikawa, Boron nitride as a lubricant additive, *Wear*, 232(2), 199–206 (1999).
18. B. Judat, M. Kind, Morphology and internal structure of barium sulfate—derivation of a new growth mechanism, *J. Colloid Interface Sci.*, 269(2), 341–353 (2004).
19. R. Emmert, Quantification of the soft-focus effect: Measuring light-diffusing characteristics of

cosmetic pigments and powders, *Cosmet. Toilet.*, 111(7), 57-61 (1996).
20. 内田浩昭, 杉原則夫, 化粧品用酸化鉄系顔料, *色材協会誌*, 84(10), 351-357 (2011).
21. 次田章, 顔料の光学的性質とその応用, *日本化粧品技術者会誌*, 27(2) 119–129 (1993-1994).
22. E. D. Federico, W. Shöfberger, J. Schelvis, S. Kapetanaki, L. Tyne, A. Jerschow, Insight into frame work destruction in ultramarine pigments, *Inorg. Chem.*, 45(3), 1270–1276 (2006).
23. J. D. Lee, L. S. Browne, The nature and properties of manganese violet, *J. Chem. Soc. A*, 59–561 (1968).
24. 服部剛, カーボンブラック, 色材協会誌, 83(9), 387-393(2010).
25. J. Biscoe, B. E. Warren, An X-ray study of carbon black, *J. Appl. Phys.*, 13(6), 364 (1942).
26. L. Studebaker, E. W. D. Huffman, A. C. Wolfe, L. G. Nabors, Oxygen-containing groups on the surface of carbon black Merton, *Ind. Eng. Chem.*, 48(1), 162–166 (1956).
27. A. Fujishima, K. Honda, Electrochemical photolysis of water at a semiconductor electrode, *Nature*, 238(5358), 37–38 (1972).
28. R. Wang, K. Hashimoto, A. Fujishima, M. Chikuni, E. Kojima, A. Kitamura, M. Shimohigoshi, T. Watanabe, Light-induced amphiphilic surfaces, *Nature*, 388(6641), 431-432 (1997).
29. I. Sopyan, M. Watanabe, S. Murasawa, K. Hashimoto, A. Fujishima, An efficient TiO_2 thin-film photocatalyst: photocatalytic properties in gas-phase acetaldehyde degradation, *J. Photochem. Photobiol. A*, 98(1–2), 79–86 (1996).
30. R. J. Bruehlman, L. W. Thomas, E. Gonick, Effect of particle size and pigment volume concentration on hiding power of titanium dioxide, *Off. Dig.*, 3(433), 252–267 (1961).
31. M. Luckiesh, A. H. Taylor, H. N. Cole, T. Sollmann, Protective skin coatings for the prevention of sunburn, *J. Am. Med. Assoc.*, 130(1), 1–6 (1946).

32. M. Turkoglu, S. Yener, Design and in vivo evaluation of ultrafine inorganic oxide containing sunscreen formulations, *Int. J. Cosmet. Sci.*, 19(4), 193–201 (1997).
33. M. Kobayashi, W. Kalriess, Photocatalytic activity of titanium dioxide and zinc oxide, *Cosmet. Toilet.*, 112(6), 83–85 (1997).
34. E. Ukaji, T. Furusawa, M. Sato, N. Suzuki, The effect of surface modification with silane coupling agent on suppressing the photocatalytic activity of fine TiO_2 particles as inorganic UV filter, *Appl. Surf. Sci.*, 254(2), 563–569 (2007).
35. A. O. Gamer, E. Leibold, B. van Ravenzwaay, The in vitro absorption of microfine zinc oxide and titanium dioxide through porcine skin, *Toxicol. in Vitro*, 20(3), 301–307 (2006).
36. J. Wu, W. Liu, C. Xue, S. Zhou, F. Lan, L. Bi, H. Xu, X. Yang, F. D. Zeng, Toxicity and penetration of TiO_2 nanoparticles in hairless mice and porcine skin after subchronic dermal exposure, *Toxicol. Lett.*, 191(1), 1–8 (2009).
37. A. Moezzi, A. M. McDonagh, M. B. Cortie, Zinc oxide particles: Synthesis, properties and applications, *Chem. Eng. J.*, 185–186, 1–22 (2012).
38. M. A. Mitchnick, D. Fairhurst, S. R. Pinnell, Microfine zinc oxide (Z-Cote) as a photostable UVA/UVB sunblock agent, *J. Am. Acad. Dermatol.*, 40(1), 85–90 (1999).
39. S. R. Pinnell, D. Fairhurst, R. Gillies, M. A. Mitchnick, N. Kollias, Microfine zinc oxide is a superior sunscreen ingredient to microfine titanium dioxide, *Dermat. Surg.*, 26(4), 309–314 (2000)
40. A. B. G. Lansdown, U. Mirastschijski, N. Stubbs, E. Scanlon, M. S. Ågren, Zinc in wound healing: Theoretical, experimental, and clinical aspects, *Wound Rep. Reg.*, 15(1), 2–16 (2007).
41. J. Pasquet, Y. Chevalier, E. Couval, D. Bouvier, G. Noizet, C. Morlière, M. A. Bolzinger, Contents lists antimicrobial activity of zinc oxide particles on five micro-organisms of the challenge tests

related to their physicochemical properties, *Int. J. Pharm.*, 460(1-2), 92–100 (2014).

42. L. Petit, C. Piérard-Franchimont, E. Uhoda, V. Vroome, G. Cauwenbergh, G. E. Piérard, Coping with mild inflammatory catamenial acne A clinical and bioinstrumental split-face assessment, *Skin Res. Technol.*, 10(4), 278–282 (2004).
43. 野村浩一, 高須賀豊, 西村博睦, 本好捷宏, 山中昭司, 化粧くずれ防止のための脂肪酸選択吸着, *日本化粧品技術者会誌*, 33(3), 254–266 (1999).
44. S. H. Wei, S. K. Mahuli, R. Agnihotri, L. S. Fan, High surface area calcium carbonate: Pore structural properties and sulfation characteristics, *Ind. Eng. Chem. Res.*, 36(6), 2141–2148 (1997).
45. Y. Ueno, H. Futagawa, Y. Takagi, A. Ueno, Y. Mizushima, Drug-incorporating calcium carbonate nanoparticles for a new delivery system, *J. Control. Rel.*, 103(1), 93–98 (2005).
46. 的場績, 山崎寿一, 無機粉末に対するリモネンの吸着測定, *日本化粧品技術者連合会会誌*, 6(1), 12–14 (1970).
47. C. Grégoire, Topography of the organic components in mother-of-pearl, *J. Cell Biol.*, 3(5), 797–808 (1957).
48. R. A. Bolomey, L. M. Greenstein, Pearlescence: The optical behavior of “white” nacreous pigments as an interference effect, *J. Soc. Cosmet. Chem.*, 23(2), 77–87 (1972).
49. 木村朝, 鈴木福二, 新しいマイカ—酸化チタン系有色パール顔料の開発, *粉体および粉末冶金*, 34(9), 497–501.
50. H. Shiomi, E. Misaki, M. Adachi, F. Suzuki, High chroma pearlescent pigments designed by optical simulation, *J. Coat. Technol. Res.*, 5(4), 455–464 (2008).
51. 中村直生, プラスチックパウダーの化粧品への応用, 色材, 61(8), 438–446 (1988).
52. 坂崎ゆかり, メークアップ化粧品における繊維の活用, 色材, 80(3), 123–128 (2007).

53. M. Takehara, Properties and applications of amino acid based surfactants, *Colloids Surf.*, 38(1), 149–167 (1989).
54. Y. Nonomura, K. Kurita, A. Kashimoto, H. Hotta, Y. Kaneko, K. Iitaka, The internal structure and tribology of calcium lauroyl taurate, *Chem. Lett.*, 31(2), 216–217 (2002).

第6章

アミノ酸とペプチド

押村英子、坂本一民

1　はじめに

化粧品科学は、生物学、化学、化学工学、心理学等のさまざまな科学・技術が融合して成立する境界学問であるが、化粧品ないしパーソナルケア製品がヒトの皮膚と毛髪（時に爪）に用いられるものである以上、化粧品科学に携わる者は、ヒトの皮膚や毛髪の成り立ち、機能について理解しておくことが欠かせない。ヒトの身体の構成成分として最も多いのは水で、体重のおよそ6～7割を占めるとされる。次に多いのはタンパク質で、身体や臓器、細胞などを形作るばかりでなく、細胞内外における様々な生命活動の根幹に関わっている。皮膚は最大の臓器と言われるが、これは皮膚が生命を維持するのに欠かせない水が身体から失われるのを防ぐという機能を担っているからである。中でも皮膚の最上部にある、厚さわずか15～20ミクロンの層（角層）が皮膚のバリア機能――水分の損失と異物の侵入を防ぐ――にとって重要な役割を担っているとされる。アミノ酸はタンパク質の構成成分であるが、後述するように角層中にはアミノ酸そのものが大量に存在することが分かっている。

体内に存在するタンパク質とアミノ酸の機能、さらにはタンパク質やアミノ酸を皮膚に塗布した場合の効果については、古くから研究が行われてきた。近年はアミノ酸に関わる特許の出願件数が増加しており、これはアミノ酸への関心が高まり、研究数が増加しているのを反映していると考えられる。過去20年間に出願された特許の数、発表された研究報告や論文の数を見ると、特に２００１年以降特許の出願件数が急増している。

このように活発な研究が行われているにもかかわらず、世界のほとんどの国・地域では、一般の消費者にとっては、化粧品分野に限らず「アミノ酸」や「ペプチド」というのは依然、ほとんどなじみがない言葉である。なお、日本は一般の消費者に「アミノ酸」の認知率が高く、「アミノ酸系化粧品」という訴求が成立する世界でも珍しい国である。日本・海外いずれにおいても大半の消費者がプロテイン（タンパク質）は身体にいい、という認識は持っているだろうが、これは主として栄養補給の面に関する話であり、化粧品ということになるとやはり認知率が高いとは言い難い。とはいえ、アミノ酸は古くから化粧品に用いられてきたし、化粧品技術者の関心の高まりを受け、アミノ酸を配合した化粧品の数は増え続けている。

2　アミノ酸とペプチドの化学

2―1　アミノ酸の化学

最も広い定義によれば、アミノ酸とは文字通り、分子中に最低一つのアミノ基を有する有機酸である。この定義によれば、有機酸はカルボン酸でもスルホン酸でもリン酸でもよく、さらにこれらの酸性基とアミノ基の分子中の配置についても決まりはないので、膨大な数のアミノ酸が存在しうることになる。ただし一般にアミノ酸という場合、タンパク質の構成成分であるL―α―アミノ酸と、その他いくつかの天然に存在する類似の低分子を指すことが多い。

タンパク質を構成するアミノ酸は全てα―アミノ酸、つまり、カルボン酸とアミノ基が同一の炭素に結合した分子構造を持つ。最も単純なアミノ酸であるグリシンを除き、このα―炭素は光学活性中心となる不斉炭素なので、グリシン以外のアミノ酸にはエナンチオマー（鏡像異性体・図1a）が存在するが、タンパク質の構成要素としてDNAが指定するアミノ酸

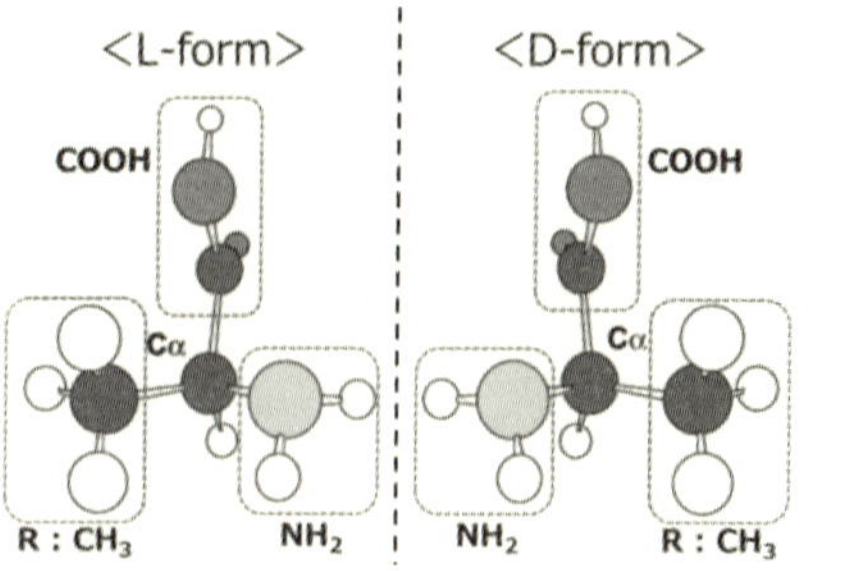

（a）アラニンのエナンチオマー（鏡像異性体）

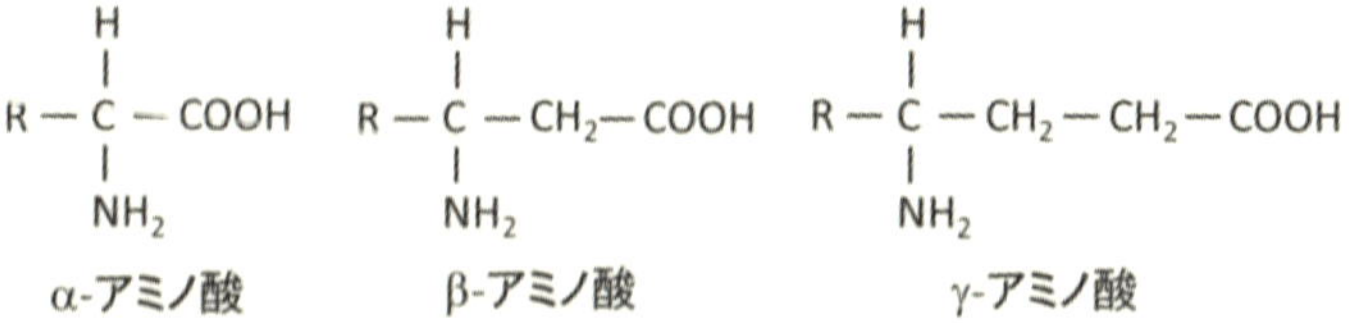

（b）α−, β−, γ−型のアミノ酸

図1　アミノ酸の構造

は全てL—アミノ酸である。

生体中にはβやγ—アミノ酸（つまりカルボン酸とアミノ基の間に複数の炭素が挟まれる）や、カルボン酸の代わりにスルホン酸を有するアミノ酸も存在するが、これらは小さなペプチドないし遊離アミノ酸として存在する（図1b）。遊離アミノ酸とは、タンパク質やペプチドに組み込まれることなく、単独で存在しているアミノ酸のことである。また、近年では分析技術の発達により、ヒトの体内には少量ながらD—アミノ酸も存在することが明らかになり、それらの生体内での役割が解明されつつある。

アミノ酸は酸性と塩基性の両方の官能基を有するので、カチオン（プラスの電荷をもつ）、アニオン（マイナスの電荷をもつ）、両性イオン（プロトンがカルボン酸からアミノ基に移動し、同一分子中にプラスとマイナスの両方の電荷をもつ）というイオン状態が存在しうる。水溶液中ではそのpHによってそれぞれのイオン状態の存在確率が変化するが、あるpHでは全体の電荷が相殺される。このpHはそれぞれのアミノ酸に特有の値で、等電点と呼ぶ。等電点ではアミノ酸の溶解度が著しく低下することを理解しておくと、アミノ酸を化粧品に利用する際に役立つ。カルボン酸基（カルボキシル基）とアミノ基をそれぞれ一つずつ持つ中性アミノ酸の場合、等電点は5～7で、ほとんどの化粧品のpHはこの領域にある。

2―2　生体構成物質としてのアミノ酸

ほとんどのタンパク質は表1に示す20種類のアミノ酸からできている。タンパク質中には表1のアミノ酸の他に前述のD―アミノ酸も見つかっているし、例えばコラーゲンには比較的多量のヒドロキシプロンやヒドロキシリシンが含まれることが知られているが、タンパク質の設計図であるDNAにはこれらに対応するコドン（核酸三つの組み合わせ、それぞれのコドンが特定の一つのアミノ酸に対応する）はなく、それぞれL体、プロリン、リシン（リ

表1　タンパク質を構成するアミノ酸

分類	アミノ酸	略号		構造式
I 脂肪族アミノ酸 (A) 中性アミノ酸	グリシン	Gly	G	$H\text{-}CH\text{-}COOH$ NH_2
	アラニン	Ala	A	$CH_3\text{-}CH\text{-}COOH$ NH_2
	バリン	Val	V	$CH_3\text{-}CH\text{-}CH\text{-}COOH$ CH_3 NH_2
	ロイシン	Leu	L	$CH_3\text{-}CH\text{-}CH_2\text{-}CH\text{-}COOH$ CH_3 NH_2
	イソロイシン	Ile	I	$CH_3\text{-}CH_2\text{-}CH\text{-}CH\text{-}COOH$ CH_3 NH_2
	セリン	Ser	S	$HO\text{-}CH_2\text{-}CH\text{-}COOH$ NH_2
	スレオニン	Thr	T	OH $CH_3\text{-}CH\text{-}CH\text{-}COOH$ NH_2
(B) 塩基性アミノ酸	リジン	Lys	K	$H_2N\text{-}CH_2\text{-}CH_2\text{-}CH_2\text{-}CH_2\text{-}CH\text{-}COOH$ NH_2
	アルギニン	Arg	F	$H_2N\text{-}C\text{-}NH\text{-}CH_2\text{-}CH_2\text{-}CH_2\text{-}CH\text{-}COOH$ NH NH_2
(C) 酸性アミノ酸 およびそのアミド	アスパラギン酸	Asp	D	$HOOC\text{-}CH_2\text{-}CH\text{-}COOH$ NH_2
	アスパラギン	Asn	N	$H_2N\text{-}OC\text{-}CH_2\text{-}CH\text{-}COOH$ NH_2
	グルタミン酸	Glu	E	$HOOC\text{-}CH_2\text{-}CH_2\text{-}CH\text{-}COOH$ NH_2
	グルタミン	Gln	Q	$H_2N\text{-}OC\text{-}CH_2\text{-}CH_2\text{-}CH\text{-}COOH$ NH_2
(D) 含硫アミノ酸	システイン	Cys	C	$HS\text{-}CH_2\text{-}CH\text{-}COOH$ NH_2
	メチオニン	Met	M	$H_3C\text{-}S\text{-}CH_2\text{-}CH_2\text{-}CH\text{-}COOH$ NH_2
II 芳香族アミノ酸	フェニルアラニン	Phe	P	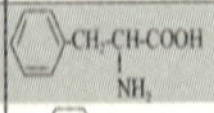
	チロシン	Tyr	W	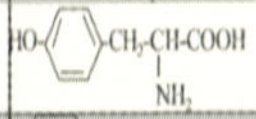
III 異節環状アミノ酸	プロリン	Pro	P	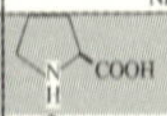
	トリプトファン	Trp	W	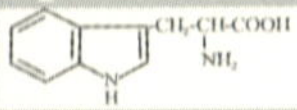
	ヒスチジン	His	H	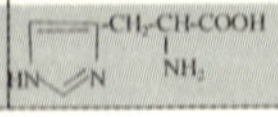

ジン）としてタンパク質に組み込まれたのち、酵素等の作用により変換される。

50個以下のアミノ酸がつながったポリマー（分子量約1万程度まで）をペプチド呼び、さらにたくさんのアミノ酸がつながった場合はポリペプチドという言葉が用いられる場合がある。ペプチドとポリペプチドについては、それぞれのアミノ酸の数や分子量に厳密な定義があるわけではない。一方、タンパク質はやはりアミノ酸のポリマーであるが、タンパク質とポリペプチドの違いは、その分子の生体物質としての作用・機能に焦点を当てているか否かの違いと言ってよい。多くの場合、タンパク質は1本以上のポリペプチドと、さらに場合によっては金属イオンや補酵素（コエンザイム）のような配位子から構成されており、設計図通りにきちんと組み立てられていないと生体物質としては機能しない。タンパク質を構成するアミノ酸の側鎖の官能基がこの立体構造の維持と深く関わっている。例えば、丈夫な繊維を形成するタンパク質（ケラチンやシルクタンパク）にはグリシンが豊富に含まれるものが多い。これは、長軸方向に沿って3アミノ酸残基でほぼ一回転するという、ヘリックス構造をとるのに最適な角度を維持できるからである。

2―3　皮膚とアミノ酸

2―3―1　天然保湿因子

肌にはもともと、天然保湿因子と呼ばれる、角層の水分保持に関わる物質群が存在する。天然保湿因子の主成分は、アミノ酸40％、ピロリドンカルボン酸12％、乳酸12％である（表2）。これらのうち、アミノ酸とピロリドンカルボン酸はフィラグリンというタンパク質の分解によって形成される（図2）。乾燥条件ではこの分解プロセスが促進されることが報告されており、天然保湿因子が角層の水分維持機能を担っていることの一つの傍証となっている。一方、乳酸とその他の成分は不感蒸泄（無自覚の水分蒸散）によって供給されているとの報告がある。

図3に天然保湿因子中のアミノ酸組成を示す。この組成はフィラグリンのアミノ酸組成とは厳密には一致しない。例えば、天然保湿因子中にはシトルリンとアラニンが大量にあるが、グルタミン酸とアルギニンは少ない。これは、分解により生じたアミノ酸が角層中

表2　天然保湿因子（NMF）の組成

	wt%
アミノ酸	42.2
PCA	12.2
乳酸	11.3
尿素	6.7
その他	27.6

出典：H.W.Spier, G.Pascher, Der Hautarzt, Vol.7, 55-60 (1956)

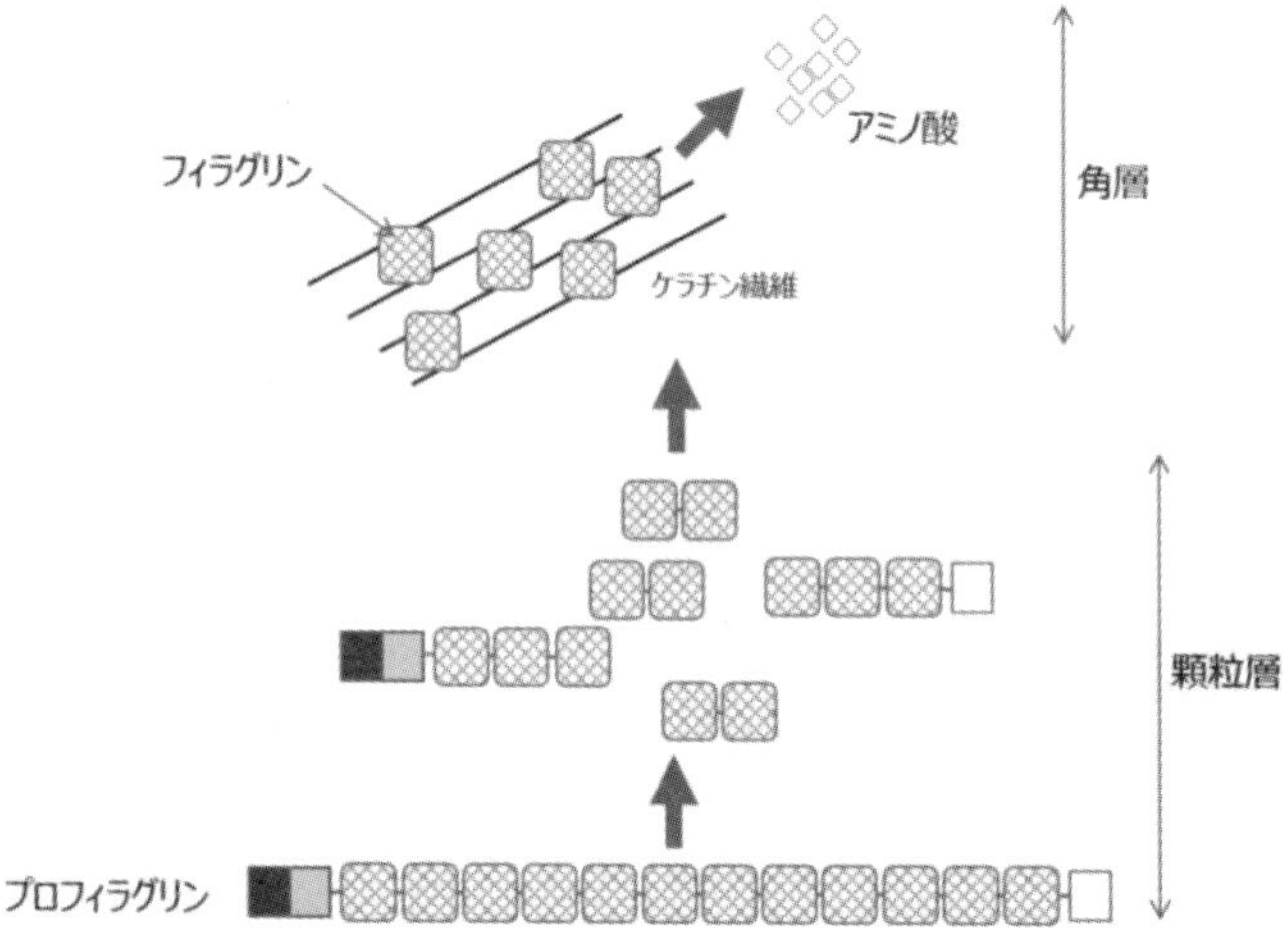

プロフィラグリンは、短い結合部位を介して10～12個のフィラグリンが結合した巨大な前駆体であり、ケラトヒアリン顆粒に存在する。何段階かの反応によりフィラグリンまで分解されると活性化し、ケラチン繊維に結合して繊維構造の形成を促進し、角化と角層細胞のアポトーシス（細胞死）に寄与する。角化が完了した後、フィラグリンはアミノ酸に分解され、一部のアミノ酸はさらに誘導体化を受ける。

出典：Sandilands, A., Sutherland, C., Irvine, A. D., McLean, W. H. I., 2009. Filaggrin in the frontline: role in skin barrier function and disease. J. Cell Sci. 122, 1285-1294.

図２　プロフィラグリンからアミノ酸まで

でさらに代謝を受け、グルタミン酸はピロリドンカルボン酸（PCA）に、アルギニンはシトルリンとオルニチンに、アスパラギン酸はアラニンに変化するからである。

角層中のアミノ酸量と角層水分量には一定の相関があること（図4）、荒れ肌ではアミノ酸やPCA量が低下していることが報告されている。遺伝性の角化異常疾患である尋常

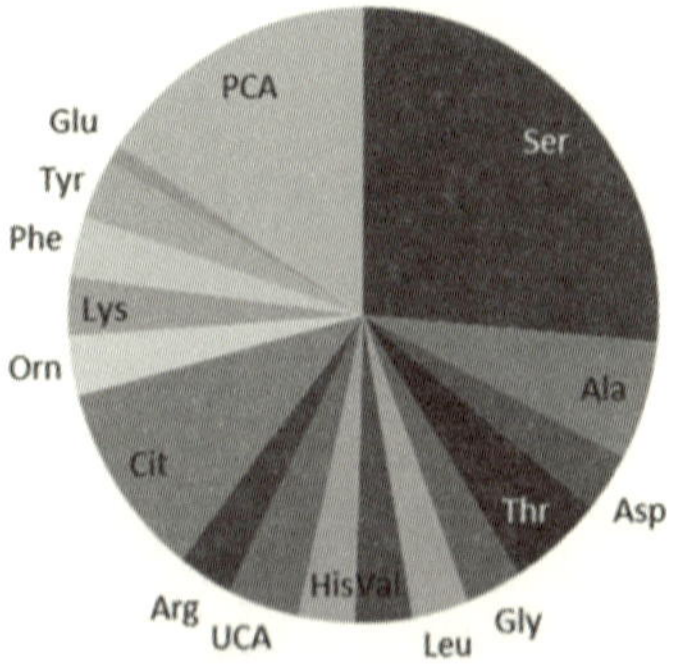

ウロカニン酸（UCA）とPCAはそれぞれヒスチジンとグルタミン酸の代謝産物であるため、グラフ中に含む。シトルリンとオルニチンもタンパク質に利用されるアミノ酸ではない。味の素KKによる未発表データ。テープストリッピングにより採取した角層から水溶性成分を抽出後、アミノ酸アナライザーにより定量した。フィラグリンのアミノ酸組成に比較してグリシン量が少ないのは、分子が小さく、回収率が低いためと考えられる。

図３　NMFのアミノ酸組成

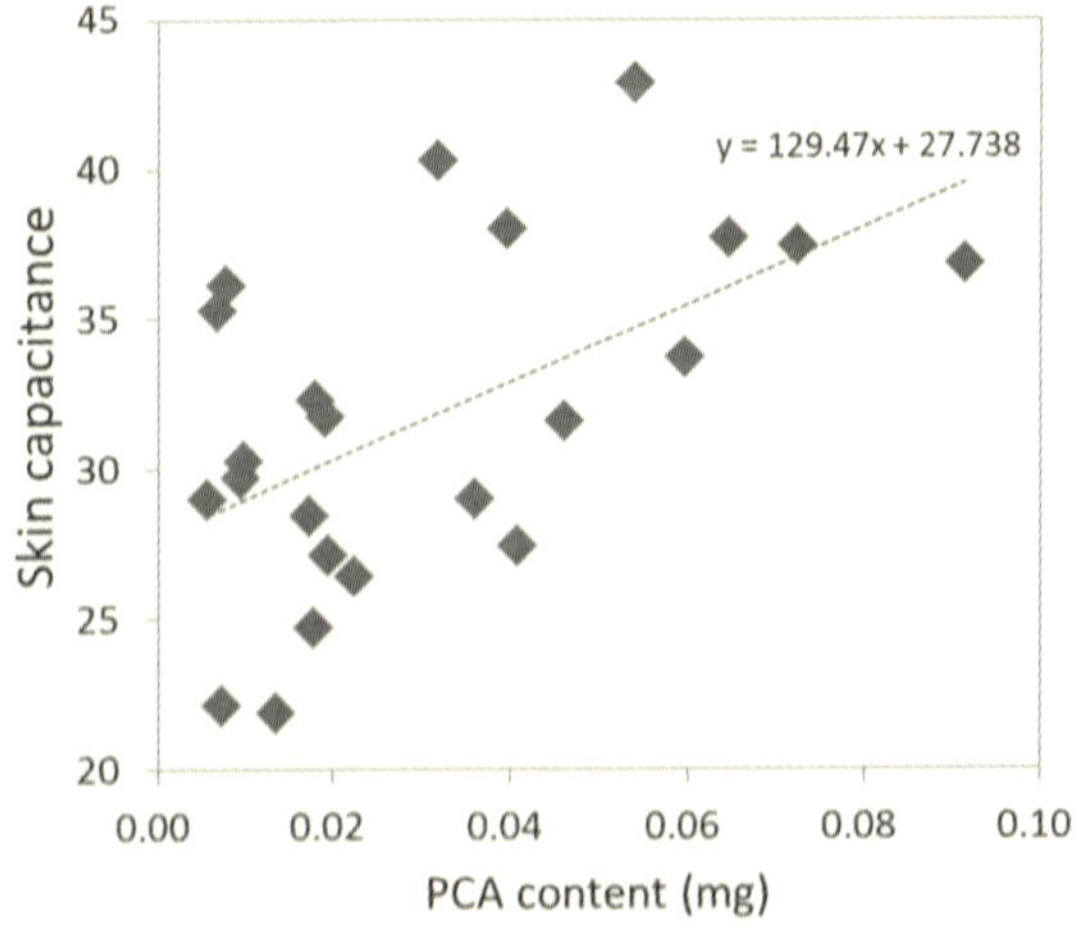

図４　角層PCA量と皮膚キャパシタンス（水分量の指標）の関係

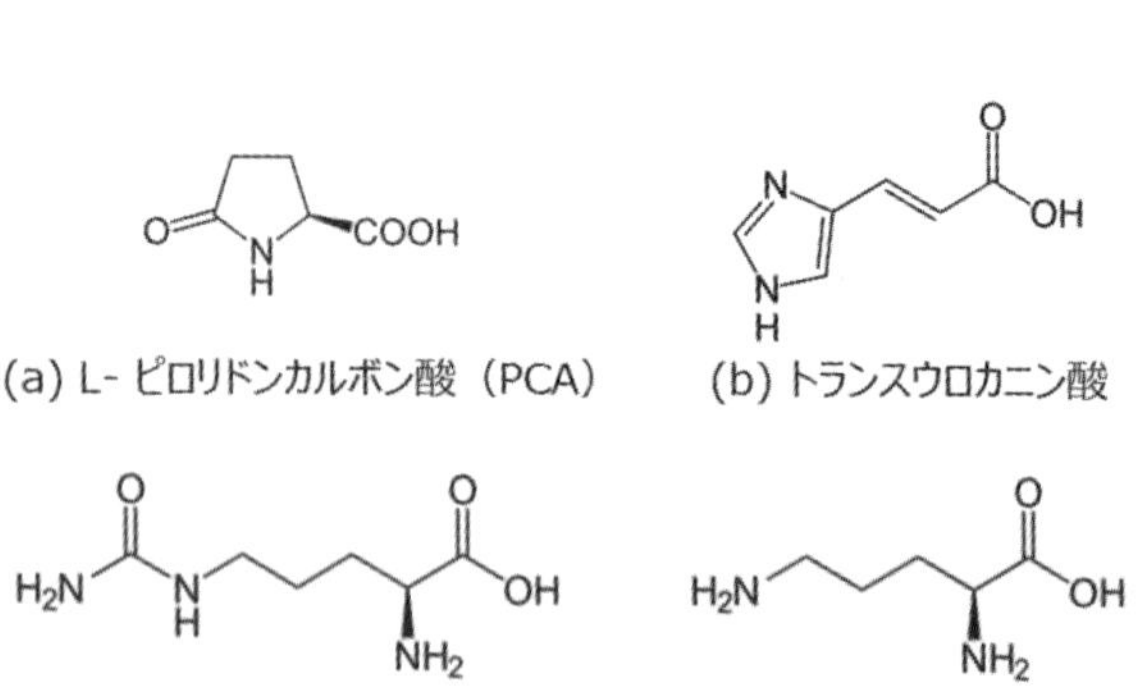

(a) L- ピロリドンカルボン酸（PCA）　(b) トランスウロカニン酸
(c) L- シトルリン　(d) L- オルニチン

これらはタンパク質を構成するアミノ酸ではない

図５　天然保湿因子中に見つかるアミノ酸由来分子

性魚鱗癬では、フィラグリンの発現が顕著に低下し、角層アミノ酸量も低下する結果、一層の乾燥と肌荒れを起こしやすくなっている状態にある。小山らは、界面活性剤により実験的に引き起こされた角化症では、アミノ酸の代謝産物であるＰＣＡ、ウロカニン酸、シトルリン、アニリンが顕著に低下していることを報告している。

2―3―2　ウロカニン酸

トランス―ウロカニン酸（図５ｂ）は角層中でヒスチジンから代謝され、紫外線Ｂ（２８０～３１０ナノメートル）によりシス体に変化する。水溶液中ではトランス体とシス体の比が１：１で平衡に達する。トランス―ウロカニン酸は天然のサンスクリーン剤として作用するとされる一方、シス体は紫外線により生じる免疫抑制作用が明らかにされている。

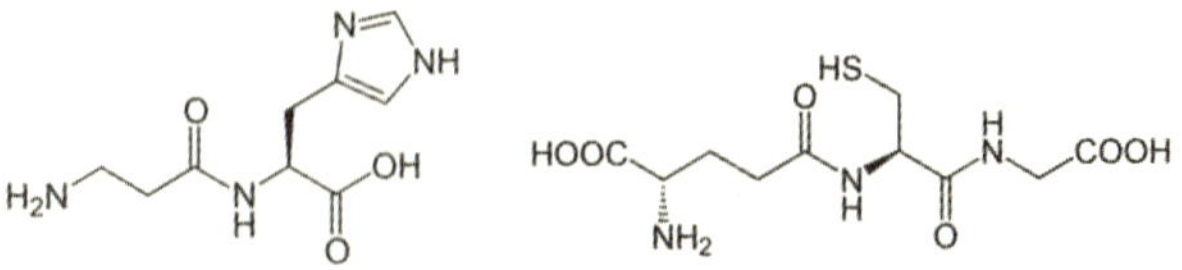

(a) カルノシン　　(b) グルタチオン

図6　生体内に存在する抗酸化ペプチド

そのメカニズムには未だ不明な点も多く、シス—ウロカニン酸の皮膚への影響については様々な議論があるものの、皮膚が外の環境から生体を守るという機能を担う臓器であることを考えると、角層と肝臓のみでウロカニン酸が作られているという事実には何らかの意味があるものと考えられる。

2—4　生体内に存在するペプチド

生体中には、タンパク質の構成要素であるポリペプチドとは別に、多くのペプチドが存在する。その多くは比較的分子量が大きく、低分子タンパク質などとも呼ばれ、これらは主として生体シグナル物質やホルモンとして働く。一方、ジペプチドやトリペプチドのような低分子のものは、生体内での物質の化学的転換プロセスに直接関わっていることが多い。このような低分子ペプチドは、β型アミノ酸が含まれていたり、α位ではなく側鎖の官能基を介して結合していたりと、通常のタンパク質とは若干異なる化学構造を有することが多いが、これにより夕ンパク質分解酵素の標的となることを免れていると考えられる。以下に比較的よく知られた、2種の抗酸化ペプチドについて紹介する。

2－4－1　カルノシン（β－アラニルヒスチジン）

カルノシンはβ－アラニンとヒスチジンからなるジペプチドで、筋肉や脳で見つかっている（図6a）。ヒスチジン残基に由来する抗酸化能を有することが知られている。活性酸素種（ROS）や細胞膜脂肪酸の酸化により生成する不飽和アルデヒドをトラップして不活性化させる効果が報告されている。また、抗糖化作用も示し、糖尿病に起因する老化亢進にも関与しているとの説がある。

2－4－2　グルタチオン

グルタチオンはグルタミン酸、システイン、グリシンよりなるトリペプチドで、グルタミン酸の側鎖のカルボン酸がシステインのアミノ基と結合した構造を持つ（図6b）。動物、植物、菌類など多くの生物種で見つかっていることから、これが生物にとって非常に重要な物質であることが分かる。システインのチオール基に由来する強力な抗酸化能を示し、過酸化水素を水に分解して無害化したり、酸化ストレスにより夕ンパク質内に形成された不要なスルフィド結合を還元してシステインに戻したりといった作用が知られている。

3　化粧品素材としてのアミノ酸

3—1　アミノ酸の製造

アミノ酸の主な工業的製造方法としては、抽出法、合成法、バイオプロセスによる方法がある。目的のアミノ酸を豊富に含むタンパク質がふんだんに手に入る場合は、タンパク質を加水分解してアミノ酸を抽出する製造法を利用でき、例えばシステインは現在、羽毛から抽出する方法が主流である。バイオプロセスによる製造は理論的には全てのアミノ酸に適用可能であるが、構造が単純なグリシンやDL—アラニンの場合、合成法の方が安価で効率的である。グルタミン酸、リシンをはじめとする、総需要が大きいアミノ酸は現在、発酵法により製造されることが多い。酵素反応も工業的に利用されているが、これは主として抽出法・合成法との組み合わせで用いられる。

どの製造方法によっても、目的のアミノ酸の分離精製ステップが重要である。抽出法や発酵法では副生成物として大量の目的外のアミノ酸が得られ、これらの有効利用はアミノ酸の工業的生産を支える一つの側面ですらある。化学合成法では光学活性の制御が課題になる。合成の一ステップとして酵素反応のようなバイオ技術を利用すると、光学活性の制御は容易になるが、酵素反応を活性化するために重金属が必要となることも多く、反応後には感作の原因となりかねないこれら重金属や酵素そのものを注意深く除去する必要がある。

3―2　化粧品におけるアミノ酸の用途

3―2―1　湿潤剤

アミノ酸は湿潤剤として化粧品に広く利用されている。湿潤剤とは、吸湿作用により保湿効果を示す物質である。種々のアミノ酸のなかでもプロリンとピロリドンカルボン酸ナトリウム（PCAナトリウム）は際立って高い水分保持能を示し、さらにこれらを混合することで相乗効果が得られることが報告されている。

既に述べたように、表皮自身がアミノ酸を生産し、このアミノ酸が角層の水分維持に寄与していることが分かっている。しかしアミノ酸は水に溶けやすい低分子なので、入浴や手洗いなどにより容易に失われてしまう（図7）。アミノ酸レベルはいずれ回復するものの、低

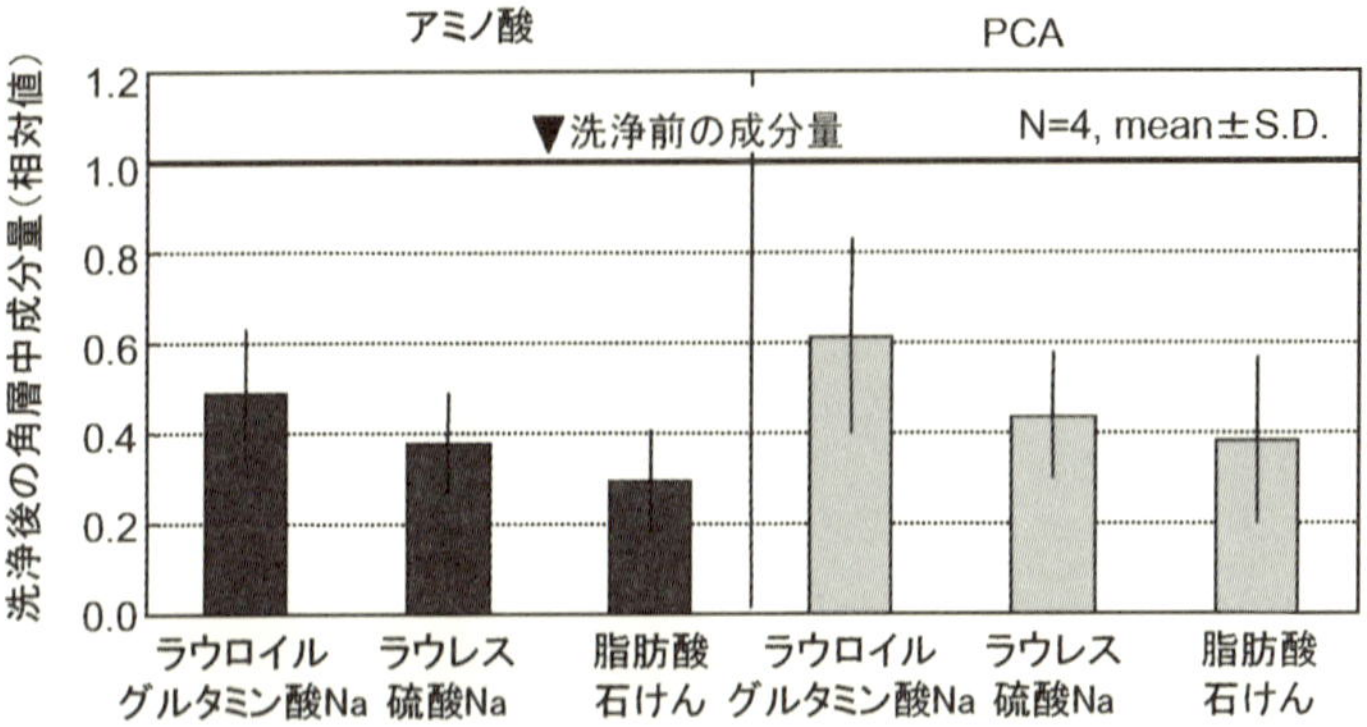

図７　界面活性剤による洗浄による角層ＰＣＡ、アミノ酸量の低下

下している間は乾燥の危機にさらされることになる。大田らは、ＰＣＡナトリウムを洗浄剤製品に配合することにより、洗浄により角層ＰＣＡと角層水分量の低下を抑えることができることを報告している。

3―2―2　中和剤／ｐＨ調整剤

グルタミン酸やアスパラギン酸のように、側鎖にもう一つカルボン酸を有するアミノ酸は酸性アミノ酸と呼ばれ、リシンやアルギニンのように、側鎖に塩基性の官能基を有するアミノ酸を塩基性アミノ酸と呼ぶ。化粧品の製剤中ではこれらのアミノ酸はそれぞれ有機酸、有機アミンとして利用することができ、中和やｐＨ調整目的で配合される。

多くの化粧品製剤の機能や品質はｐＨに依存するので、製造されてから流通にのり、消費者が使用し終わるまでの長期にわたってそのｐＨを安定に保つことは、性能と品質の維持にあたって非常に重要である。このような長時間の保管中に成分が分解したり酸化を受けたりする可能性は否定できず、また、成分によってはロット間で比較的大きな品質差がある場合もあるので、化粧品の処方中にはこれらによって引き起こされる製品のｐＨ変動を緩和するための緩衝機構が組み込まれていることが多い。グルタミン酸やアスパラギン酸は二塩基酸なので、弱酸性域でこのような緩衝効果を期待できる。また、三級アミンである長鎖脂肪酸アミドアミンを酸性アミノ酸で中和すると四級アミンとなり、ヘアコンディショナー用のコンディショニング成分として用いられる。

塩基性アミノ酸の中では、アルギニンが中和剤、ｐＨ調整剤として幅広く利用される。同じ塩基性アミノ酸であるリシンがそれほど利用されないのは、その特徴的なにおいが化粧品では嫌がられるためと考えられる。カルボマーを代表とするアクリル酸系のポリマーは、粘度調整目的で非常によく利用されるが、通常は酸型で供給され、増粘剤として機能させるためには塩基で中和する必要がある。アルギニンを中和剤として用いた毛髪セット剤は、トリエタノールアミンを用いた場合と比べて、カールのもちが良い。ヘアダイ（酸化染毛料）やブリーチ剤のアルカリ剤としてアルギニンを用いると、アンモニアの刺激臭を抑え、毛髪と頭皮に対する刺激の少ない製剤を作ることができる。これに加え、酸化染毛料やブリーチにより生じる毛髪ひっぱり強度の低下や毛髪表面疎水性の低下を抑制できることが示されている。

3—2—3　抗酸化能

食品化学や医薬品の分野では、アミノ酸の抗酸化能に着目した報告がいくつかある。これらを精査した研究者は、「アミノ酸は抗酸化効果、酸化促進効果を有し、あるいは酸化反応には全く関与しない」と結論付けている。もちろんこれは明らかな矛盾を含む。おそらく、ほとんどのアミノ酸は、α—アミノ基に由来するごく弱く、非特異的な抗酸化能を有するのみで、そのために種々の条件によってその抗酸化能は大きく影響される、というのが正解と考えられる。ただし一部のアミノ酸は、特定の条件下ではより強い抗酸化能を示すことが報告されている。

近年では、太陽光中に含まれる紫外線が肌の老化を促進することは、多くの人に認識されている。紫外線は皮膚内部に達するとフリーラジカルや活性酸素種を発生させ、炎症を引き起こす。真皮中には構造の乱れたエラスチンやその分解物が蓄積し、一方コラーゲンネットワークの顕著な減少が観察される。いくつかのアミノ酸は活性酸素種と反応することが報告されている。例えば、ヒスチジンのイミダゾール基は活性酸素種の一種である一重項炭素との親和性が高く、プロリンはＵＶ照射により起きる脂質の酸化を抑制するとされる。

3―2―4　システイン

システインは含硫アミノ酸の一種であり、側鎖に遊離のチオール基を有するため空気中では不安定で、タンパク質中ではジズルフィド結合を介してシスチンとして存在するか、タンパク質の活性中心として、高次構造の奥深くに守られるように存在することが多い。

システイン自体は強力な抗酸化剤で、活性酸素種をトラップする効果も高く、アンチエイジング剤としての効果が期待できる。また、メラニンの生合成プロセスでシステインは、黒色メラニンの形成を抑制し、黄色メラニンの形成を促す。黄色メラニンはその名の通り、黒色メラニンに比較すると色が薄いので、結果として美白効果が期待できる。しかし、安定性が低いことと、特徴的なにおいのために、システインそのものがスキンケア製品に配合されることはほとんどない。システインは細胞に吸収されやすく、細胞中では抗酸化作用を発揮できないので、この目的では細胞に吸収されにくいＮ―アセチルシステインが利用される。

化粧品用途で、比較的高濃度のシステインまたはN―アセチルシステインが利用される唯一の用途といっていいのは、パーマネント・ウェーブ（通常は単にパーマと称される）の還元剤である。パーマの還元剤として世界的に広く用いられているチオグリコール酸と比較すれば、システインの特異臭もそれほどひどいものではない。「システインパーマ」は日本独自の技術として発展してきた経緯があるが、その背景として、かつて日本は限られたシステイン供給国の一つであり、入手が容易であったことが指摘されている。チオグリコール酸系のパーマがシャープなウェーブを形成するのに対し、システイン系のパーマ剤は柔らかい質感のウェーブを作るのに向くといった違いから、目的によって使い分けられている。

3―2―5　ヘアケア用途

皮膚については、表皮が自らタンパク質を分解してアミノ酸を作り出すこと、乾燥状態ではその生成が促進されることが分かっているが、毛髪の場合、このような、あるべくして存在するアミノ酸が存在するかどうかは分かっていない。毛髪中に遊離アミノ酸が見つかることは少なくないが、これらは種々の外的原因により分解したタンパク質の残骸である可能性が高い。しかし、このような分解生成物としてのアミノ酸や、外部から供給したアミノ酸が、毛髪中で保湿、くし通り性やつやの改善、カラーの色持ち向上、毛髪構造の強化といった様々

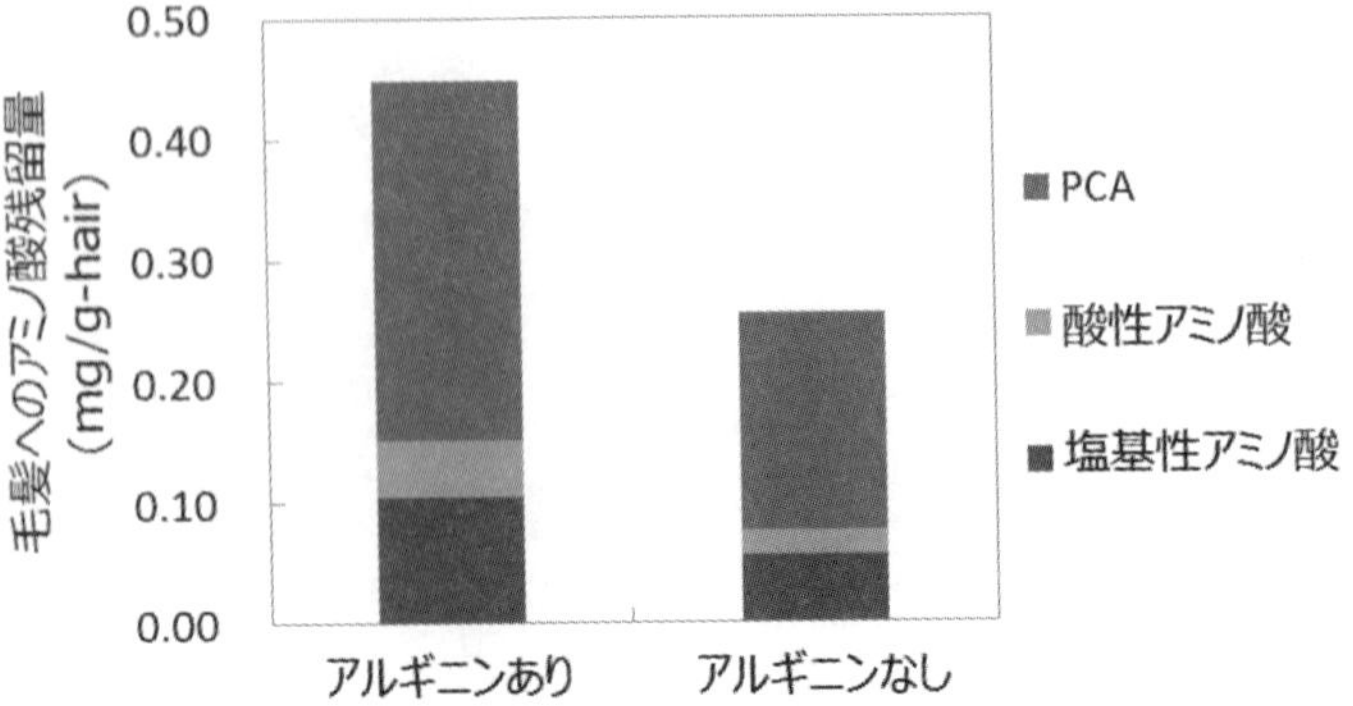

毛束をアミノ酸水溶液に30分浸漬した後、流水ですすぎ、一晩乾燥させた後、リン酸緩衝液（10mM, pH 3.5）でPCAとアミノ酸を抽出し、LC-MSで定量分析した。味の素K.K. 未発表データ

図８　毛髪へのアミノ酸の収着量

なへアケア効果を示すことは分かっている。

種々のアミノ酸の中でも、アルギニンはヘアケア用途での応用範囲が広い。塩基性アミノ酸であるアルギニンは、ｐＨ９程度以下ではカチオン性となるため、ｐＨ４から９の範囲では毛髪に収着しやすく、また、アルギニン側鎖のグアジノ基（グアジニル基）は毛髪タンパクに対する親和性が非常に高いことが知られている。さらに、アルギニンは毛髪に対する親和性の低い中性や酸性のアミノ酸の収着を助ける効果がある。図８に、ＰＣＡとアミノ酸の混合液からの毛髪への収着量を測定した結果を示す。

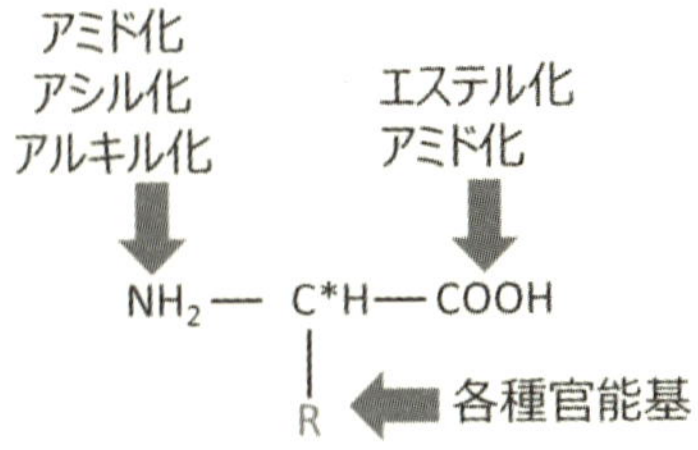

図9　アミノ酸の誘導体化

3−3　アミノ酸誘導体

アミノ酸は1個以上の酸性官能基と1個以上の塩基性の官能基を有し、さらにグリシンを除くすべての或α−アミノ酸は不斉炭素を有するので、合成の出発物質として非常に有用である。図9にアミノ酸の誘導体化に利用できる化学反応を示す。これらの化学反応を利用して、様々な誘導体が開発され、長年にわたり化粧品原料として利用されてきた。化粧品原料としてのアミノ酸誘導体の特長と可能性をよく表している例をいくつか紹介する。

3−3−1　アミノ酸系洗浄成分

アミノ酸系界面活性剤に関わる研究の歴史は古い。20世紀初頭、合成により得られたN−ラウロイルグリシンとN−ラウロイルアラニンがいずれもアミノ酸と脂肪酸に分解することが見出され、その後半世紀の間に、アシルアミノ酸が天然にも存在することが明らかになった。現在ではグルタミン酸、アスパラギン酸、グリシン、アラニン、スレオニン（トレオニン)、アルギニン、プロリンといったアミノ酸を利用した界面活性剤が既に実用化されており、より低刺激な化粧品原料を求めるニーズ、さらに近年ではサステイナビリティ(持続可能性)に対する要求を背景に、こうした原料への関心は一層高まっている。その製法としては、比較的低コストな化学合成法がなお主流ではあるが、世の中の関心が「グリーンケミストリー」に向かう中、酵素による製造、あるいは酵素法と化学合成との併用のようなバイオプロセスによる製法開発が今後より活発化するものと考えられる。

パーソナルケア用の洗浄成分に着目すると、石鹸(脂肪酸塩)のみが使用しうるほとんど唯一の界面活性剤、という状況が長く続いた後、二つの大戦に挟まれた時期に、化学工業の急激な発展、人口増加を背景に油脂資源の不足を受け、石鹸に代わる洗浄料主成分としていわゆる「合成界面活性剤」が登場した。これは、泡立ち、洗浄力等の界面活性性能が非常に優れる一方、人体および環境に著しい負荷を強いるものであることが早晩判明し、その後、より理想的な洗浄用界面活性剤を求める努力が重ねられた。

アシルグルタミン酸塩がパーソナルケア用の洗浄剤として世界で初めて日本で発売されたのは1972年のことで、リール黒皮症(色素沈着を伴う化粧品接触皮膚炎)や、家庭用洗剤による水質汚染が問題になっていたころである。竹原らは、生分解性が高く、人体への作用が穏やかなアシルアミノ酸系界面活性剤に、次世代のパーソナルケア用界面活性剤としての価値を見出し、中でも弱酸性で利用可能なアシルグルタミン酸塩に着目して研究を進めた。グルタミン酸と脂肪酸の縮合反応は収率が低く、残留する脂肪酸と反応生成物であるアシルグルタミン酸の分離が困難とされてきたが、水と有機溶媒の混合溶媒を利用することで飛躍的に反応率を向上させられることを見出し、工業的製造法を確立した。翌1973年にはアシルグルタミン酸塩を用いた弱酸性の低刺激性固形石鹸が発売され、通常のアルカリ性石鹸による皮膚トラブルに悩む消費者に広く受け入れられた。

人体に対する作用がより穏やかな洗浄成分を開発する過程で、界面活性剤の皮膚への作用についても多くの研究がなされ、理解が進んだ。それらの研究の着目点を並べると以下のようなものがある。

角層からの抽出…「奪う」に着目

皮膚に接触する液のｐＨの影響

天然保湿因子（ＮＭＦ）の抽出↓角層保湿能低下

細胞間脂質のかく乱↓角層バリア機能の低下

界面活性剤の角層への吸着、浸透…「入る」に着目
　吸着量、浸透量
　角層、表皮構造への影響
　角層の膨潤
　タンパク質との作用→タンパク変性
　細胞間脂質との相互作用
生理活性への影響→細胞毒性、酵素の阻害

図7によると、ラウロイルグルタミン酸ナトリウムで洗浄すると、ラウレス硫酸ナトリウムや脂肪酸石けんで洗浄した場合よりも角層中のNMF（アミノ酸、PCAなど）の減少量が少ないことが分かる。また、アシルグルタミン酸ナトリウムをラウレス硫酸ナトリウム液に添加すると、刺激の強いラウリル硫酸ナトリウムを含むラウレス硫酸ナトリウムの肌への残留量を抑制できることが報告されている。

このように、アシルグルタミン酸塩は低刺激性とされる界面活性剤の中でも皮膚、毛髪に対する作用が穏やかな点では群を抜いているうえ、洗浄後の肌や毛髪に特長的なしっとり感

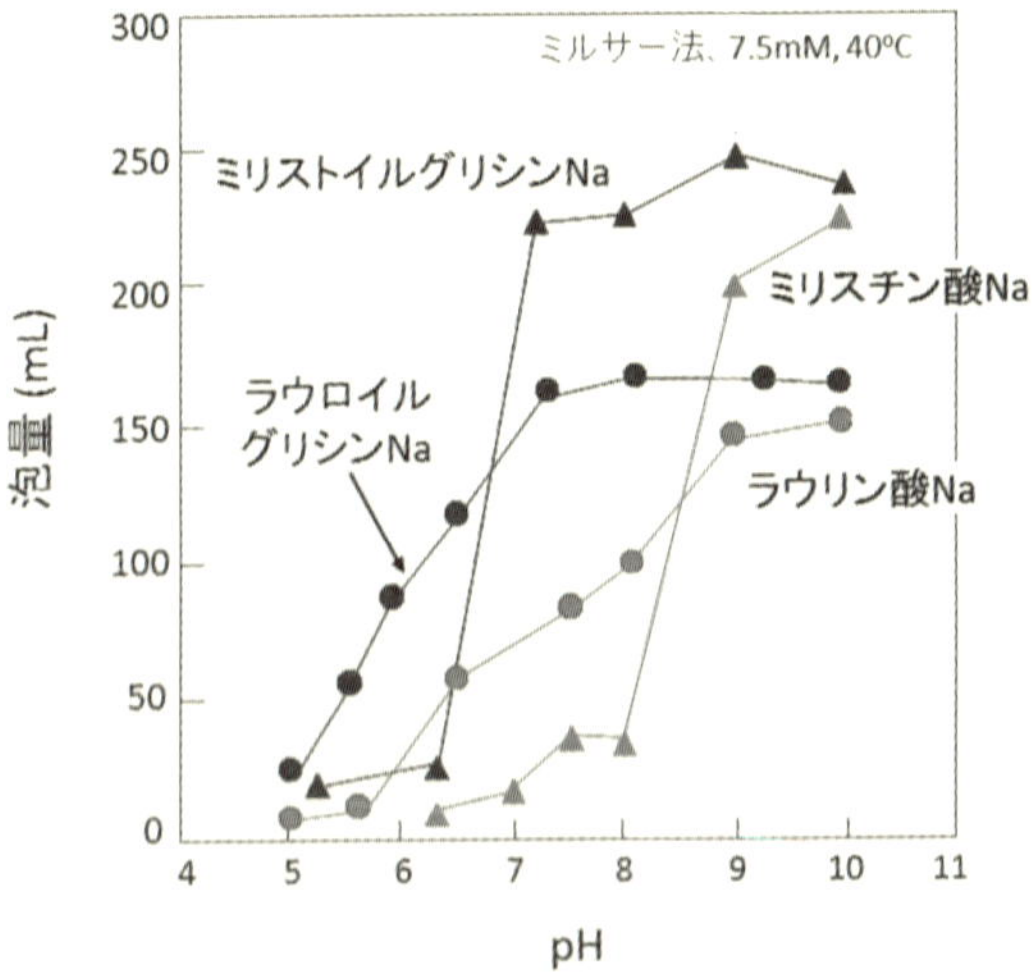

図10　アシルグリシンナトリウムと脂肪酸ナトリウム塩の泡立ちのｐＨ依存性

を残す。しかし泡立ちは、ほとんどの低刺激性界面活性剤同様、汎用の界面活性剤と比較すると必ずしも満足のいくものではない。製品の刺激性に関心が高いとはいっても、泡立ちの良さは製品の評価を決める最も重要な要件の一つであり、また、石鹸の使用感を好ましいと感じる消費者は多い。そこで次にアシル中性アミノ酸塩が開発された。

アシル中性アミノ酸塩は石鹸（脂肪酸塩）に似た泡立ち、さっぱりとした使用感をもつが、石鹸とは異なり、中性付近のｐＨでも界面活性性能を維持する。例えば、ラウロイルグリシンナトリウム塩はｐＨ６～７でも泡立つが、ラウリン酸ナトリウム塩はこのｐＨでは泡立たない（図10参照）。ほとんどのタンパク質はアルカリ性条件下で膨潤するが、角層についてでもそれは例外ではなく、膨潤した状態ではＮＭＦや脂質のような肌にとって重要な成分が失われやすくなる。また、ＮＭＦの主成分であるアミノ酸はアルカリ性ｐＨでは溶解度が上昇し、流出しやすい。これが弱酸性から中性の洗浄料が肌にやさしいとされる理由である。

3―3―2 アシルアルギニンとそのエステル

塩基性アミノ酸は塩基性の官能基を複数持つので、脂肪酸との縮合反応では反応部位の制御が問題となるが、アルギニンの側鎖のグアニジド（グアニジル）基は化学的に安定、つまり反応性が低いので、α―アミノ基だけが優先的にアシル化され、両性界面活性剤を効率的に得ることができる。パーソナルケア用途で広く用いられるベタイン系の両性界面活性剤と異なり、脂肪鎖とα―アミノ基とのアミド連結部にアニオン性官能基（カルボキシル基）、アミノ酸側鎖末端にカチオン性官能基（グアニジル基）を持つことに由来する特異な性質を示すが、水に溶けにくいのが難点で、用途が限られる。

このＮ―アシル―Ｌ―アルギニンのα位のカルボン酸をエステル化すると両性電解質としての性質が失われ、カチオン性の界面活性剤となり、抗菌性、毛髪コンディショニング性を示す。一般的なカチオン界面活性剤と比べて非常に低刺激というのが特長である。価格が最大の難点であったが、欧州を中心としてナチュラル化粧品への関心が高まっていることから、種々の化粧品の殺菌防腐剤として、さらに、四級アンモニウム塩に代わるコンディショニング基剤として再び注目を集めている。

3―3―3　アシルリシン～アミノ酸系粉体

ここまで扱ったアシルアミノ酸はいずれも、α位のアミノ基と脂肪酸が縮合した分子構造を有する。α位のアミノ基は比較的反応性が低いため、まず脂肪酸を脂肪酸クロライドに転換してからアミノ酸と反応させる必要があるが、リジン側鎖ε位のアミノ基は反応性が高いので、脂肪酸と直接縮合させることができる。

N―ラウロイルリシンは当初、両性界面活性剤としての利用を期待して開発が始められたが、この物質は水にも油にも極めて溶けにくいことが判明し、界面活性剤としての開発は難航した。最終的に、図11に示すような美しい六角板状結晶であり、非常に滑沢性が良いこと（図12）に着目した研究者がこれを全く新しい化粧品用粉体として利用することを思いついた。脂肪鎖由来の肌へのあたりの柔らかさ、肌への密着性があり、メイクアップで多用される無機粉体特有の乾燥感をやわらげる効果が大きいこと、脂肪酸多価金属塩と異なり金属を含ま

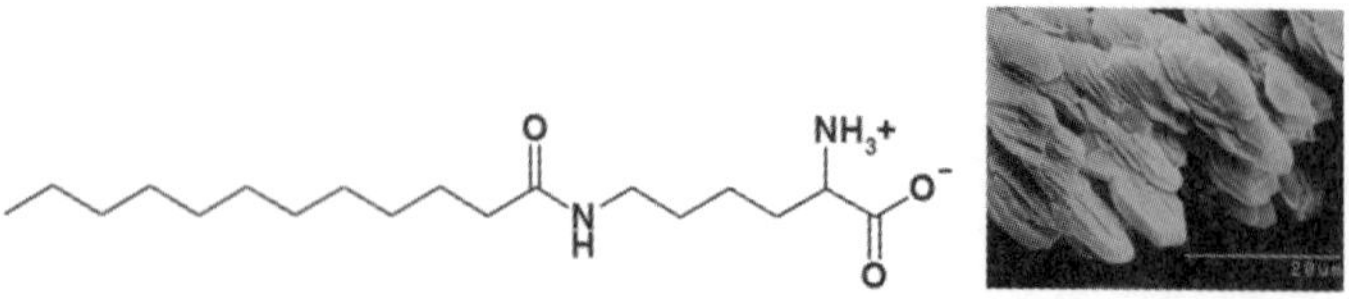

図11　ラウロイルリシンの化学構造と粉体の電顕写真

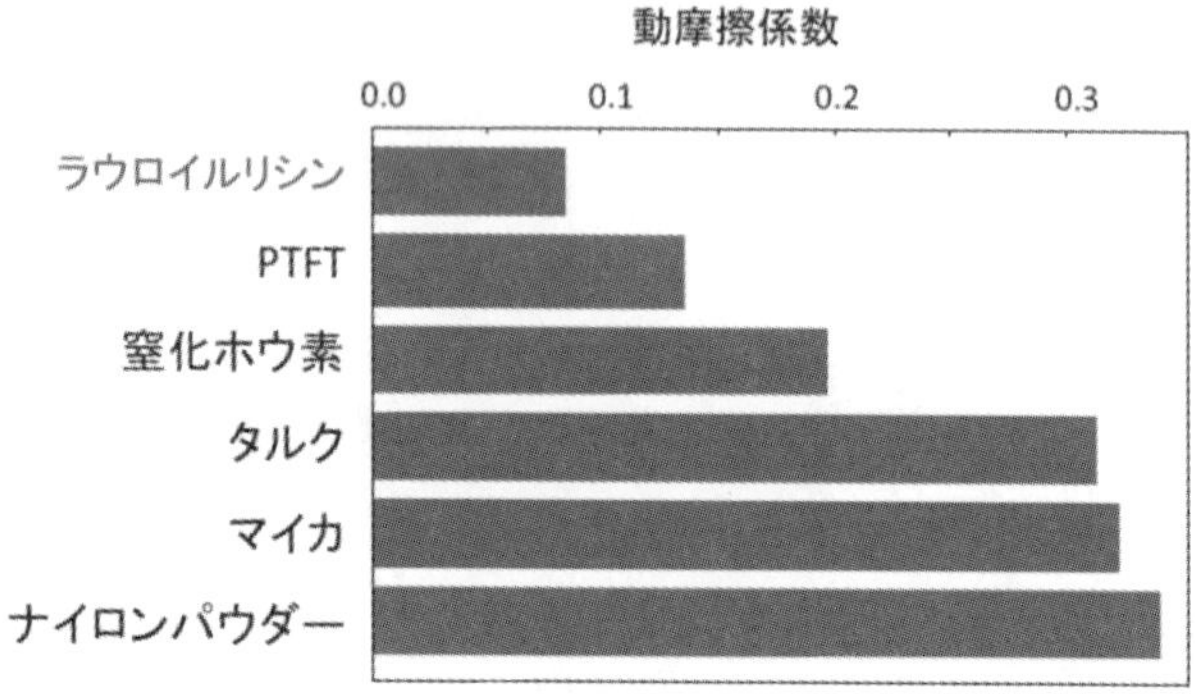

図12　種々粉体原料の動摩擦係数

ず刺激の心配がないことが高く評価され、現在ではメイクアップ化粧品中心に体質顔料（ファンデーションのような粉体化粧料の主骨格となり、製剤の機能の主要な部分を担う粉体。タルク、マイカ、セリサイトが代表格）として広く利用されている。

3－3－4　油ゲル化剤

肌にも環境にも優しい界面活性剤としてアシルグルタミン酸塩の開発が進んでいた1972年のこと、ラウロイルグルタミン酸を再結晶しようとした研究者が、再結晶溶媒がゲル化していることに気付いた。さらに、ラウロイルグルタミン酸塩のよ

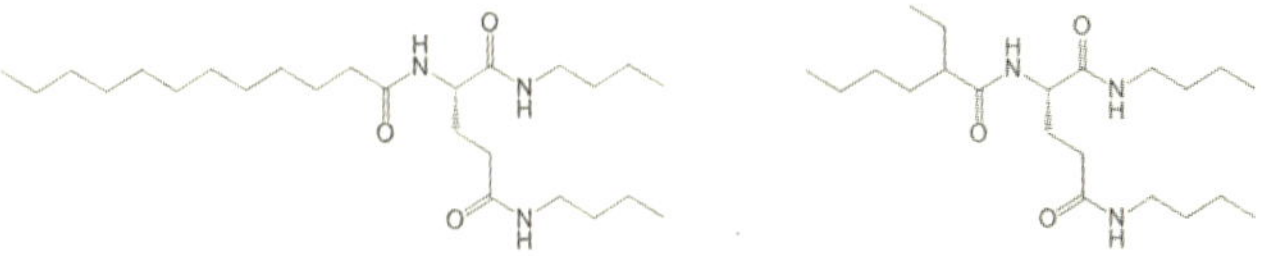

(a) ジブチルラウロイルグルタミド　(b) ジブチルエチルヘキサノイルグルタミド

図13　グルタミン酸骨格を持つ低分子油ゲル化剤

図14　LGBA、EHGBAによって得られる典型的な油ゲルのテクスチャー：スプーンで掬える油

うな光学活性アシルアミノ酸塩が水溶液中で光学活性なミセルを形成することが見出され、アミノ酸に由来する分子の光学活性の影響について関心が高まった。その後、光学活性ラウロイルグルタミン酸のみがゲルを形成し、ラセミ体ではゲル化しないこと、さらにはキラルなラウロイルグルタミン酸分子がキラルな高次構造（分子集合体）を形成していることが明らかになり、結果的にこのゲルは光学活性界面活性剤の高次不

斉会合体であるコレステリック液晶の初期の報告例であったことが判明した。

当時味の素株式会社では、工業用途の機能性アミノ酸誘導体の開発に力を注いでおり、複数のプロジェクトが進行していた。その結果、同時期に、別の開発チームの研究者がL―ラウロイルグルタミン酸の誘導体であるジブチルラウロイルグルタミド（図13ａ）がより強固なゲルを形成することを見出すことになった（図14）。

これらの発見から、キラルな分子集合体よりなる高次構造を形成するにあたって必要な要件として、以下の三つが導かれる。

① 集合体を形成する分子が光学活性を示す、つまり、非対称な分子骨格を持つこと。
② 分子間水素結合を形成しうる官能基を有し、これにより分子の非対称構造が水素結合を介して分子集体全体に広まり得ること。
③ 両親媒性であり、ゲル化させる溶媒分子と親和性を示すこと。

その後、アミノ酸誘導体が繊維構造を形成してその後アミノ酸系の誘導体が油をゲル化するという報告が相次ぎ、これまでにL―アラニン誘導体、L―リシン誘導体、L―イソロイシン誘導体やL―バリン誘導体を始めとする一連のアミノ酸誘導体が優れたゲル化能を示す

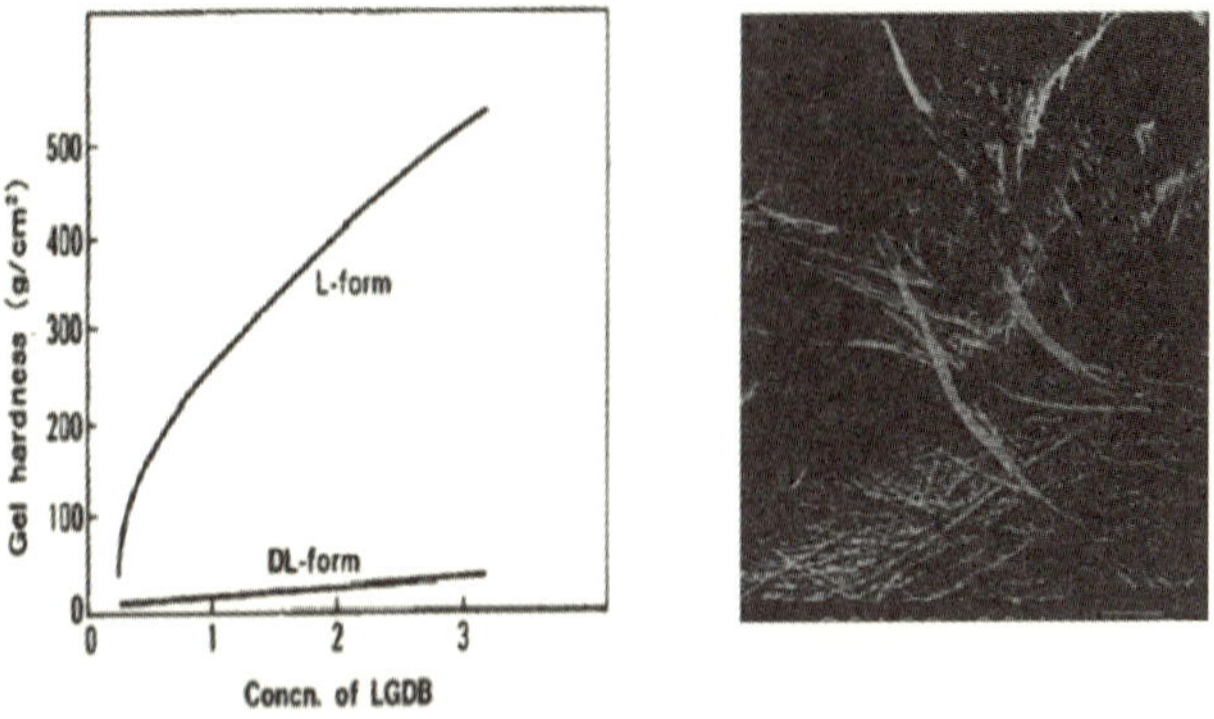

(a)　　　　(b)

(a) トリデカンのゲル強度、L-LGDBとDL-LGDBの比較
(b) L-LGDBゲル中の繊維構造（SEM）

図15　ジブチルラウロイルグルタミド（LGDB）によるゲル形成

ことが分かっている。このように、繊維状の高次構造を介して溶媒をゲル化させる性質を示す低分子を低分子ゲル化剤と呼び、超分子的な現象のユニークさや分子設計の幅広さから、基礎研究分野では近年非常に多くの報告があるものの、産業用途で利用されているものはまだそれほど多くない。

1970年代にはジブチルラウロイルグルタミドを利用した海上流出油回収に関する研究が行われ、開発された製品は船が常備すべきシステムとして海上保安庁に採用されたものの、他の回収法に比較して製品のコストが著しく高かったこともあり、その後実際に使用されることはほとんどなかった。現在では環境保護やサステイナビリティに関する関心が非常に高く、その分野で化学がどのように貢献しうるか（グリーンケミストリー）が問われるようになってきており、今後、より安価な低分子油ゲル化剤が開発され、このような目的で利用されることが期待される。

化粧品用途では、ジブチルラウロイルグルタミドとその類縁体である低分子油ゲル化剤（図13b）が現在実用化されている。いずれも分子の三つのアミド基による水素結合を介して一次繊維を形成し、グルタミン酸骨格のキラリティがゲルの強度に影響する（図15）。これらの2種の油ゲル化剤を合わせて用いると非常に硬いゲルとなり、リップスティックやスティックタイプの制汗剤のようなスティック製剤に利用できる。さらに、こういったスティック製剤は、固形油（ワックス）を用いて固めるのが一般的であるが、低分子油ゲル化剤が作る繊維は非常に細く、添加量もわずかで済むため、ガラス並みに透明で、とろけるような塗布感の製剤を作ることができる。

3―4　化粧品素材としてのペプチド

二つ以上のアミノ酸が共有結合し、かつ、タンパク質に該当しない場合、ペプチドという言葉が使われる。化粧品の場合「ペプチド」というと、アミノ酸をつなげて、あるいは他の低分子から合成され、何らかの生理活性を示す物質といった印象が強くなる。つまり、効能成分として位置付けられる。化粧品の効果に対する要求の高まりと、ペプチド合成技術の発達により、近年数多くのペプチド素材がパーソナルケア用として投入されている。

3—4—1　ペプチドの製造法

産業用ペプチドの製造方法には、タンパク質の加水分解による方法と、アミノ酸をつないで得る方法の2種類があり、いずれの方法についても純粋に化学的手法によるものと、酵素等を利用したバイオプロセスが利用可能である。

タンパク質を強酸または強アルカリとともに加熱してペプチドまたはアミノ酸を得る場合、開裂部位はランダムで制御が効かない。パーソナルケア分野においては、ランダムな加水分解により得たペプチドは加水分解タンパクとして、アミノ酸残基数個からアミノ酸レベルまで混ざった分解生成物として提供されることが多い。このようなペプチドあるいは加水分解タンパクの機能は、保湿や毛髪のダメージケアに利用される。一方、酵素法では特定の結合を切断することが可能で、必要なペプチドだけを分離精製して利用することもある。タンパク質そのものは高価であること、一般に水への溶解性が限られハンドリングが難しいこと、感作の危険があることから化粧品用途で利用されることはほとんどないが、適切に分解されていれば感作の問題はほとんどない。ただし、天然由来原料を扱う際の常として、原料タンパクの品質のばらつき、微生物による汚染のリスクといった課題を抱えている。

特定の構造のペプチドだけを得る方法として、アミノ酸を一個ずつつなげていく合成法もあるが、極めて複雑で時間がかかるうえ、収率も低い。現在では固相合成法の確立により、研究室レベルでは比較的少量のペプチドを短時間・高収率で得ることが可能になったが、工業生産に利用するには課題が多い。結果として、市販されている構造が特定されたペプチドの多くはバイオプロセスにより製造されている。

化粧品用途ではさらに、化学修飾されたペプチドがしばしば利用される。加水分解タンパクを化学修飾したものでは、脂肪酸と縮合させて界面活性剤としたり、カチオン性の官能基を導入して毛髪への吸着性を向上させたり、シリコーン骨格を導入してシリコーン系油剤との親和性を向上させたりといった原料が知られている。

一方、構造が特定されたペプチドの多くは生理活性を持つ有効成分として利用されており、経皮吸収性や皮膚内のターゲット部位への分配効率を上げるためにこのような修飾が必要となる。経皮吸収の理論に則り、ペプチドの親油性を向上させるために脂肪鎖を導入することが多い。例えば、パルミトイル修飾されたインターフェロンポリペプチドは単純なペプチドと比較し、経皮吸収性が5～6倍向上したとの報告がある。テトラペプチド―3はコラーゲンやエラスチンの合成を促進する効果があるが、このカプロイル化物は良好な皮膚透過性を有して抗シワ効果を示し、一方、同じペプチド骨格のアシル化物は毛包に到達しやすく、育毛効果があるとされる。

3―4―2　効能成分としてのペプチド

前述のように、構造を特定した化粧品用ペプチドのほとんどは有効成分／効能成分として用いられる。中でも真皮のコラーゲンやエラスチンに作用してアンチエイジング効果を示すとしているものが多い。少し古いが、2008年に、肌に塗布した場合のペプチドのアンチエイジング効果に関する研究報告について調べた研究者は、その作用メカニズムはシグナルに関わるもの、酵素阻害、神経伝達遮断、キャリア（他の生体内で重要な物質を必要な場所に届ける機能を持つペプチド類。経皮吸収や細胞膜透過を促進する効果を有するとされるペプチドも含まれる）の四つに大きく分けられるとした。表皮をターゲットとするペプチドの機能としては抗酸化能や紫外線防御、細胞賦活を謳うものが多く、さらには毛包や血管など特定の部位に作用して育毛やリンパ循環向上に効果があるとされるものもある。

3―4―3　アミノ酸ホモポリマー

天然や合成のアミノ酸ホモポリマーも化粧品用途でいくつか知られている。γ―ポリグルタミン酸は、納豆菌が発酵の過程で作り出すホモポリマーで、納豆の「糸」の正体である。化粧品用途では被膜形成剤として用いられる。肌上ですべりがよく滑らかな被膜を形成し、保湿効果、皮膚の保護効果を示す。同じ酸性アミノ酸のホモポリマーでも、ポリアスパラギン酸は合成ポリマーで、αとγ縮合体の混合物である。現在市場で入手できるものの重合度はそれほど大きくなく、一般にはペプチドと分類される程度の分子量である。化粧品用途では、ポリアスパラギン酸ナトリウムは保湿剤やコンディショニング剤として用いられる。ε―ポリリシンは発酵法により得られるもので、日本では食品用の防腐剤として市場に定着しているが、米国パーソナルケア製品協会（ＰＣＰＣ）のデータベースによると、この物質の機能としては被膜形成、コンディショニングが挙げられている。

4　まとめ

本章では肌中に存在するアミノ酸とペプチドの役割、さらにアミノ酸とペプチドの化粧品製剤中での機能に焦点を当て、概要を紹介した。はじめにで述べた通り、この分野への関心の高まりを受けて多くの研究・製品が発表されている。もっと深く知りたい向きには、参考文献として、この分野に特化した成書、レビューを挙げるので、そちらを参照して頂きたい。

パーソナルケア分野では、ヒトと環境にやさしい原料への関心が一層高まる一方、急速に進む主要マーケットの高齢化を受けて、真に効果のある製品に対するニーズが拡大している。アミノ酸とペプチドはいずれのニーズに対しても解を提供しうる可能性を秘めている。近い将来、アミノ酸、ペプチドに基づいた、環境対策やサスティナビリティに貢献できる物質（グリーンケミカル）を、より実現可能なコストで提供できる日が来ることを期待したい。

参考文献

坂本一民監修「化粧品素材としてのアミノ酸・ペプチド最前線」2015年　シーエムシーリサーチ
Takehara, M. 1983. Recent Development of Amino Acids for Cosmetics: Interactions and Synergestic Effects of Amino Acids. Cosmet. Toiletries, 98 (7), 51-56.

Sakamoto, K., 2015. Amino Acids and Derivatives Cosmeceuticals and Active Cosmetics, in Howard I. Maibach H. I. et al. (Ed.) Cosmeceuticals and Active Cosmetics; Third Edition, (Chapter 15, pp. 165-178) CRC Press ISBN-10: 1482214164, ISBN-13: 978-1482214161

Sakamoto, K., 2013. Lessons from Nature for Development of Amino Acids and Related Functional Materials for Cosmetic Applications. IFSCC Magazine, 2, 79-85.

Takehara, M., 1989. Properties and Applications of Amino acid based Surfactants, Colloids Surf. 38, 149-167.

Sakamoto, K., et al., 2001. Amino Acid Surfactants: Chemistry, Synthesis, and Properties, In Jiding Xia (Ed.), Protein-Based Surfactants: Synthesis: Physicochemical Properties, and Applications, Surfactant Science Series Vol. 101, 1st Edition, (Chapter 4, pp. 75-122) New York, USA: Marcel Dekker Inc.

Sakamoto, K., 2001. Current Market Development and Trend in Amino Acid and Protein Based Surfactants, in Jiding Xia (Ed.), Protein-Based Surfactants: Synthesis: Physicochemical Properties, and Applications, Surfactant Science Series Vol. 101, 1st Edition, (Chapter 4, pp. 75-122) New York, USA: Marcel Dekker Inc.

第７章

生理活性を有する有効成分

正木　仁

はじめに

海外では有用性を客観的に確認できるデータにより、化粧品の有用性を公に訴求することができる。一方、日本では、「化粧品」とは「人の身体を清潔にし、美化し、魅力を増し、容貌を変え、又は皮膚若しくは毛髪を健やかに保つために、身体に塗擦、散布その他これらに類似する方法で使用されることが目的とされている物で、人体に対する作用が緩和なものをいう」（薬機法第2条第3項）と法律上定義されている。よって、公に訴求することができる化粧品の機能性には制限が設けられている。また、日本独自のカテゴリーとして「医薬部外品」の薬用化粧品があるが、その効能効果の表現についても制限があり、人体に対する作用が緩和なことに重点が置かれている。

しかしながら、近年の生活者は、化粧品・医薬部外品に実際の効能効果を期待し、より医薬品に近い効能を求めるようになっている。それを表す言葉として、Evidence Based Cosmetics（科学的根拠に基づいた化粧品）がある。この表現は従来、Evidence Based Medicine（科学的根拠に基づく医療）として医療の世界で用いられてきたものであるが、近年では化粧品の分野でも用いられるようになった。

化粧品・医薬部外品の有用性とは、医薬品とは異なり安全であることを前提とした効能効果（有効性）のことを示す。有効性はその作用機序から考えて心理的作用、視覚的・物理的作用、生理的作用にわけられる。心理的作用とは、ラベンダーの香りが精神安定に働くように、香りの作用、さらに、化粧行動による心理的作用を示し、近年、特に注目されるようになった。また、視覚的・物理的作用としてメイクアップによるシワぼかし作用などがある。生理的作用とは、皮膚の生細胞の機能を刺激することにより得られる作用である。

生活者が化粧品を使用する目的は、なんらかの皮膚のトラブルに対処しようとするものである。皮膚トラブルには乾燥、シミ、シワなどがあるが、これらは皮膚の機能の不具合により生じてくる。これらの皮膚トラブルを予防改善する化粧品の有効性は、その効果を具現化する有効成分の作用によって発揮される。不具合には種々の原因が考えられる。近年の皮膚科学の進歩は、これらの不具合が生じる機構を解明しつつあり、その機構に基づいた多種多様な生理活性を有する有効成分（有用性原料）が開発されている。

本章に課せられた役割は、化粧品の有効成分について紹介することではあるが、個々の皮膚トラブルに対応する有効成分について記載することは、その成分の多様性（化粧品の有効成分は多種多様である）と定着性（化粧品の有効成分は一定しているわけではない）の問題から困難である。そこで、本章では、皮膚トラブルを発症するメカニズムを中心に有効成分の開発のための方向性と開発例を紹介することとした。

1　生理作用を介した有用性原料開発の方向性

1―1　乾燥肌・肌荒れの有用性原料開発の全体像

乾燥肌・肌荒れの改善は、化粧品の基本的な機能として、古くからよく知られている。いわゆる、しっとりした肌とは、表皮角層に適性量の水分が保たれた状態をいう。乾燥肌（乾燥性皮膚）は、一般的には角層水分量の低下した皮膚、あるいは経表皮水分蒸散量（ＴＥＷＬ）が亢進した皮膚と定義されている。肌荒れについては明確に定義されていないが、肌荒れは乾燥肌の症状を伴い、肌理（きめ）の不鮮明化や落屑（らくせつ）等の皮膚表面形態の変化を示す状態と一般的には考えられる。また、肌荒れの引き金と考えられる皮膚の乾燥状態が重篤になると掻痒感を伴うことがある。冬季に起こる掻痒や老人性乾皮症はその一例である。この原因として感覚神経線維の表皮内部への侵入が考えられる。神経線維の侵入は皮膚の刺激に対する感受性を高めることにもつながる。つまり、皮膚の乾燥を敏感肌形成の要因として考えることができるかもしれない。

皮膚の乾燥につながる角層の水分保持は表皮および真皮から供給された水分をいかに体外に逃がさずに角層に留めおくかという機能によって担われ、その機能は角層水分保持機能と角層バリア機能によって具現化されている。供給された水分は、表皮の分化にともなって表皮細胞によって産生される天然保湿因子（NMF：Natural Moisturing Factor）により角層で保持される。また、角層に存在する水分の蒸発阻止機能である角層バリア機能は細胞間脂質と顆粒層に存在するタイトジャンクションにより発現されることはが明らかになっている。さらに、角層細胞自身が水分保持やバリア機能に関与している可能性を示唆する報告もある。また、角層水分量へ表皮細胞膜に存在する水チャンネルであるアクアポリンの関与を示唆する報告もある。

乾燥肌・肌荒れの予防や改善を考えた場合、有効成分に求められる作用は、皮膚の保湿に関係するターゲット因子を補強する作用であると考えられる。

1―2　角層細胞と有用性原料

表皮細胞は分化に伴い、細胞内器官と核が消失した角層細胞となる。さらに、角層細胞には、脂質により構成される細胞膜の代わりに角層内部から裏打ちタンパク構造が形成される。この裏打ちタンパク構造体をコーニファイドセルエンベロープ（CE：cornified cell envelope）と呼ぶ。このCEの外側にはセラミドによって構築される脂質辺縁層（corneocyte lipid envelope）が存在し、角層細胞を覆っている。外套のようにCEに囲まれた角層細胞の内部にはケラチン線維が充填されている。CEは、有棘細胞により合成されるインボルクリンや顆粒細胞において合成されるロリクリン、フィラグリン、SPRP（small proline-rich protein）などのタンパクがトランスグルタミナーゼ―1によって架橋されることにより形成される。[1] また、脂質辺縁層は、ω―ヒドロキシセラミドがトランスグルタミナーゼ―1の働きによりインボルクリンへエステル結合にて結合することにより形成される。[2] この結果、角層細胞は疎水的性質を示す。さらに、この脂質層を足場として、細胞間脂質ラメラ構造が構築されると考えられている。CEは界面活性剤であるSDS（ドデシル硫酸ナトリウム）水溶液内で煮沸処理によっても溶解しないほどの強い構造を持っている。[3]

近年、角層細胞に脂質過酸化の最終生成物であるカルボニルタンパクが露光部皮膚では高頻度で存在することが確認されている。また、乾燥性皮膚においてもカルボニルタンパクの増加が確認されている。再生表皮モデルの表皮表面を乾燥させたときにカルボニルタンパクの存在が確認されることから、乾燥がカルボニルタンパクの生成を誘導していることが考えられる。[4)] この角層カルボニルタンパクと皮膚表面水分量は負の相関、経表皮水分蒸散量とは正の相関関係が確認されており、[5)] カルボニル化したタンパク質の結合水が低下することから、[6)] 乾燥により生じたカルボニルタンパクがさらに乾燥を助長継続させる可能性が考えられる。カルボニルタンパクは脂質過酸化反応により生成されるアルデヒド化合物とタンパクの反応により生成することから、[7)] トコフェロールのような脂溶性の抗酸化剤の適用がカルボニルタンパクの生成抑制につながる。

この事実を踏まえると、角層細胞を正しく形成させること、角層細胞の酸化修飾を阻止することが保湿機能を高め、乾燥肌・肌荒れを防ぐ手段と考えられる。

1―3　角層細胞間脂質と有用性原料

角層細胞間脂質は顆粒層に存在する層板顆粒由来の脂質であり、セラミド（重量比約50％）、コレステロール（25％）、脂肪酸（10〜25％）によって構成される。これらの脂質は、細胞膜のような脂質二重膜（シート）を形成し、この脂質二重膜が10〜20層程度積み重なった層状構造体を角層細胞間に形成する。老化に伴い細胞間脂質の減少等が確認され[8]、その結果、乾燥性皮膚が誘導されることから細胞間脂質の合成を補強することは保湿機能を維持するうえで最も一般的なアプローチである。

細胞間脂質の主要構成脂質であるセラミドは、長鎖塩基であるスフィンゴシンと脂肪酸で構成されるアミド化合物であり、物理化学的には両親媒性化合物である。セラミドの生合成は、スフィンゴシンの合成から開始される。スフィンゴシンはセリンとパルミトイル—CoAからセリンパルミトイルトランスフェラーゼ（SPT：serine palmitoyl transferase）により合成される[9]。その後、セラミド合成酵素により脂肪酸がアミド結合することによりセラミドとなる。また、層板顆粒に蓄積されているグルコシルセラミドやアシルグルコシルセラミドからβ—セレブロシダーゼにより、またスフィンゴミエリンからスフィンゴミエリナーゼによりセラミドが生成される[10,11]。セラミド合成促進剤としてアスコルビン酸やナイアシンアミドの効果が報告されている[12,13]。

1―4　表皮バリア機能におけるタイトジャンクションの役割と有用性原料

顆粒層の第2層目に存在するタイトジャンクション（TJ）は、クローディン―1・クローディン―23、オクルディン、ZO―1（Zonulae occludens 1）などにより構成される接着装置であり、顆粒細胞の垂直面に位置して顆粒細胞同士をジッパーのように可逆的に接着させている。この構造は、カプリン酸ナトリウム（C10の直鎖脂肪酸）の添加により容易に崩壊するが、カプリン酸ナトリウムの除去により再生される[14~16]。表皮バリア病として認知されているアトピー性皮膚炎患者においてもタイトジャンクションの機能不全が確認されている[17]。また、アトピー性皮膚炎患者においてトル様受容体2（toll-like receptor 2）の減少がTJの機能不全につながることが報告されている[18,19]。このようにTJの構成タンパクの産生を高め機能を安定化させることが皮膚バリア機能を高め、乾燥性皮膚の発症を抑制することにつながる。漢方薬の一つである青黛（せいたい、Indigo naturalis）にTJの構成成分の一つであるクローディン―1の産生促進作用が報告されている[20]。

1―5　天然保湿因子と有用性原料

天然保湿因子は、その構成比の約40％を占める遊離アミノ酸、ピロリドンカルボン酸（PCA）（約12％）、乳酸（約12％）、尿素（約7％）、無機イオンなどで構成されている。乳酸、尿素やミネラルイオンは汗由来と考えられているが、遊離アミノ酸はフィラグリンの分解産物である。フィラグリンが注目されたのはアトピー性皮膚炎素因としてフィラグリン遺伝子の変異がヨーロッパにて明らかになってからである。[21)] フィラグリンの役割は、角層細胞内のケラチンタンパクを線維状に組織化することであり、その後、プロテアーゼで分解され天然保湿因子の構成成分である遊離アミノ酸となり角層の水分保持機能を発揮することである。

フィラグリンはプロフィラグリンを前駆タンパクとするタンパク質であり、表皮顆粒層のケラトヒアリン顆粒の主要な構成成分である。[22)23)] プロフィラグリンは、リン酸化フィラグリン分子が10から12分子リンカーペプチドで結合した分子量500kDaの巨大分子である。プロフィラグリンは角化の最終ステージでリンカーペプチドが切断されフィラグリンとなる。プロフィラグリンは、まずホスファターゼ2Aの作用により脱リン酸化された後、ヒューリン、プリフィラグリンエンドプロテイナーゼ１、カルパインⅠ、ＳＡＳＰａｓｅ（skin-specific retroviral-like aspartic protease）などによりフィラグリン分子が切り出される。[24,25] その後、フィラグリン分子は、ケラチン線維間を充填しケラチン線維を凝集させる。[26] フィラグリン分子は、ＰＡＤ１（peptidyl arginine deimidase 1）あるいはＰＡＤ３により脱イミノ化され、カルパインⅠやカスパーゼ14により脱イミノ化フィラグリンフラグメントに分解される。さらに、ブレオマイシン加水分解酵素（Bleomycine hydrolase）により遊離アミノ酸に分解される。[27]

ＮＭＦを介した水分保持機能の補強についての有効成分は、フィラグリンの産生促進と正常な分解を誘導する二つの方向性が考えられる。

１―６　敏感肌と有用性原料

敏感肌は、刺激感に敏感な肌であり、外部からの物理的刺激として紫外線、温熱、寒冷、化学的刺激として化粧品、洗浄剤、水や大気汚染、ストレスなどの心理学的刺激、月経周期などのホルモンバランスの変化によりヒリヒリ感、チクチク感、ムズムズ感などの皮膚刺激感を生じる皮膚として定義される。[28〜31]

皮膚の感覚刺激は、通常、表皮真皮境界部に存在するC線維からなる知覚神経終末が、刺激により活性化され、生じた活動電位が脊髄、脊髄視床路、視床を経由して大脳皮質の感覚野に達することにより感じる。C線維は、温感、冷感、熱感、ヒリヒリ感、チクチク感といった感覚刺激の受容体としての役割がある。化粧品の皮膚への塗布時に感じる刺激感であるスティンギング刺激もC線維を介しているといわれている。[32] 乾燥性皮膚では、このような刺激に対する敏感性が亢進していることが考えられている。

マウス皮膚へのアセトン処理は、経表皮水分蒸散量の亢進と皮膚表面水分量の低下という典型的な乾燥性皮膚の症状を呈し、アセトン処理に依存した神経線維の表皮への伸長が観察される。この侵入に先立ち神経成長因子（NGF：nerve growth factor）とその反発因子であるセマフォリン3Aの減少が確認されている。[33] 本来、NGFはC線維の伸長を誘導し、セマフォリン3Aがその作用を抑制するというNGFとセマフォリン3AのバランスによってC線維の伸長は制御されている。

敏感肌の発症メカニズムについての知見はさほど多くはないが、NGFとセマフォリン3Aのバランス調整が、有用性原料開発の方向性と考えられる。

１―７　表皮細胞の分化を制御する有用性原料

リン脂質の一つであるリゾホスファチジン酸は、表皮細胞の細胞内カルシウムイオン濃度を高めることにより、プロフィラグリン、セリンパルミトイルトランスフェラーゼ（ＳＰＴ）、オクルディン、クローディン―１のｍＲＮＡ発現を高め[34)]、０・２％リゾホスファチジン酸の６週間の外用で角層水分量の上昇を伴う有意な角層状態の改善があると報告されている。

２　色素沈着の予防改善に対するターゲット因子

色素沈着は、表皮にあるメラノサイト（色素細胞）が紫外線に代表される何らかの要因でメラニンを過剰に合成しつづけることによって発生する。近年の研究でメラニンの過剰合成は、色素細胞だけではなく、その周辺にある表皮細胞や線維芽細胞のシグナルも大きな役割を果たしていることが明らかにされている。メラニンはメラノサイト内の小器官であるメラノソームの中で合成される。メラニンが蓄積されたメラノソームは、メラノサイトの樹状突起の先端へ移送され、周囲の表皮細胞へ取り込まれることにより表皮内に拡散することにより目視にて色素沈着が確認されるようになる。

色素沈着が限局的に形成されることにより発症するシミは、特に、アジア人（黄色人種）には重大な皮膚トラブルである。よって、日本では紫外線曝露によるメラニン産生メカニズムについて精力的な研究が為されており、多岐にわたるメカニズムが解明されている。

色素沈着の予防改善を考えた場合、有効成分に求められる特性はメラニン産生に関係するターゲット因子をケアする作用になる。

2—1　メラニン合成と有用性原料

メラニン合成には、メラノソーム関連タンパクが必須である。メラノソーム関連タンパクには、メラニン合成に直接関与する酵素群と、メラノソームの構造を維持する構造タンパクに大別される。

メラニン合成酵素群には、メラニン合成過程において重要な役割を果たす律速酵素であり、チロシンの水酸化とドーパのドーパキノンへの酸化反応を触媒するチロシナーゼとドーパクロムをジヒドロキシインドールカルボン酸（ＤＨＩＣＡ）に変換してインドール骨格を形成させるドーパクロムトートメラーゼ（ＴＲＰ－２）と、ＤＨＩＣＡを5・6－インドールキノン－2－カルボン酸に酸化するＤＨＩＣＡ オキシダーゼ（ＴＲＰ－１）がある。[35] チロシナーゼは滑面小胞体、ゴルジにおいて糖鎖修飾を受けて成熟しながらメラノソームへ移送され、メラノソームの膜に配向して活性型となりメラニン合成が開始される。

一方、メラノソーム構造タンパクには、メラノソームの線維状構造を構築するＰｍｅｌ17（silver locus protein）とメラノソームへのチロシンの移送やメラノソーム内のｐＨ調整のためのプロトンポンプとして働く可能性が示唆されているＰタンパクがある。[36,37] Ｐｍｅｌ17は、プロセシングを受けて第１期のメラノソームへ移送される。その後、移送されてきたチロシナーゼのメラノソーム内での安定化に働く。[38]

メラニン合成の主要酵素であるチロシナーゼの遺伝子発現にはマイクロフタルミア関連転写因子（microphthalmia-associated transcription factor：MITF）が転写因子として関与している。[39] ＭＩＴＦの活性化には様々なシグナルが関係しているが、ＭＩＴＦが活性化されることにより、その下流に存在するチロシナーゼ関連遺伝子の発現が高まる。[40]

2—1—1　チロシナーゼ活性阻害作用を示す有用性原料

メラニン合成を制御する有用性原料としては以下のようなものがあり、チロシナーゼ活性阻害作用を有する。

アスコルビン酸リン酸マグネシウム、アスコルビン酸リン酸ナトリウム、アスコルビン酸グルコシドなどのビタミンC誘導体、β—アルブチン、コウジ酸、ルシノール（4—ブチルレゾシノール）、エラグ酸、ロドデノール（4—（4—ヒドロキシフェニル）—2—ブタノール）

ビタミンC以外の美白主剤（図1）のほとんどは、チロシンと同様にフェノール性水酸基を持ち、類似の化学構造を有することから、これらの美白主剤はチロシナーゼ（TYR）の活性中心に対して拮抗的な阻害活性を示すことが考えられる。また、ビタミンC誘導体については、チロシナーゼの酸化的酵素反応に対して、プロトンドナーとして還元的に作用し活性を阻害することが考えられる。さらに、コウジ酸についてはTYRの活性中心に存在する銅イオンへのキレート作用により活性を抑制することが知られている[41]。

2—1—2　チロシナーゼの成熟を抑制する有用性原料

また、チロシナーゼタンパクの成熟化阻害による分解促進作用を主なメカニズムとするマ

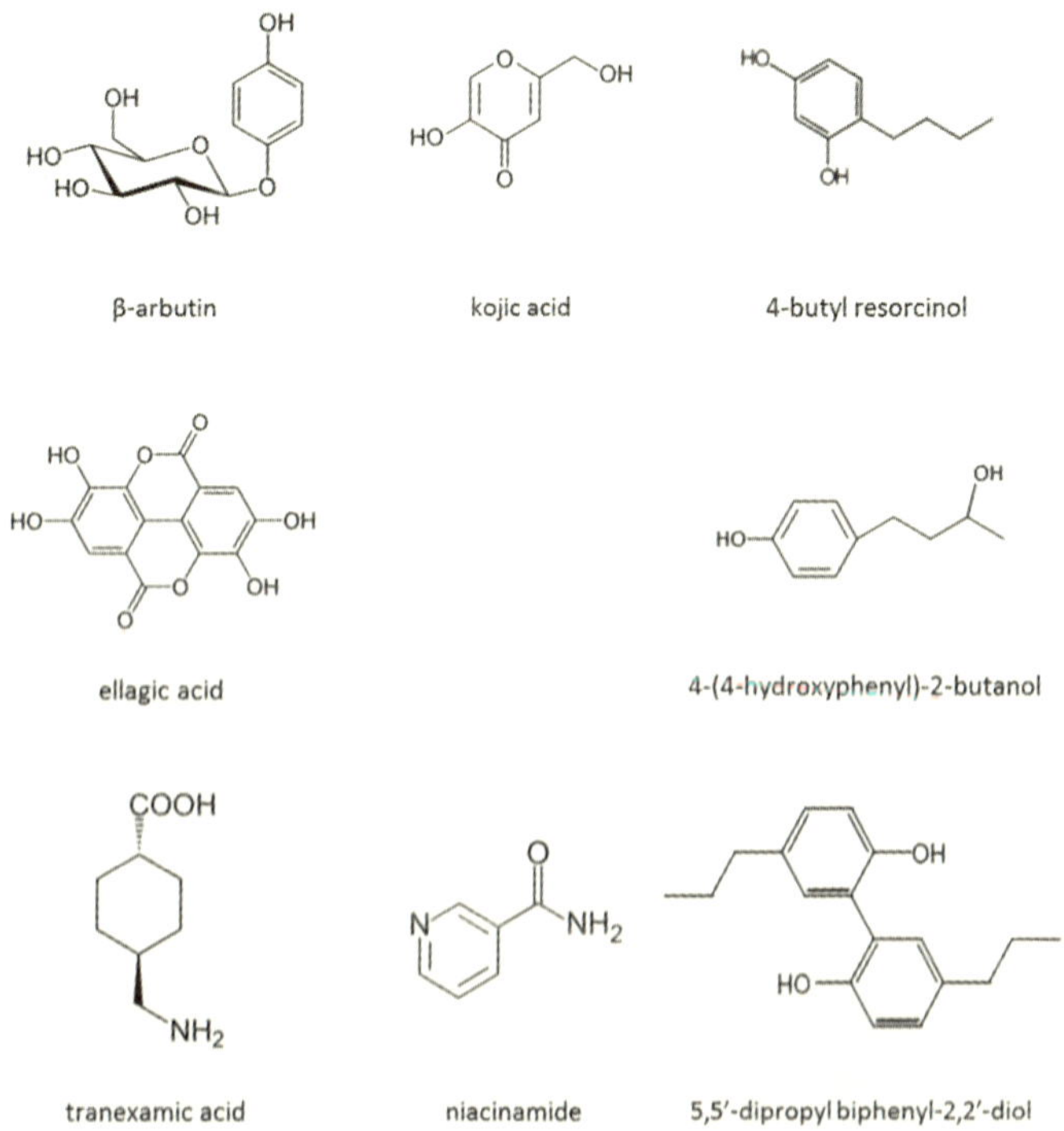

図１　美白有効成分の化学構造

グノリグナン（5・5′―ジプロピルビフェニル―2・2′―ジオール）は、フェノール性の二量体を構造に持つ化合物であり（図1）、メラノソーム内に移行するチロシナーゼタンパクを減少させることが示されている[42)43)]。

未成熟なチロシナーゼは、小胞体とゴルジから細胞質に逆行輸送され、ユビキチン化されプロテアソームによる分解を受ける[44)]（ユビキチン―プロテアソームシステム）。

リノール酸は、ユビキチン化チロシナーゼの量を増加させ、プロテアソームによるチロシナーゼの分解を促進する。その結果、チロシナーゼタンパク量は減少するが、この減少はプロテアソームの阻害剤により回復することが確認されている。[45)]

2—2　メラノサイトを刺激しメラニン合成を促進する因子と有用性原料

紫外線曝露した皮膚では種々のメラノサイト刺激因子が表皮細胞やメラノサイト自身から分泌される。これらメラノサイト刺激成因子がパラクライン的に、あるいはオートクライン的に作用し色素産生を誘発する。このような作用を示すメラノサイト刺激因子には、エンドセリン—1[46),47)]（ET—1）、幹細胞因子[48)~50)]（SCF）、メラノサイト刺激ホルモン[51)~54)]（MSH）、ベーシック線維芽細胞増殖因子[55),56)]（bFGF）、肝細胞増殖因子[57)]（HGF）、顆粒球マクロファージコロニー刺激因子[58)]（GM—CSF）、ロイコトリエンC4[59)]（LTC4）、プロスタグランジンE2[60)]（PGE2）などがある。さらに、過酸化水素や一酸化窒素ラジカルのような活性酸素もメラノサイトを刺激してメラニン産生を高める。[61)~64)]

PGE2の産生抑制を主な作用メカニズムとする美白剤にはトラネキサム酸（図1）、トラネキサム酸セチル、テトラヘキシルデカン酸アスコルビルがある。[65),66)]さらに、カモミラエキスはET－1の作用を抑制することにより美白作用を発揮する。[67]

2－3　メラノソームの表皮細胞への移送と有用性原料

メラノサイトは、成熟に伴い樹状突起の先端へ移動し、その先端から細胞外へ分泌される。その後、周辺の表皮細胞に貪食される。成熟に伴うメラノソームのメラノサイト内移動は、微小管上をキネシンに乗って樹状突起の先端へ移送され、樹状突起の先端に近づくと、アクチンフィラメントの上をミオシンに乗ってさらに先端へ移動する。[68]

メラノソームの表皮細胞による貪食の分子機構は、プロテアーゼ活性化型受容体（PAR－2）の活性化により説明されている。PAR－2は7回膜貫通型のGタンパクを備えた受容体であり、セリンプロテアーゼにより細胞膜から外側に飛び出た部分を切断され、その切断端が受容体に結合することにより活性化され、その結果、貪食機能が亢進する。この作用は、トリプシンインヒビターにより活性化を阻害すると貪食能が低下することから確認されている。[69]

表皮細胞に貪食されたメラノソームは、メラノソームの脂質膜から消化され、次にメラニンタンパク複合体が分解され、順次サイズの小さいメラニン顆粒に消化されてしまう。この消化のプロセスはライソゾームへメラノソームが取り込まれたオートファジーのプロセスによって進行することが提案されている。[70] メラノソームのケラチノサイトへの移送を阻害する作用を持つ美白剤としてナイアシンアミド（図１）がある。[71]

3　抗老化（シワ）

3―1　シワ、タルミの予防改善に対するターゲット因子

皮膚の老化はシワやタルミの形成により認識される。シワやタルミ形成の加速因子は加齢と太陽光線があり、前者は生理的老化、後者は光老化と呼ばれている。シワとタルミの形成メカニズムを明確に分けて議論することは、これまでの知見では難しい。しかしながら、シワとタルミの形成は、真皮の構造変化に起因すると考えられている。具体的には、真皮乳頭層におけるコラーゲン線維とエラスチン細線維（オキシトラン線維）の消失、真皮網状層におけるエラスチン線維の蓄積が確認される。この変化が、皮膚の粘弾性の低下を誘導し、シワ、タルミを形成する。

よって、シワ、タルミの予防改善を考えた場合、有効成分に求められる特性は、真皮マト

リックスの再生を促進するための分解、構築に関係するターゲット因子をケアする作用になる。以下に、各ターゲットを紹介する。

3—2　線維芽細胞

若齢者皮膚と老齢者皮膚から単離培養した線維芽細胞のコラーゲン合成能には差があり、老齢者由来の線維芽細胞ではコラーゲン合成能が低下していることが報告されている[72]。このような線維芽細胞の機能低下には、線維芽細胞が存在する真皮マトリックス環境も影響している[73]。健常皮膚と光老化皮膚の真皮に存在する線維芽細胞の形態を観察すると、健常皮膚の真皮組織において線維芽細胞は多数の点でコラーゲン線維にしっかりと接着した形状を示すが、光老化皮膚の線維芽細胞は、コラーゲン線維への接着点の減少が原因と考えられる細胞形状の萎縮が確認される。この両者のコラーゲン線維の状態を観察すると、健常皮膚では断裂のないコラーゲン線維束が観察されるが、光老化皮膚では多くの断裂面をもつコラーゲン線維束構造が観察される。この事実は、光老化皮膚では線維芽細胞を取り巻くコラーゲン線維束の構造変化が細胞形態の変化を誘導し、その結果として線維芽細胞の機能低下につながった可能性が考えられる。

線維芽細胞はコラーゲン線維にインテグリン$\alpha2\beta1$を介して接着している[74]。単回のソーラーシミュレーターによるUV照射は、インテグリン$\alpha2\beta1$の発現低下と同時にコラーゲン受容体であるEndo180の発現も低下させる[75]。この低下はインビボにおいても確認されている。本来、Endo180はマトリックスメタロプロテアーゼ―1（MMP―1）により分解されたコラーゲンタンパクを細胞内へ取り込み、ライソゾームでの分解を促進することにより真皮マトリックス構造の再生を促進させる。しかしながら、UV照射によるEndo180の発現低下は、MMP―1により分解されたコラーゲンフラグメントの真皮組織内での滞留を生じさせ、この結果、線維芽細胞の形態変化を持続させることになる。

3―3　コラーゲン線維

コラーゲン線維は合成・分解を繰り返し、常に新しい組織にリニューアルをしている。光老化皮膚では、この合成・分解のバランスが崩れることによりコラーゲン線維の減少が生じている。コラーゲン減少のメカニズムとして最もよく研究されているのがマトリックスメタロプロテアーゼ―1（MMP―1）である。MMP―1は表皮細胞、線維芽細胞で合成され、その合成の刺激となるのは酸化ストレスである。酸化ストレスはUV照射によっても生じ、

ＵＶ照射によるＭＭＰ－１の産生が高まることが確認されている[76)]。若齢者と老齢者の皮膚から単離培養した線維芽細胞では、カタラーゼタンパク量に違いがあり、老齢者の線維芽細胞ではカタラーゼの産生が低下していることから細胞内の活性酸素レベルが若齢者の線維芽細胞に比較して高くなっている。それに伴い、ＭＭＰ－１の産生量も老齢者由来の線維芽細胞で高くなっている[77)]。

この酸化ストレスによるＭＭＰ－１産生亢進は、ｃ－Ｊｕｎタンパクとｃ－Ｆｏｓタンパクのヘテロダイマーである活性化タンパク質ＡＰ－１（activator protein-1）によるＭＭＰ－１の転写活性の亢進による[78)79)]。また、ＭＭＰ－１の切断部位にはデコリンが存在し、ＭＭＰ－１の切断活性に対して抑制的に働いている。デコリンはプロテオグリカンの一つであり、コアタンパクと直鎖状のグリコサミノグリカンによって構成されている。このデコリンは、好中球由来のエラスターゼにより分解されることによりＭＭＰ－１が効率よくコラーゲンを分解する[80)]。

一方、コラーゲンの合成については、ＴＧＦ－β１（Transforming Growth Factor-β1）とＳｍａｄ（small worm phenotype and drosophia mothers against dpp）シグナルによって制御されている[81)]。ＴＧＦ－βは、ＴＧＦ－β１受容体（Ｔ－β１Ｒ）とＴＧＦ－β２受容

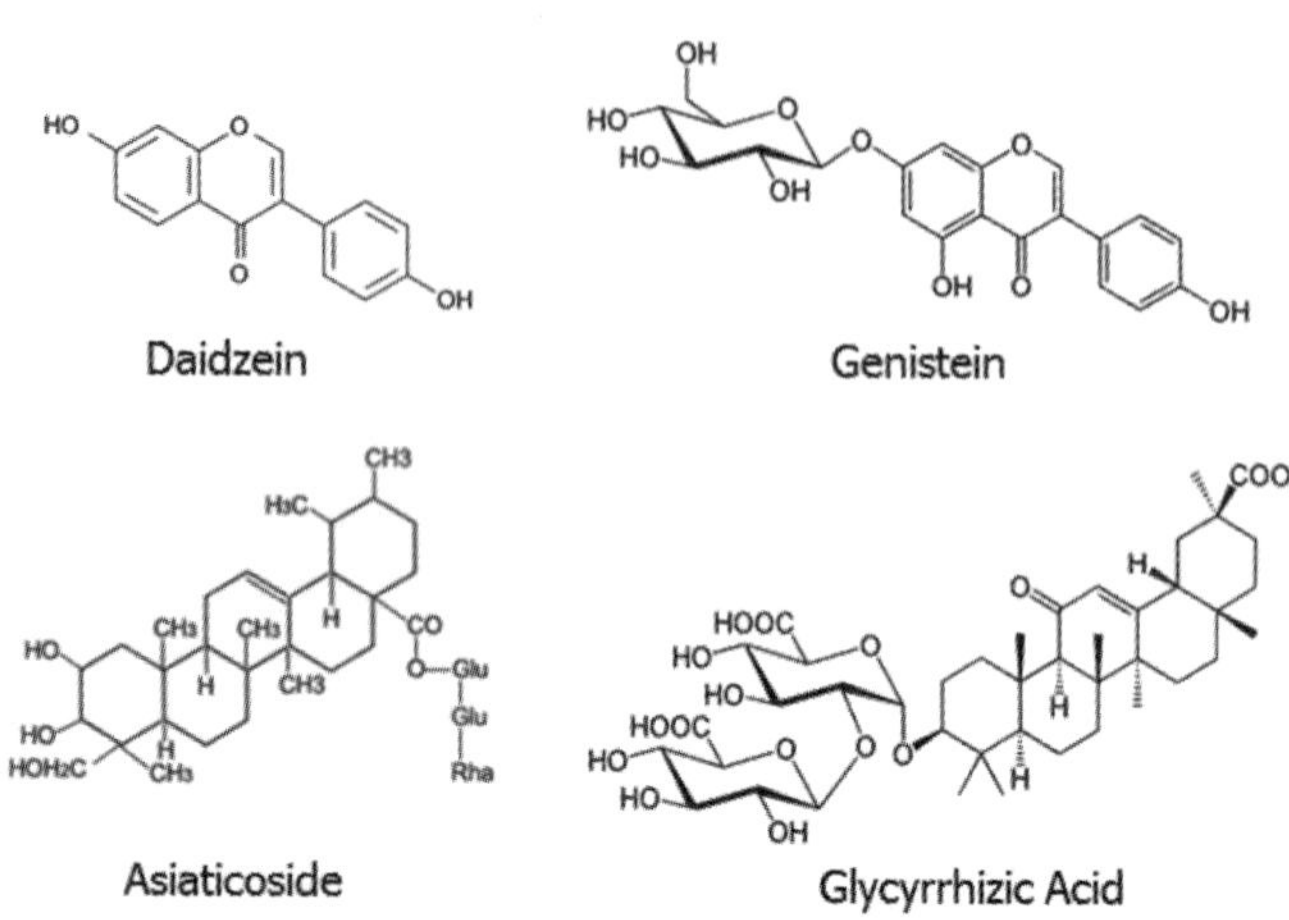

図２　イソフラボン類とトリテルペノイド類の化学構造

体（Ｔ―β２Ｒ）に結合し、Ｓｍａｄシグナルを走らせることによりコラーゲンの合成を刺激する。ＵＶ照射は、Ｔ―β２Ｒの産生を低下させることによりＳｍａｄシグナルを不活性化する。[82] その結果、コラーゲン合成も低下してくる。さらに、ＣＹＲ61／ＣＣＮ１(Cysteine-rich angiogenic inducer 61/CCN family member 1）はコラーゲン合成を抑制するタンパクであるが、ＡＰ―１はＣＹＲ61／ＣＣＮ１の産生を高めることによってもコラーゲン合成を低下させる。[83]

3―3―1　コラーゲンの減少に対応した有用性原料

イソフラボン、トリテルペノイド（図２）

イソフラボンの一種であるダイゼインは、

真皮線維芽細胞のコラーゲン合成を促進することが知られている。さらに、酸化ストレスにより誘導されるコラーゲン合成能の低下を大豆由来イソフラボンであるゲニステインがＩＧＦ（インスリン様成長因子）－Ｉレセプターを介したＥＲＫ１／２シグナルを制御することによって改善する。[84]

トリテルペノイドは、コラーゲン合成を促進する作用を有する。ウルソール酸[85]、アジアチコシドにコラーゲン合成を促進する作用が認められている。アジアチコシドは、Ｔ－β１Ｒキナーゼの活性を介したコラーゲン産生の促進作用が報告されている。[86] グリチルリチン酸にもＵＶＢ曝露線維芽細胞のＭＭＰ－１産生を抑制する作用が報告されている。[87]

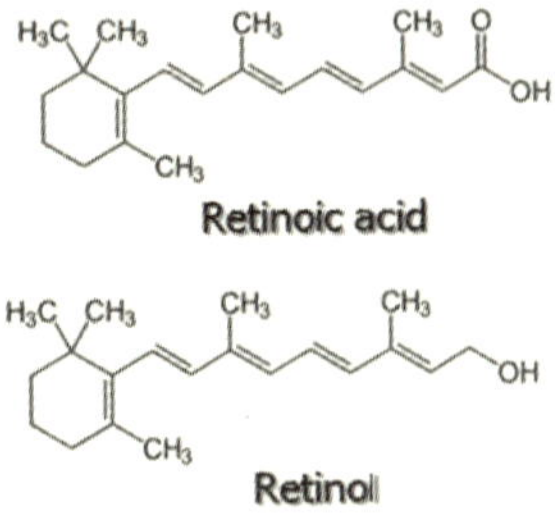

図３　レチノイド類の化学構造

ビタミン類（図３）

抗老化剤として、広く認知されている化合物としてレチノイン酸がある。ＵＶＢにより産生が亢進されるｃ－Ｊｕｎタンパクの産生をレチノイン酸は抑制する。この結果、レチノイン酸は、ＡＰ－１によるＭＭＰ－１、－３、－９のｍＲＮＡの発現が抑制されること、プロコラーゲンの産生低下が改善されることにより抗老化作用を発揮する。[88] また、０．４％

のレチノールは、光老化皮膚および老化皮膚で増加したＣＹＲ61を抑制し、プロコラーゲンの産生低下が改善することが報告されている[89]。

真皮マトリックスの変性は、細胞内酸化ストレスによって誘導、加速される。このプロセスから考えると抗酸化剤を抗老化剤として位置付けることは容易に考えられる。

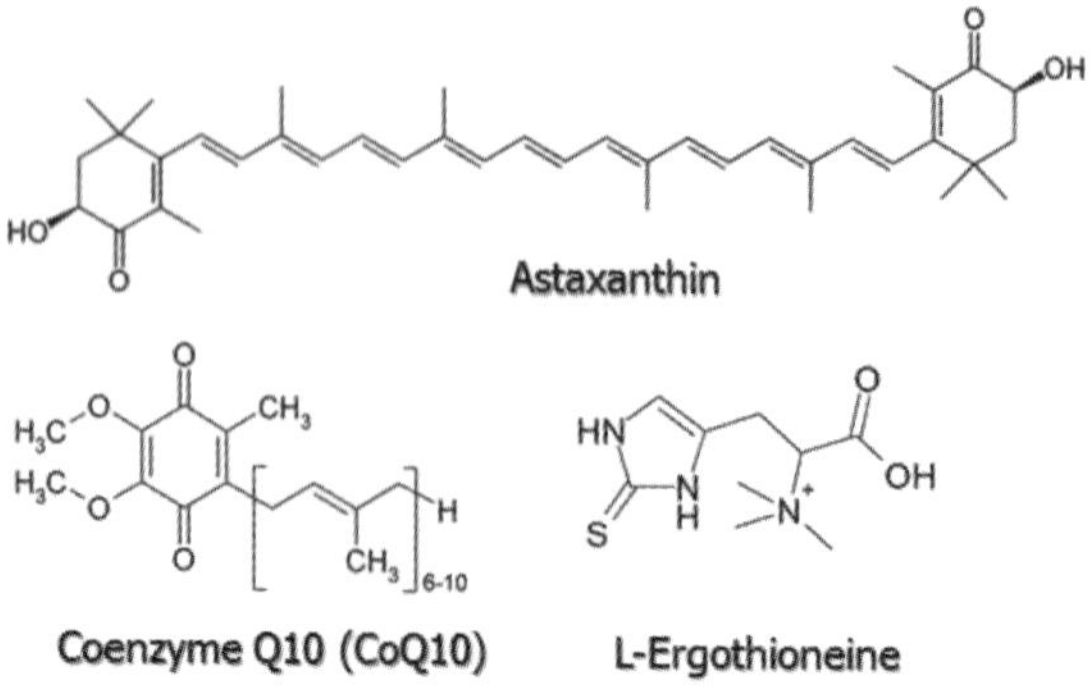

図４　抗酸化剤の化学構造

抗酸化剤（図４）

カロチノイドであるアスタキサンチンは、ＵＶＡ照射によるＭＭＰ―1と線維芽細胞由来のエラスターゼの産生亢進を抑制する作用が報告されている[90]。また、コエンザイムＱ10にもインビボおよびインビトロにおいて抗老化作用が報告されている。コエンザイムＱ10はＵＶＡ曝露線維芽細胞からのＭＭＰ―1の産生抑制、ＵＶＢ曝露表皮細胞からのインターロイキン６の分泌抑制が確認され、1％コエンザイムＱ10含有クリームの５か月連用によりシワグレードの改善が確認されている。[91]

また、含硫黄アミノ酸であるＬ−エルゴチオネインにもＵＶＡ曝露線維芽細胞からのＭＭＰ−１の産生抑制とＴＮＦα（Tumor Necrosis Factor-α）の分泌抑制が報告されている。[92]

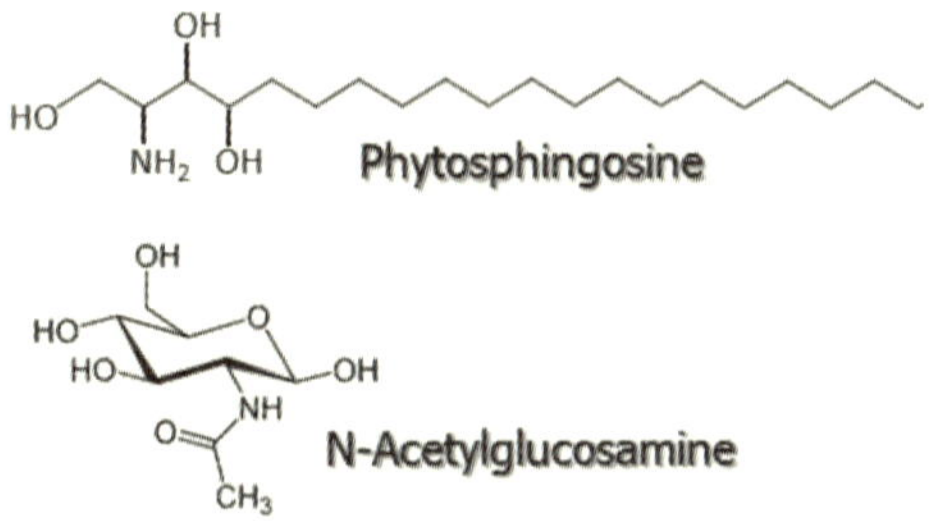

図５　天然由来成分の化学構造

その他天然物（図５）

ＵＶ照射によるコラーゲンの減少に対する防御作用がリン脂質にあることが報告されている。[93] リン脂質の中でもホスファチジルセリン（ＰＳ）、リゾホスファチジルセリン（ＬＰＳ）、リゾホスファチジン酸（ＬＰＡ）、Ｎ−アセチルフィトスフィンゴシン（ＮＡＰＳ）、テトラアセチルフィトスフィンゴシン（ＴＡＰＳ）はＵＶ照射により低下するコラーゲン合成能を回復させる。また、ＰＳ、ＬＰＳ、ＬＰＡは線維芽細胞のコラーゲン合成を促進し、ＮＡＰＳ、ＴＡＰＳ、ＬＰＡ、ＰＳ、リゾホスファチジルグリセロール（ＬＰＧ）、ＬＰＳはＵＶ照射により亢進したＭＭＰ−１の産生を抑制する。

グルコサミノグリカンの構成糖であるＮ−アセチルグルコサ

ミンにもＵＶＢ照射により亢進するＭＭＰ―１産生を抑制する作用が報告されている。[94]

3―4　エラスチン線維の消失メカニズム

エラスチン線維は皮膚の弾力性を担う線維状タンパク複合体であり、その主な組成はマイクロフィブリルとトロポエラスチンで構成されている。マイクロフィブリルの主な構造成分の一つはフィブリリン―１であり、成熟したマイクロフィブリルは並行して走る線維束であり、分子内架橋構造により安定している。フィブリリン―１は、ＭＦＡＰ―４（microfibrillar-associated protein 4）により産生が刺激され、さらに、会合体形成を促進されることによりマイクロフィブリルを形成する。[95]

一方、トロポエラスチンは、リジルオキシダーゼ（ＬＯＸ）とフィブリン―４と会合体を形成し、この会合体にフィブリン―５が会合することによりコアセルベーションと呼ばれる自己会合特性を示し、マイクロフィブリル上へ沈着する。マイクロフィブリル上には、ＬＴＢＰ―４（Latent TGF-β binding protein 4）が存在し、これがフィブリン―５と結合し、トロポエラスチンを含む自己会合体をマイクロフィルビル上に固着させせることがわかっている[96]。マイクロフィブリル上ではこの会合体はLOXにより架橋されエラスチン線維が形成される。

光老化皮膚では、MFAP－4タンパクの存在低下、さらにフィブリン－5の染色性の低下が報告されている[97,98]。UV照射によりトロポエラスチンのタンパク合成は促進されるが、MFAP－4の発現低下によりトロポエラスチン合成に対応したフィブリリン－1の組織化が進行せず、マイクロフィブリルが形成されないこと、さらに、フィブリン－5の合成低下によりトロポエラスチンのマイクロフィブリル上への沈着も行われないことから、エラスチン線維、特に、配向性のエラスチン細線維構造が再構築されない可能性が考えられる。

一方、エラスチン細線維の分解には好中球由来のエラスターゼと線維芽細胞が産生する膜結合型のネプリライシンえが関係していることが報告されている[99]。特に、ネプリライシンはUVAにより産生が高まり、線維芽細胞の細胞膜に局在している。この産生の増加には、インターロイキン1α、1β、6、8と顆粒球マクロファージコロニー刺激因子（GM-CSF：granulocyte macrophage colony-stimulating factor）が関与している。好中球由来のエラスターゼのエラスチン分解への関与に関しては、カテプシンGが最初にエラスチン分子を分解し、その後、好中球由来エラスターゼが分解するとの報告もなされている[100]。

おわりに

本章では生理活性を有する有効成分と題して、皮膚トラブルの発症メカニズムを中心に紹介した。このメカニズムが有効成分の開発、評価のターゲットとなる。本章が読者の今後の有効成分の研究開発の一助となることを期待する。

参考文献

1. R.L. Eckert, M.B. Yaffe, J.F. Crish, S. Murthy, E.A. Rorke, J.F. Welter, Involucrin--structure and role in envelope assembly. J. Invest. Dermatol. 100（1993）613-617.
2. M.E. Stewart, D.T. Downing, The omega-hydroxyceramides of pig epidermis are attached to corneocytes solely through omega-hydroxyl groups. J. Lipid Res. 42（2001）1105-1110.
3. T.T Sun, H. Green, Keratin filaments of cultured human epidermal cells. Formation of intermolecular disulfide bonds during terminal differentiation.J. Biol. Chem. 253（1978）2053-2060.
4. M. Yokota, K. Shimizu, D. Kyotani, S. Yahagi, S. Hashimoto, H. Masaki, The possible involvement of skin dryness on alterations of the dermal matrix. Exp. Dermatol. 23 Suppl 1（2014）1:27-131.

5. H. Fujita, T. Hirao, M. Takahashi, A simple and non-invasive visualization for assessment of carbonylated protein in the stratum corneum. Skin Res. Technol. 13 (2007) 84-90.
6. I. Iwai, T. Hirao, Protein carbonyls damage the water-holding capacity of the stratum corneum. Skin Pharmacol. Physiol. 21 (2008) 269-273.
7. G. Vistoli, D. De Maddis, A. Cipak, N. Zarkovic, M. Carini, G. Aldini G, Advanced glycoxidation and lipoxidation end products (AGEs and ALEs): an overview of their mechanisms of formation. Free Radic. Res. 47 Suppl 1 (2013) 1:3-27.
8. H. Masaki, T Tezuka, The changes of epidermis with aging, Jpn. J. Dermatol, 96 (1986) 189-193.
9. I.R. Harris, A.M. Farrell, C. Grunfeld, W.M. Holleran, P.M. Elias, K.R. Feingold, Permeability barrier disruption coordinately regulates mRNA levels for key enzymes of cholesterol, fatty acid, and ceramide synthesis in the epidermis. J. Invest. Dermatol. 109 (1997) 783-787.
10. G. Imokawa, A possible mechanism underlying the ceramide deficiency in atopic dermatitis: expression of a deacylase enzyme that cleaves the N-acyl linkage of sphingomyelin and glucosylceramide. J. Dermatol. Sci. 55 (2009) 1-9.
11. L. Zhang, L.I. Hellgren, X. Xu, Enzymatic production of ceramide from sphingomyelin. J. Biotechnol. 123 (2006) 93-105.
12. Y. Uchida, M. Behne, D. Quiec, P.M. Elias, W.N. Holleran, Vitamin C stimulates sphingolipid production and markers of barrier formation in submerged human keratinocyte cultures. J. Invest. Dermatol. 117 (2001) 1307-1313.
13. O. Tanno, Y. Ota, N. Kitamura, T. Katsube, S. Inoue, Nicotinamide increases biosynthesis of ceramides as well as other stratum corneum lipids to improve the epidermal permeability barrier. Br. J. Dermatol. 143 (2000) 524-531.

14. T. Yamamoto, M. Kurasawa, T. Hattori, T. Maeda, H. Nakano, H. Sasaki, Relationship between expression of tight junction-related molecules and perturbed epidermal barrier function in UVB-irradiated hairless mice. Arch. Dermatol. Res. 300 (2008) 61–68.
15. M. Furuse, M. Hata, K. Furuse, Y. Yoshida, A. Haratake, Y. Sugitani, T. Noda, A. Kubo, S. Tsukita, Claudinbased tight junctions are crucial for the mammalian epidermal barrier: a lesson from claudin-1-deficient mice. J. Cell Biol. 156 (2002) 1099–1111.
16. M. Kurasawa, S. Kuroda, N. Kida, M. Murata, A. Oba, T. Yamamoto, et al., Regulation of tight junction permeability by sodium caprate in human keratinocytes and reconstructed epidermis. Biochem. Biophys. Res. Commun. 381 (2009) 171–175.
17. I.K. Kuo, T. Yoshida, A. De Benedetto, L.A. Beck, The cutaneous innate immune response in patients with atopic dermatitis. J. Allergy Clin. Immunol. 131 (2013) 266-278.
18. A. De Benedetto, R. Agnihothri, L.Y. McGirt, L.G. Bankova, L.A. Beck, Atopic dermatitis: a disease caused by innate immune defects? J. Invest. Dermatol. 129 (2009) 14-30.
19. I.K. Kuo, A. Carpenter-Mendini, T. Yoshida, L.Y. McGirt, A.I. Ivanov, K.C. Barnes, R.L. Gallo, A.W. Borkowski, K. Yamasaki, D.Y. Leung, S.N. Georas, A. De Benedetto, L.A. Beck, Activation of epidermal toll-like receptor 2 enhances tight junction function: implications for atopic dermatitis and skin barrier repair. J. Invest. Dermatol. 133 (2013) 988-998.
20. Y.K. Lin, H.W. Chen, Y.L. Leu, Y.L. Yang, Y. Fang, J.H. Su Pang, T.L. Hwang, Indigo naturalis upregulates claudin-1 expression in human keratinocytes and psoriatic lesions. J. Ethnopharmacol. 30 (2013) 614-620.
21. J.A. McGrath, J. Uitto, The filaggrin story: novel insights into skin-barrier function and disease. Trends Mol. Med. 14 (2008) 20-27.

22. M. Manabe, W.M. O'Guin, Keratohyalin, trichohyalin and keratohyalin-trichohyalin hybrid granules: an overview. J. Dermatol. 19（1992）749-755.
23. B.A. Dale, A.M. Gown, P. Fleckman, J.P. Kimball, K.A. Resing, Characterization of two monoclonal antibodies to human epidermal keratohyalin: reactivity with filaggrin and related proteins. J. Invest. Dermatol. 88（1987）:306-313.
24. A. Sandilands, C. Sutherland, A.D. Irvine, W.H. McLean, Filaggrin in the frontline: role in skin barrier function and disease. J. Cell Sci. 122（2009）1285-1294.
25. T. Matsui, K. Miyamoto, A. Kubo, H. Kawasaki, T. Ebihara, K. Hata, S. Tanahashi, S. Ichinose, I. Imoto, J. Inazawa, J. Kudoh, M. Amagai, SASPase regulates stratum corneum hydration through profilaggrin-to-filaggrin processing. EMBO Mol. Med. 13（2011）320-333.
26. A.M. Lynley, B.A. Dale, The characterization of human epidermal filaggrin. A histidine-rich, keratin filament-aggregating protein. Biochim. Biophys. Acta.. 744（1983）28-35.
27. Y. Kamata, A. Taniguchi, M. Yamamoto, J. Nomura, K. Ishihara, H. Takahara, T. Hibino, A. Takeda, Neutral cysteine protease bleomycin hydrolase is essential for the breakdown of deiminated filaggrin into amino acids. J. Biol. Chem. 284（2009）12829-12836.
28. A. Pons-Guiraud, Sensitive skin: A complex and Multifactorial syndrome. J. Cosmet. Dermatol. 3（2005）145-148.
29. N. Muizzuddin, K.D. Marenus, D.H. Maes, Factors defining sensitive skin and its treatment. Am. J. Contact Dermat. 9（1998）170-175.
30. P.J. Frosch, A.M. Kligman, A method of apraising the stinging capacity of topically applied substances. J. Soc. Cosmet. Chem. 28（1977）197-209.
31. E. Berardesca, J.W. Fluhr, H.I. Maibach, What is sensitive skin? In: E. Berardesca, J.W. Fluhr, H.I.

Maibach, editors. Sensitive Skin Syndrome. New York: Taylor & Francis; 2006. p. 1-6.
32. M. Campero, T.K. Baumann, H. Bostock, J.L. Ochoa, Human cutaneous C fibres activated by cooling, heating and menthol. J. Physiol. 587 (2009) 5633-5652.
33. M. Tominaga, S. Ozawa, S. Tengara, H. Ogawa, K. Takamori, Intraepidermal nerve fibers increase in dry skin of acetone-treated mice. J. Dermatol. Sci. 48 (2007) 103-111.
34. S. Yahagi, M. Koike, Y. Okano, H. Masaki, Lysophospholipids improve skin moisturization by modulating of calcium-dependent cell differentiation pathway. Int. J. Cosmet. Sci. 33 (2011) 251-256.
35. Y. Yamaguchi, V.J. Hearing, Physiological factors that regulate skin pigmentation. Biofactors. 35 (2009) 193-199.
36. S.T. Lee, R.D. Nicholls, M.T. Jong, K. Fukai, R.A. Spritz, Organization and sequence of the human P gene and identification of a new family of transport proteins. Genomics. 26 (1995) 354-363.
37. J. Ancans, D.J. Tobin, M.J. Hoogduijn, N.P. Smit, K. Wakamatsu, A.J. Thody, Melanosomal pH controls rate of melanogenesis, eumelanin/phaeomelanin ratio and melanosome maturation in melanocytes and melanoma cells. .Exp. Cell Res. 268 (2001) 26-35.
38. F. Solano, M. Martínez-Esparza, C. Jiménez-Cervantes, S.P. Hill, J.A. Lozano, J.C. García-Borrón, New insights on the structure of the mouse silver locus and on the function of the silver protein. Pigment Cell Res. 13 Suppl 8 (2000) 118-124.
39. Y. Yamaguchi, M. Brenner, V.J. Hearing, The regulation of skin pigmentation. J. Biol. Chem. 282 (2007) 27557–27561.
40. P. Wan, Y. Hu, L. He, Regulation of melanocyte pivotal transcription factor MITF by some

other transcription factors. Mol. Cell Biochem. 354 (2011) 241-246.

41. K. Nakamura, M. Yoshida, H. Uchiwa, Y. Kawa, M. Mizoguchi, Down-regulation of melanin synthesis by a biphenyl derivative and its mechanism. Pigment Cell Res. 16 (2003) 494-500.
42. R. Halaban, E. Cheng, Y. Zhang, G. Moellmann, D. Hanlon, M. Michalak, V. Setaluri, D.N. Hebert, Aberrant retention of tyrosinase in the endoplasmic reticulum mediates accelerated degradation of the enzyme and contributes to the dedifferentiated phenotype of amelanotic melanoma cells. Proc. Natl. Acad. Sci. U S A. 94 (1997) 6210-6215.
43. H. Ando, H. Kondoh, M. Ichihashi, V.J. Hearing, Approaches to identify inhibitors of melanin biosynthesis via the quality control of tyrosinase. J. Invest. Dermatol. 127 (2007) 751-761.
44. H. Ando, H. Watabe, J.C. Valencia, K. Yasumoto, M. Furumura, Y. Funasaka, M. Oka, M. Ichihashi, V.J. Hearing, Fatty acids regulate pigmentation via proteasomal degradation of tyrosinase: a new aspect of ubiquitin-proteasome function. J. Biol. Chem. 279 (2004) 15427-15433.
45. G. Imokawa, M. Miyagishi, Y. Yada, Endothelin-1 as a new melanogen: coordinated expression of its gene and the tyrosinase gene in UVB-exposed human epidermis. J. Invest. Dermatol. 105 (1995) 32-37.
46. Y. Yada, K. Higuchi, G. Imokawa, Effects of endothelins on signal transduction and proliferation in human melanocytes. J. Biol. Chem. 266 (1991) 18352-18357.
47. A. Hachiya, A. Kobayashi, A. Ohuchi, Y. Takema, G. Imokawa, The paracrine role of stem cell factor/c-kit signaling in the activation of human melanocytes in ultraviolet-B-induced pigmentation. J. Invest. Dermatol. 116 (2001) 578-586.
48. C. Bertolotto, R. Buscà, P. Abbe, K. Bille, E. Aberdam, J.P. Ortonne, R. Ballotti, Different cis-

acting elements are involved in the regulation of TRP1 and TRP2 promoter activities by cyclic AMP: pivotal role of M boxes (GTCATGTGCT) and of microphthalmia. Mol. Cell Biol. 18 (1998) 694-702.

49. Y. Kawaguchi, N. Mori, A. Nakayama, Kit(+) melanocytes seem to contribute to melanocyte proliferation after UV exposure as precursor cells. J. Invest. Dermatol. 116 (2001) 920-925.
50. L.B. Giebel, R.A. Spritz, Mutation of the KIT (mast/stem cell growth factor receptor) protooncogene in human piebaldism. Proc. Natl. Acad. Sci. U S A. 88 (1991) 8696-8699.
51. X. Bertagna, Proopiomelanocortin-derived peptides. Endocrinol. Metab. Clin. North. Am. 23 (1994) 467-485.
52. E. Schauer, F. Trautinger, A. Köck, A. Schwarz, R. Bhardwaj, M. Simon, J.C. Ansel, T. Schwarz, T.A. Luger, Proopiomelanocortin-derived peptides are synthesized and released by human keratinocytes. J. Clin. Invest. 93 (1994) 2258-2262.
53. I. Suzuki, R.D. Cone, S. Im, J. Nordlund, Z.A. Abdel-Malek, Binding of melanotropic hormones to the melanocortin receptor MC1R on human melanocytes stimulates proliferation and melanogenesis. Endocrinology. 137 (1996) 1627-1633.
54. D.J. Schwahn, W. Xu, A.B. Herrin, E.S. Bales, E.E. Medrano, Tyrosine levels regulate the melanogenic response to alpha-melanocyte-stimulating hormone in human melanocytes: implications for pigmentation and proliferation. Pigment Cell Res. 14 (2001) 32-39.
55. R. Halaban, R. Langdon, N. Birchall, C. Cuono, A. Baird, G. Scott, G. Moellmann, J. McGuire, Basic fibroblast growth factor from human keratinocytes is a natural mitogen for melanocytes. J. Cell Biol. 107 (1988) 1611-1619.
56. R. Halaban, S. Ghosh, A, Baird, bFGF is the putative natural growth factor for human

melanocytes.In Vitro Cell Dev. Biol. 23 (1987) 47-52.
57. K. Matsumoto, H. Tajima, T. Nakamura, Hepatocyte growth factor is a potent stimulator of human melanocyte DNA synthesis and growth. Biochem. Biophys. Res. Commun. 176 (1991) 45-51.
58. G. Imokawa, Y. Yada, M. Kimura, N. Morisaki, Granulocyte/macrophage colony-stimulating factor is an intrinsic keratinocyte-derived growth factor for human melanocytes in UVA-induced melanosis. Biochem. J. 313 (1996) 625-631.
59. J.G. Morelli, J.J. Yohn, M.B. Lyons, R.C. Murphy, D.A. Norris, Leukotrienes C4 and D4 as potent mitogens for cultured human neonatal melanocytes. J. Invest. Dermatol. 93 (1989) 719-722.
60. G. Scott, A. Fricke, A. Fender, L. McClelland, S. Jacobs, Prostaglandin E2 regulates melanocyte dendrite formation through activation of PKCzeta. Exp. Cell Res.. 313 (2007) 3840-3850.
61. Y. Ochiai, S. Kaburagi, Y. Okano, H. Masaki, M. Ichihashi, Y. Funasaka, H. Sakurai, A Zn(II)-glycine complex suppresses UVB-induced melanin production by stimulating metallothionein expression. Int. J Cosmet. Sci. 30 (2008) 105-112.
62. J.B. Warren, Nitric oxide and human skin blood flow responses to acetylcholine and ultraviolet light. FASEB J. 8 (1994) 247-251.
63. F. Murad, U. Forstermann, M. Nakane, J. Pollock, R. Tracey, T. Matsumoto, W. Buechler, he nitric oxide-cyclic GMP signal transduction system for intracellular and intercellular communication. Adv. Second Messenger Phosphoprotein Res. 28 (1993) 101-109.
64. C. Roméro-Graillet, E. Aberdam, M. Clément, J.P. Ortonne, R. Ballotti, Nitric oxide produced by ultraviolet-irradiated keratinocytes stimulates melanogenesis. J. Clin. Invest. 99 (1997) 635-642.
65. K. Maeda, M. Naganuma, Topical trans-4-aminomethylcyclohexanecarboxylic acid prevents

ultraviolet radiation-induced pigmentation. J. Photochem. Photobiol. B. 47 (1998) 136-141.

66. Y. Ochiai, S. Kaburagi, K. Obayashi, N. Ujiie, S. Hashimoto, Y. Okano, H. Masaki, M. Ichihashi, H. Sakurai, A New Lipophilic Provitamin C, Tetra-Isopalmitoyl Ascorbic Acid (VC-IP), Prevents UV-induced Skin Pigmentation Through Its Anti-Oxidative Properties J. Dermatol. Sci. 44 (2006) 37-44.
67. C. Wasmeier, A.N. Hume, G. Bolasco, M.C. Seabra, Melanosomes at a glance. J. Cell Sci. 121(Pt 24) (2008) 3995-3999.
68. H. Ando, Y. Niki, M. Yoshida, M. Ito, K. Akiyama, J.H. Kim, T.J., Yoon, M.S. Matsui, D.B. Yarosh, M. Ichihashi, Involvement of pigment globules containing multiple melanosomes in the transfer of melanosomes from melanocytes to keratinocytes. Cell Logist. 1 (2011) 12-20.
69. M. Seiberg, C. Paine, E. Sharlow, P. Andrade-Gordon, M. Costanzo, M. Eisinger, S.S. Shapiro, The protease-activated receptor 2 regulates pigmentation via keratinocyte-melanocyte interactions. Exp. Cell Res. 254 (2000) 25-32.
70. D. Murase, A. Hachiya, K. Takano, R. Hicks, M.O. Visscher, T. Kitahara, T. Hase, Y. Takema, T. Yoshimori, Autophagy has a significant role in determining skin color by regulating melanosome degradation in keratinocytes. J. Invest. Dermatol. 133 (2013) 2416-2424.
71. T. Hakozaki, L. Minwalla, J. Zhuang, M. Chhoa, A. Matsubara, K. Miyamoto, A. Greatens, G.G. Hillebrand, D.L. Bissett, R.E. Boissy, The effect of niacinamide on reducing cutaneous pigmentation and suppression of melanosome transfer. Br. J. Dermatol. 147 (2002) 20-31.
72. J. Varani, M.K. Dame, L. Rittie, S.E. Fligiel, S. Kang, G.J. Fisher, J.J. Voorhees, Decreased collagen production in chronologically aged skin: roles of age-dependent alteration in fibroblast function and defective mechanical stimulation. Am. J. Pathol. 168 (2006) 1861-1868.

73. J. Varani, L. Schuger, K.M. Dame, C. Leonard, S.W. Fligiel, S. Kang, G.J. Fisher, J.J. Voorhees, Reduced fibroblast interaction with intact collagen as a mechanism for depressed collagen synthesis in photodamaged skin. J. Invest. Dermatol. 122 (2004) 1471-1479.
74. C.F. Tiger, F. Fougerousse, G. Grundström, T. Velling, D. Gullberg, alpha11beta1 integrin is a receptor for interstitial collagens involved in cell migration and collagen reorganization on mesenchymal nonmuscle cells. Dev. Biol. 237 (2001) 116–129.
75. S. Tang, R. Lucius, H. Wenck, S. Gallinat, J.M. Weise, UV-mediated downregulation of the endocytic collagen receptor, Endo180, contributes to accumulation of extracellular collagen fragments in photoaged skin. J. Dermatol. Sci. 70 (2013) 42-48.
76. T. Quan, Z. Qin, W. Xia, Y. Shao, J>J. Voorhees, G.J. Fisher, Matrix-degrading metalloproteinases in photoaging. J. Investig. Dermatol. Symp. Proc. 14 (2009) 20-24.
77. M.H. Shin, G.E. Rhie, Y.K. Kim, C.H. Park, K.H. Cho, K.H. Kim, H.C. Eun, J.H. Chung, H_2O_2 accumulation by catalase reduction changes MAP kinase signaling in aged human skin in vivo. J. Invest. Dermatol. 125 (2005) 221-229.
78. L. Rittié, G.J. Fisher, UV-light-induced signal cascades and skin aging. Ageing Res. Rev. 1 (2002) 705-720.
79. Y. Kida, M. Kobayashi, T. Suzuki, A. Takeshita, Y. Okamatsu, S. Hanazawa, T. Yasui, K. Hasegawa, Interleukin-1 stimulates cytokines, prostaglandin E2 and matrix metalloproteinase-1 production via activation of MAPK/AP-1 and NF-kappaB in human gingival fibroblasts. Cytokine. 29 (2005) 159-168.
80. Y. Li, W. Xia, Y. Liu, H.A. Remmer, J.J. Voorhees, G.J. Fisher, Solar ultraviolet irradiation induces decorin degradation in human skin likely via neutrophil elastase. PLoS One. 2013 Aug

30;8(8):e72563.

81. F. Verrecchia, A. Mauviel, D. Farge, Transforming growth factor-beta signaling through the Smad proteins: role in systemic sclerosis. Autoimmun. Rev. 5 (2006) 563-569.

82. T. Quan, T. He, S. Kang, J.J. Voorhees, G.J. Fisher, Ultraviolet irradiation alters transforming growth factor beta/smad pathway in human skin in vivo. J. Invest. Dermatol. 119 (2002) 499-506.

83. T. Quan, Z. Qin, Y. Xu, T. He, S. Kang, J.J. Voorhees, G.J. Fisher, Ultraviolet irradiation induces CYR61/CCN1, a mediator of collagen homeostasis, through activation of transcription factor AP-1 in human skin fibroblasts. J. Invest. Dermatol. 130 (2010) 1697-1706.

84. P. Sienkiewicz, A. Surazyński, J. Pałka, W. Miltyk, Nutritional concentration of genistein protects human dermal fibroblasts from oxidative stress-induced collagen biosynthesis inhibition through IGF-I receptor-mediated signaling. Acta. Pol. Pharm. 65 (2008) 203-211.

85. D.M. Both, K. Goodtzova, D.B. Yarosh, D.A. Brown, Liposome-encapsulated ursolic acid increases ceramides and collagen in human skin cells. Arch. Dermatol. Res. 293 (2002) 569-575.

86. J. Lee, E. Jung, Y. Kim, J. Park, J. Park, S. Hong, J. Kim, C. Hyun, Y.S. Kim, D. Park, Asiaticoside induces human collagen I synthesis through TGFbeta receptor I kinase (TbetaRI kinase) -independent Smad signaling. Planta. Med.. 72 (2006) 324-8.

87. Q. Afnan, M.D. Adil, A. Nissar-Ul, A.R. Rafiq, H.F. Amir, P. Kaiser, V.K. Gupta, R. Vishwakarma, S.A. Tasduq, Glycyrrhizic acid (GA), a triterpenoid saponin glycoside alleviates ultraviolet-B irradiation-induced photoaging in human dermal fibroblasts. Phytomedicine. 15 (2012) 658-664.

88. G.J. Fisher, S. Datta, Z. Wang, X.Y. Li, T. Quan, J.H. Chung, S. Kang, J.J. Voorhees, c-Jun-dependent inhibition of cutaneous procollagen transcription following ultraviolet irradiation is

reversed by all-trans retinoic acid. J. Clin. Invest.106 (2000) 663-670.

89. T. Quan,Z. Qin, Y. Shao, Y. Xu, J.J. Voorhees, G.J. Fisher, Retinoids suppress cysteine-rich protein 61 (CCN1), a negative regulator of collagen homeostasis, in skin equivalent cultures and aged human skin in vivo. Exp. Dermatol. 20 (2011) 572-576.

90. K. Suganuma, H. Nakajima, M. Ohtsuki, G. Imokawa, Astaxanthin attenuates the UVA-induced up-regulation of matrix-metalloproteinase-1 and skin fibroblast elastase in human dermal fibroblasts. J. Dermatol. Sci.58 (2010) 136-142.

91. M. Inui, M. Ooe, K. Fujii, H. Matsunaka, M. Yoshida, M. Ichihashi, Mechanisms of inhibitory effects of CoQ10 on UVB-induced wrinkle formation in vitro and in vivo. Biofactors. 32 (2008) 237-243.

92. K. Obayashi, K, Kurihara, Y. Okano, H. Masaki, D.B. Yarosh, L-Ergothioneine scavenges superoxide and singlet oxygen and suppresses TNF-alpha and MMP-1 expression in UV-irradiated human dermal fibroblasts. J. Cosmet. Sci. 56 (2005) 17-27.

93. S. Cho, H.H. Kim, M.J. Lee, S. Lee, C.S. Park, S.J. Nam, J.J. Han, J.W. Kim, J.H. Chung, Phosphatidylserine prevents UV-induced decrease of type I procollagen and increase of MMP-1 in dermal fibroblasts and human skin in vivo. J. Lipid Res. 29 (2008) 1235-1245.

94. Y.P. Hwang, H.G. Kim, E.H. Han, J.H. Choi, B.H. Park, K.H. Jung, Y.C. Shin, H.G. Jeong, N-Acetylglucosamine suppress collagenases activation in ultraviolet B-irradiated human dermal fibroblasts: Involvement of calcium ions and mitogen-activated protein kinases. J. Dermatol. Sci. 63 (2011) 93-103.

95. S. Kasamatsu, A. Hachiya, T. Fujimura, P. Sriwiriyanont, K. Haketa, M.O. Visscher, W.J. Kitzmiller, A. Bello, T. Kitahara, G.P. Kobinger, Y. Takema, Essential role of microfibrillar-

associated protein 4 in human cutaneous homeostasis and in its photoprotection. Sci. Rep. 2011;1:164. doi: 10.1038/srep00164.

96. K. Noda, B. Dabovic, K. Takagi, T. Inoue, M. Horiguchi, M. Hirai, Y. Fujikawa, T.O. Akama, K. Kusumoto, L. Zilberberg, L.Y. Sakai, K. Koli, M. Naitoh, H. von Melchner, S. Suzuki, D.B. Rifkin, T. Nakamura, Latent TGF-β binding protein 4 promotes elastic fiber assembly by interacting with fibulin-5. Proc. Natl. Acad. Sci. U S A. 110 (2013) 2852-2857.

97. K. Kadoya, T. Sasaki, G. Kostka, R. Timpl, K. Matsuzaki, N. Kumagai, L.Y. Sakai, T. Nishiyama, S. Amano, Fibulin-5 deposition in human skin: decrease with ageing and ultraviolet B exposure and increase in solar elastosis Br. J. Dermatol. 153 (2005) 607–612.

98. K. Yano, K. Kadoya, K. Kajiya, Y.K. Hong, M. Detmar, Ultraviolet B irradiation of human skin induces an angiogenic switch that is mediated by upregulation of vascular endothelial growth factor and by downregulation of thrombospondin-1. Br. J. Dermatol. 152 (2005) 115-121.

99. N. Morisaki, S. Moriwaki, Y. Sugiyama-Nakagiri, K. Haketa, Y. Takema, G. Imokawa, Neprilysin is identical to skin fibroblast elastase: its role in skin aging and UV responses. J. Biol. Chem. 285 (2010) 39819-39827.

100. C.E. Schmelzer, M.C. Jung, J. Wohlrab, R.H. Neubert, A. Heinz, Does human leukocyte elastase degrade intact skin elastin? FEBS J. 279 (2012) 4191-4200.

第8章

化粧品分析

高橋　守

はじめに

化粧品分析には、新規成分の検出や新知見を得るための分析と、既存の成分が目的通り配合されているかを確認する分析あるいは製品に配合する原料が常に一定の品質で納入されているかを確認するための分析等があり、化粧品の品質保持には欠かせないツールとなっている。化粧品は通常、10種類以上の原料から構成されているが、ロット間の相違がない安定した製品を消費者に提供することが求められている。本章は、1分析の基礎、2品質確保のための分析、3添加剤の分析、4有効成分の分析、及び5製品分析の概略を記す。

1　分析の基礎

化粧品成分は、防腐剤や酸化防止剤の製品安定化剤、油脂・ロウ類等の基剤、乳化や分散・可溶化のための活性剤、マニキュア等に配合される有機溶剤、増粘や製品安定化のための高分子成分及び香料、着色剤等多種多様である。現在、日本化粧品工業連合会の化粧品全成分表示名称[1)]には1万3000以上の成分がリストされている。これらの成分を必要に応じ、目的を決め、どのような分析法を選択するかが重要である。

計量

何を分析するにも先ず、標準品や試料の計量から始まる。それを理解していないと、結果も違ってくるので十分注意する必要がある。確認試験等の定性試験で、「1g」や「1.0g」を取り……というような表記の場合は、通常の電子天秤等で計量すればよい。一方、定量試験や純度試験で記載されている「精密に量る」とは、記載された量の±10%の試料につき化学はかりを用いて0.1mg名で読み取ることをいう。また「正確に量る」と試験法に記載されている場合は、指示された数値の次の桁を四捨五入した範囲で計量する。即ち、「1g」とは「0.5g～1.4g」で、「1.0g」とは「0.95～1.04g」で質量を量ることを意味する。[2)]

溶解性

目的とする成分の溶解性を知ることは分析における第一歩である。クロマトグラフィーで定性・定量を行う場合、検出器の種類に関係なく試料が溶媒に溶解していることである。また、目的とする成分のみが溶解し、他の成分が不溶となっていれば、分析には好都合となる。

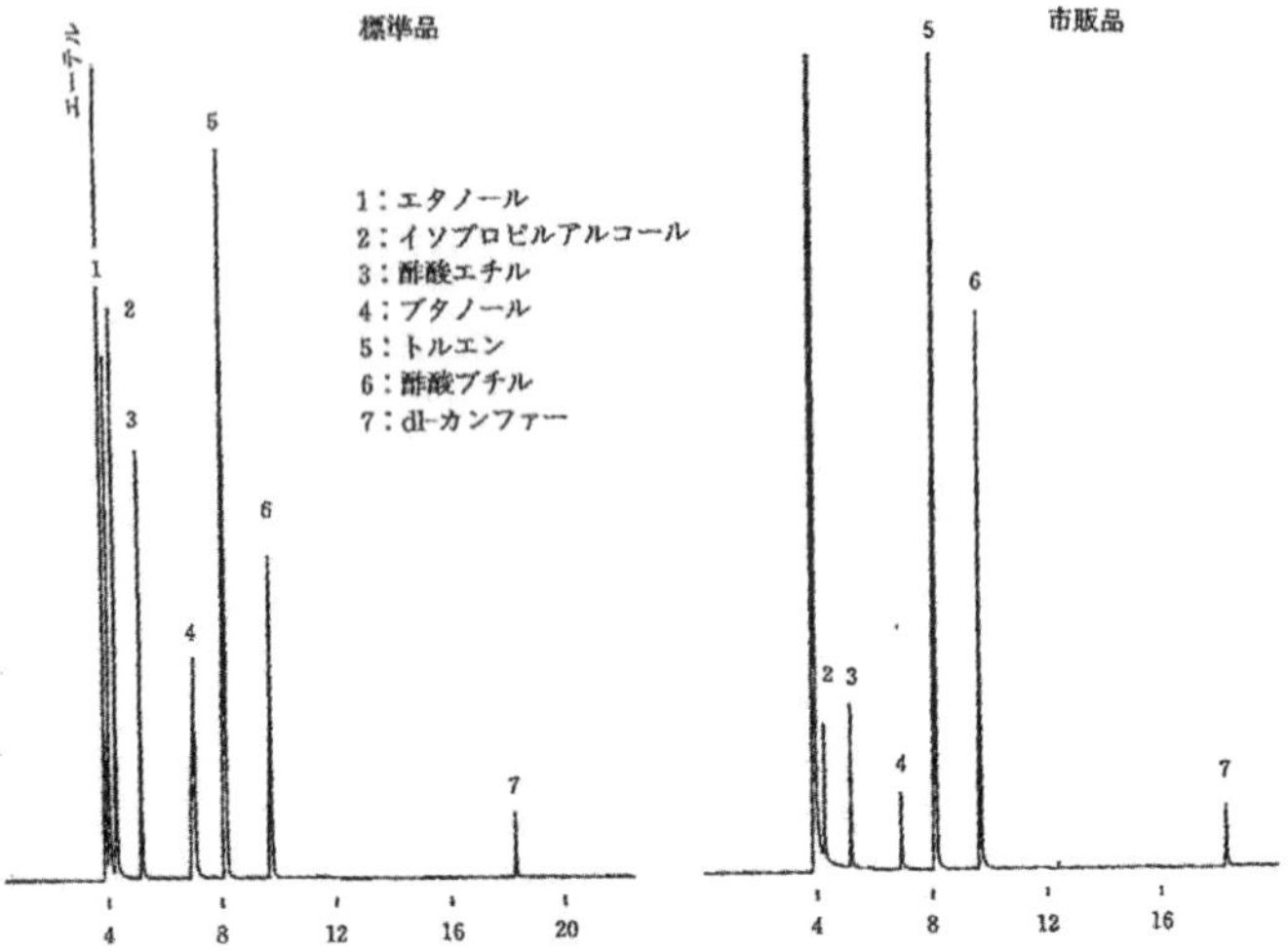

操作条件
カ　ラ　ム　：DB-1701（0.25mm × 30m）
Inj/Det temp：200℃/260℃
Col.temp　　：50℃で5min保持後240℃まで毎分10℃で昇温

図1　ネイルエナメル中の溶剤の分析

例えば、有機溶剤系ネイルエナメル中の各種有機溶剤の分析において、クロロホルムがよく用いられるが、クロロホルムは溶剤以外に樹脂等も溶解させるため不適切である。また、アセトンや酢酸エチルはネイルエナメルに含まれているのでこれらの溶媒も不適切である。この場合、樹脂等に溶解せず、製品中にも配合されていないがネイルエナメル配合されている成分（溶剤）には溶解する溶剤を用いることが望ましい。図1はジエチルエーテルを用いて分析を行ったものである。

前処理

化粧品それ自体で分析することは困難で、何らかの前処理が必要となる。例えば、パウダーファンデーション中のバインダー（油脂類）を確認する場合、先ず試料を取り、油脂が溶解する溶剤（ヘキサン等）を加え、超音波装置により良く分散させた後、遠心分離を行い、上層液を取る。この操作を3回繰り返し、上層液を合わせ溶剤流去した後、乾燥、冷却後質量を測定及び赤外吸収測定し、配合油脂類の概要を確認する。また、ガスクロマトグラフィーの分析でカラムの種類にもよるが、脂肪酸（—COOH）ではジアゾメタン等によるメチル化、水酸基化合物（—OH）ではシリル化して分析を行うのが一般的である。代表例として皮脂をアセトン等で抽出した後、無極性カラム（DB-1,SE-30等）で無処理で分析するとシャープなピークとしてスクワレンやエステル類が検出され、この液をメチル化し分析すると、無処理ではテーリングや検出されなかった遊離脂肪酸が検出される。さらにこの液をシリル化することにより、コレステロールが検出されるようになる。また、化粧品分析で最も汎用される分析は防腐剤や紫外線吸収剤の液体クロマトグラフィーによる分析かと思うが、この場合、往々にしてメタノールか移動相で試料を希釈し、遠心分離した後、0・45㎛のメンブランフィルター処理した試料を注入することで可能な場合が多い。

検出器等の選定

一つの機器で化粧品成分すべてを分析することは不可能である。また、液体クロマトグラフィーの紫外吸光光度計を用いて分析する場合、成分固有の波長を利用し、波長の強度、吸収帯により分析を行うので、その情報を取得した上で行うことが重要である。同様に、ガスクロマトグラフィーの場合、主は、水素炎イオン化検出器（ＦＩＤ）であるが、成分によってカラムの選定、カラム温度の選定は大変重要である。

2　品質確保のための分析

日本では、現行の化粧品基準が制定される以前は、１９６７年に厚生省告示として制定された化粧品品質基準[3]を基に化粧品が製造販売されていた。この化粧品品質基準は化粧品の安全性を原料面から確保することが基本となっており、これに基づいて化粧品の原料規格である化粧品原料基準[4]（粧原基）及び化粧品種別配合成分規格[5]（粧配規）が定められ、その規格に合致したもののみを化粧品原料として配合することとされていた。そのため、化粧品原料を試験するための統一された試験法が通知された。

２０００年、現行の化粧品基準[6]制定に伴い粧原基と粧配規は廃止され、ここに収載されて

表1　医薬部外品原料規格2006収載の一般試験法

1. アクリル残存モノマー試験法
2. アクリロニトリル試験法
3. アミン価測定法
4. アルコール数測定法
5. アンモニウム試験法
6. 陰イオン界面活性剤定量法
7. 液化ガス試験法
8. 液体クロマトグラフィー
9. エステル価測定法
10. 塩化物試験法
11. 炎色反応試験法
12. 灰分及び酸不溶性灰分試験法
13. ガスクロマトグラフィー
14. 乾燥減量試験法
15. 吸光度比法
16. 鏡　検　法
17. 凝固点測定法
18. 強熱減量試験法
19. 強熱残分試験法
20. 屈折率測定法
21. 曇り点測定法
22. けん化価測定法
23. 原子吸光光度法
24. 高級アルコール試験法
25. 高級アルコール脂肪酸エステル試験法
26. 香料試験法
27. 酸価測定法
28. 酸可溶物試験法
29. 酸素フラスコ燃焼法
30. 酸不溶物試験法
31. 紫外可視吸光度測定法
32. 脂肪酸試験法
33. 重金属試験法
34. 蒸発残留物試験法
35. 蒸発残分試験法
36. シリコーン試験法
37. 水酸基価測定法
38. 水分定量法（カールフィッシャー法）
39. 水溶性コラーゲン試験法
40. ステロイド試験法
41. 赤外吸収スペクトル測定法
42. 多価アルコール試験法
43. 多価アルコール脂肪酸エステル試験法…
44. 窒素定量法
45. 定性反応
46. 鉄試験法
47. 電気滴定法
48. 糖試験法
49. 糖エステル類・ソルビタン脂肪酸エステル試験法
50. 鉛試験法
51. 軟化点測定法
52. 二酸化チタン定量法
53. 粘度測定法
54. 薄層クロマトグラフィー
55. pH測定法
56. 比重及び密度測定法
57. 比旋光度測定法
58. ヒ素試験法
59. ビタミンA定量法
60. 不けん化物測定法
61. フッ素試験法
62. 沸点測定法及び蒸留試験法
63. プロテアーゼ力価試験法
64. 粉末X線回折測定法
65. ポリオキシアルキレンアルキルエーテル試験法
66. 見掛け比容測定法
67. 水可溶物試験法
68. メタノール試験法
69. メトキシル基定量法
70. 融点測定法
71. 陽イオン界面活性剤試験法
72. ヨウ素価測定法
73. リパーゼ力価試験法
74. 硫酸塩試験法
75. 硫酸呈色物試験法
76. ろ紙クロマトグラフ法
77. 色の比較液
78. 標準品
79. 試薬・試液
80. 容量分析用標準液
81. 標準液
82. 計量器・用器

いた各試験法は医薬部外品原料規格[7]（外原規）に移行された。この一般試験法を表1に示した。現在でも日本において化粧品原料の試験には、この一般試験法が用いられている。このように多くの化粧品試験法が統一された公定書として示されている。

中国には化粧品安全技術規範[8]というものあり、その中に理化学試験法が載っている。これは先ず、禁止成分、制限成分及び配合可能な色素、防腐剤、紫外線吸収剤を示し、その一部成分の分析を示したものである。ここで特筆すべきは、防腐剤や紫外線吸収剤の分析において検出限度及び定量下限値を示していることである。

中国の試験法は、あくまでも禁止成分や制限成分等それ自体の定量が目的であるのに対し、日本の試験法は、化粧品原料全般にわたり原料の規格を確保し、ロット間のバラツキの少ない安定した製品を作ることを目的として原料の性状（色・臭い等）、確認試験、示性値（酸価、けん化価等）、純度試験（重金属、ヒ素等）、乾燥減量、強熱残分及び定量法等を定めたもので、世界に類を見ない試験法となっている。

日本以外では、化粧品原料の規格は、通常個々の原料メーカーによっている。表2に日本で使用されている原料の日本の規格項目と外国原料メーカーの規格項目の相違を示した。こ

表2　日本の原料と外国原料メーカーの規格項目の相違の一例

成分名	日本	外国原料メーカー	
	規格項目	規格項目	Method
ワセリン	起原 性状（色調、形状、臭い） 確認試験（IR） 融点 純度試験（1）液性 （2）イオウ化合物 （3）重金属 （4）ヒ素 強熱残分	Congealing point Ductility Spec Grav Lavibond Colour Melting point Odor rating Consistency Sulfur composition Residue on ignition Acidity Alkalinity Fixed oil/Fats/Ros Organic Acids	ASTM DS38 LATM-065 LATM128 IP17 ASTMD127 LATM-083 ASTM0937 LATM138 USP36 USP36 USP36 USP36 USP36
トリ（カプリル・カプリン酸）グリセリル	起原 性状（色調、形状、臭い） 確認試験（IR） けん化価 純度試験（1）重金属 （2）ヒ素 強熱残分	Acid value Saponification Hydroxy value Colour Unsaponiflable Water content Reflactive index Fatty acid C6, C8, C10 Viscoty(20) Idion Value Ash Heavy metal(pb)	ph.Eur 2.5.1 ph.Eur 2.5.6 ph.Eur 2.5.3 ph Eur 2.2.2 ph.Eur 2.5.7 ph Eur 2.5.13 ph Eur 2.4.16 ph Eur 2.4.8
スベリヒユエキス		Description:Color,Odor Identification:Amino acids,Saccharides Refractive Index pH(1→10) Purity:Heavy Metal,Arsenic Dry Residue(1g,110℃,3hr) Microbiological Purity	

の表では僅か3例しか示していないが、上段の2例は多くの外国原料メーカーに見られる試験規格項目である。特徴としては、日本の規格では必要条件である確認試験がないことである。また、性状において液ものか固形物かなどの形状が示されていない。

最も異なるのは、日本ではよほどの理由がない限り、化粧品の一般試験法（表1）という公定試験法が用いられるのに対し、外国では試験法は各原料メーカーの方法に委ねられているのが普通だということである。表2の下段に示した「スベリヒユエキス」は、日本の化粧品規格には収載されていない成分で、試験の規格項目を見ると、性状、確認試験（アミノ酸、糖）、示性値（屈折率、pH）、純度試験（重金属、ヒ素）、乾燥減量、微生物菌数とあり、日本の規格とよく似ている。ただ、確認試験として成分中のアミノ酸と糖の確認を行っているが、この表からは試験方法がはっきりしない。このような場合は、メーカーに試験方法を確認することをおすすめする。

いずれにせよ、化粧品は水をはじめ油脂、活性剤、粉体、各種添加剤等、多くの原料で構成されており、その品質で製品が決定される。そのため、各原料の規格を決め、それに基づいて試験を行うことが良質な製品作りには必須である。化粧品のGMP（製造管理及び品質管理の基準）であるISO22716でも、原料試験をパスしたもののみ製品に供されるとされている。ただし、実際に試験を行わなくても試験表が備わっていればよいことになっている。

以下に日本の規格と表2の規格を参考に、安定した製品作りのための必要と考えられる規格、試験項目を記す。

性状

日本では色調、形状、においを記載することになっているが、欧米の原料メーカーでは形状を省略している場合が多い。米国においては、以前CTFA（米国化粧品工業会）で「Cosmetic Ingredient Composition Specification」という日本と同様な原料規格集を公表したが、その中での色調、においについての記載は「As specified by the buyer」となっており、日本のように明確に記載されていない。例えば、オリーブ油等はほぼ澄明なものから黄色、緑色まで様々あるので、ロットによって色の違うものを使っていたら、それを原料として製造された製品も自ずと違う色調のものになってしまう。性状は化粧品の品質確保のためには重要な項目である。

確認試験

欧米の原料メーカーの試験表には記載されていないのが多い。これは自分のところで製造しているのだから間違いないという理論だと思うが、万が一、間違って使用した場合、全く違う製品になってしまうので、実施すべき試験である。

日本では、油脂類をはじめ多くの原料に赤外吸収スペクトル測定法（ＩＲ）が用いられている。この測定に用いる機器は、短時間に、特別な技能を持たなくても使えるので、原料の確認には最適な方法と思われる。日本の規格では波数で規定しているが、自社における品質保証では標準との比較で十分である。

図２にオリーブ油とマカデミアナッツ油のＩＲチャートを示す。両者の波数を見ると、いずれも２９２０ cm^{-1}、１７４５ cm^{-1}、１４６５ cm^{-1}及び１１６５ cm^{-1}と同じで、チャートからはどの原料かの判断はつきづらい。当然、両成分とも植物油脂で構成脂肪酸も類似しているためである。このような油脂類の確認項目として必要不可欠なのは、けん化価やヨウ素化等の示性値である。次にも示すが、示性値は、その成分の特異性を示すのみならず確認試験を補完するものである。

オリーブ油

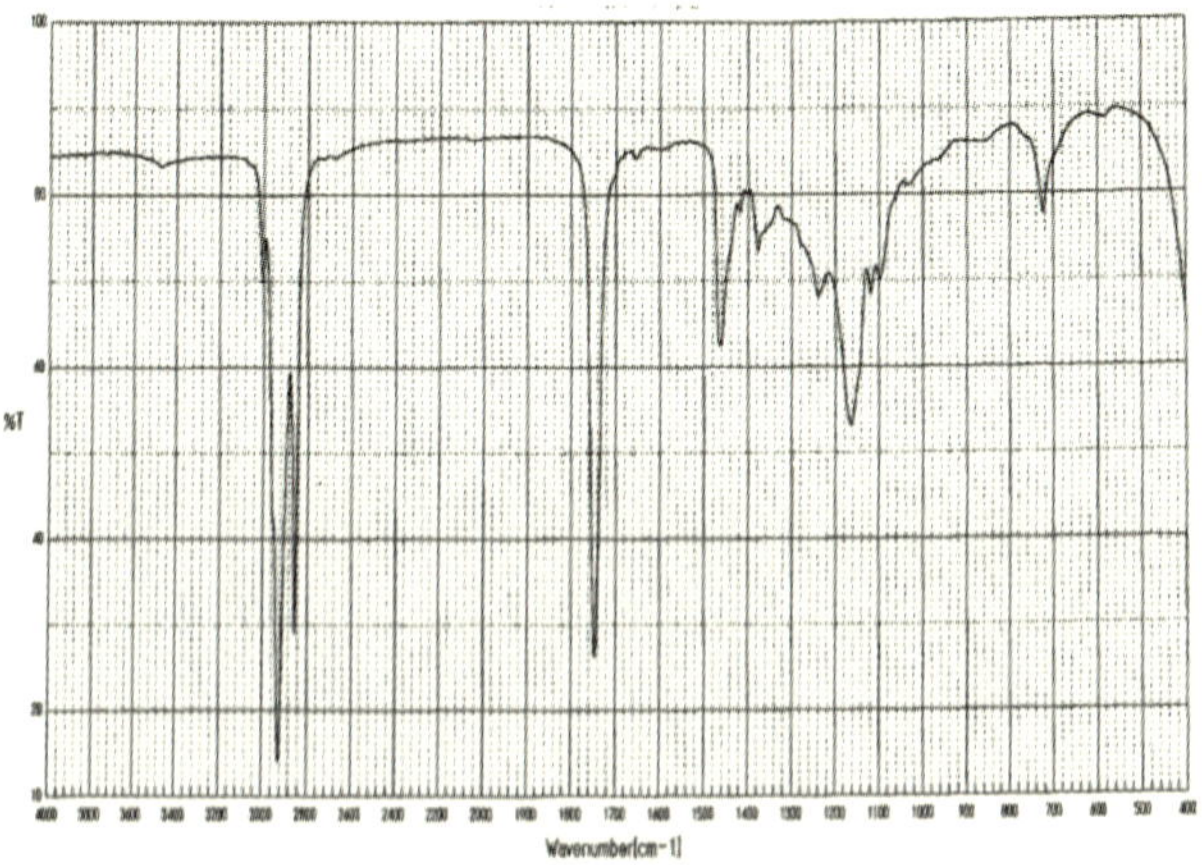

マカデミアナッツ油

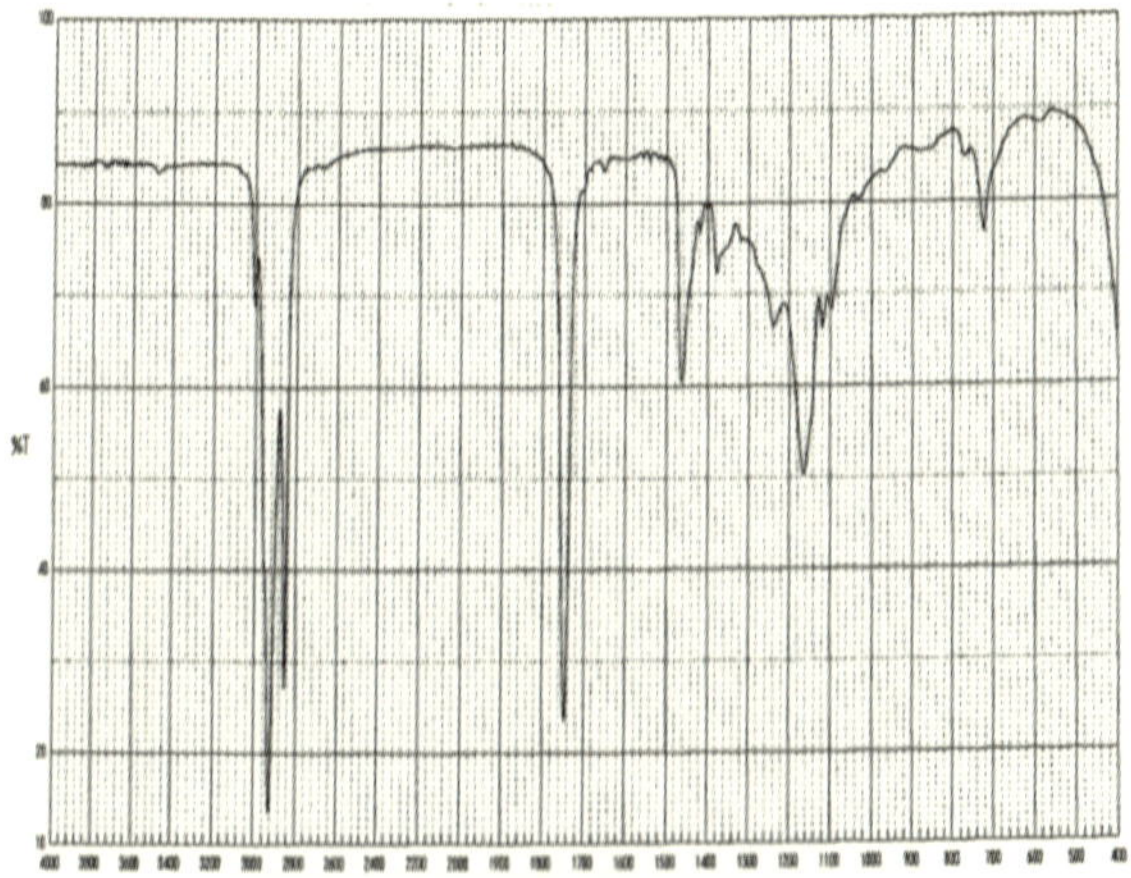

図２　オリーブ油とマカデミアナッツ油の赤外吸収スペクトル

表３　外原規収載植物油脂のけん化価とヨウ素価の比較

植物油脂	けん化価	ヨウ素価	植物油脂	けん化価	ヨウ素価
アボカド油	180～200	65～110	ツバキ油	189～194	78～83
アルモンド油	188～200	92～105	トウモロコシ油	187～195	103～130
エゴマ油	187～197	180～210	ナタネ油	183～197	87～107
オリーブ油	186～194	79～88	パーシック油	188～200	95～108
オレンジラフィー油	98～108	73～89	パーム核油	240～250	15～20
カカオ脂	188～195	35～43	パーム油	193～215	44～60
キューカンバ油	150～250	100～200	ヒマシ油	176～187	80～90
ククイナッツ油	185～195	160～175	ヒマワリ油（1）	185～195	120～139
ゴマ油	187～194	103～116	ヒマワリ油（2）	185～195	78～88
コムギ胚芽油	180～200	115～140	ブドウ種子油	186～203	120～150
コメヌカ油	170～200	90～120	ヘーゼルナッツ油	180～195	80～90
サフラワー油	186～194	140～150	マカデミアナッツ油	190～200	70～80
サフラワー油（2）	188～194	88～95	メドウフォーム油	160～175	90～105
シア脂	90～190	50～140	綿実油	190～197	102～120
ジュズダマ油	150～250	50～150	ヤシ油	240～264	
大豆油	188～195	123～142	ラッカセイ油	188～195	84～103
チャ実油	185～195	80～90	ローズヒップ油	185～195	170～190
月見草油	185～195	145～165			

示性値

pH、比重、屈折率、融点、酸価、けん化価、ヨウ素価、水酸基価等である。その物質の固有性を示すもので、適時、試験に加え、品質の一定性を確保する。油脂等における示性値は地域や時期にも左右される。酸価、けん化価、ヨウ素価、水酸基価は分子量がわかれば、理論値が算出できるが、外原規のこれらの示性値は実際の測定値を基に記載されている。

表3に外原規収載の植物油脂のけん化価とヨウ素価を示す。規格幅が小さいものから大きいものまで様々である。外原規は公定書であり、ここに収載された規格は最低限のところを担保するものと考えてよい。化粧品会社は、原料の調達に当たっては取引先の原料メー

カーから規格を示した原料規格書を提示されるが、規格幅が狭いほど安定した原料ということになる。ちなみに、表3中のサフラワー油とヒマワリ油は⑴と⑵の2種類存在するが、いずれも⑵の方は種子を品種改良しリノール酸量を減らしオレイン酸量の収率を増やしたもので、ヨウ素価が低い。

純度試験

純度試験とは、①保健衛生上の危険を生じるおそれがあるものの有無の確認、②目的原料を製造するにあたっての出発原料の残分の確認、③製造や抽出の際の汚染物質の確認等のために行うものである。日本では、ほとんどすべての原料に保健衛生上の目的で重金属（あるいは鉛）及びヒ素の試験が設定されている。

鉛等の重金属の試験には中国をはじめ多くの国で原子吸光光度法やＩＣＰ（Inductively Coupled Plasma）分析が用いられるのが常であるが、外原規各条に記載されている鉛や重金属は原則、化学試験で行うようになっている。これは、粧原基制定時、機器分析が普及していなかったこともあるが、企業の大小に関係なく分析ができるように配慮したもので、このような考えは他国ではあまり見られない。しかし高度な機器を用いてはいけないのかというと、「各条に規定する試験法に代わる方法で、それが規定の方法と同等以上の正確さと精

表4　油脂・ロウ類の規格作成項目（化粧品原料の規格作成の手引き　日本化粧品工業連合会）

	本質・基原	性状	確認試験		示性値						純度試験			強熱残分
			IR	クロマトグラフィー	けん化価	酸価	水酸基価	融点	ヨウ素価	不けん化物	重金属	ヒ素	その他	
油脂	○	○	○	注1	○	注2	注3	注4	注5	注6	○	○	注7	注8
ロウ類	○	○	○	注1	○	注2	注3	注4	注5		○	○	注7	○
高級アルコール脂肪酸エステル	○	○	○	注1	○		注3	注4	注5		○	○	注7	○
多価アルコール脂肪酸エステル	○	○	○	注1	○		注3	注4	注5		○	○	注7	○

注1）IRの設定が困難で、構成成分の酸及びアルコールを確認する必要がある場合、加水分解後GCで確認する。ポリグリセリン重合度等の分布確認はTLCで行う。

注2）天然物ではその産地、収穫時期により変動することがあるため設定するのが望ましい。

注3）水酸基を有する原料においては、通常設定する。

注4）個体の場合は設定する

注5）不飽和結合を有するものあるいは水素添加したものは設定する。

注6）樹脂や炭化水素の混入のおそれがある場合は設定する。

注7）溶状、塩化物、硫酸塩、触媒などを適宜設定する。

注8）素原料及び製造工程由来の無機物（特に金属）の残留が考えられる場合に設定する。

密さがある場合は、その方法を用いることができる」とされており、規格で規定する以外の方法も可能となっている。

定量

　化粧品成分の中で定量が求められるのは、主として、それを配合することにより化粧品に効能効果を期待する成分あるいは安定性に問題がある成分である。これらの成分は製品中の配合量を分析する以前に、その成分自体の濃度・力価を分析しておく必要がある。特に、医薬部外品（薬用化粧品）の有効成分ならなおさらであり、これらをクロマトグラフィーで定量する場合の標準品は99・0％以上を要求される場合がある。一般的な基剤である油脂類や界面活性剤の定量は通常求められない。

医薬部外品（薬用化粧品）等の中間カテゴリーを除き、ほとんどの国では原料規格・試験は企業責任となっている。日本では全成分表示制度になった際に、各企業が責任をもって各原料の規格を作成し試験を行うようにし、そのために日本化粧品工業連合会（粧工連）は、原料を27品目に分類し分類ごとに必要な試験項目を設定し公表[9]した。表4に粧工連が分類した中の「油脂・ロウ類」を規格項目設定の例を示した。

3　添加剤の分析

防腐剤や紫外線吸収剤及び有効成分を定量することは、製品中の効能効果や経時安定性を調べるうえで重要である。これらの成分の多くは紫外部に吸収を持っており、検出器に紫外吸光光度計を用いた液体クロマトグラフィー（ＨＰＬＣ）が欠かせない機器となっている。

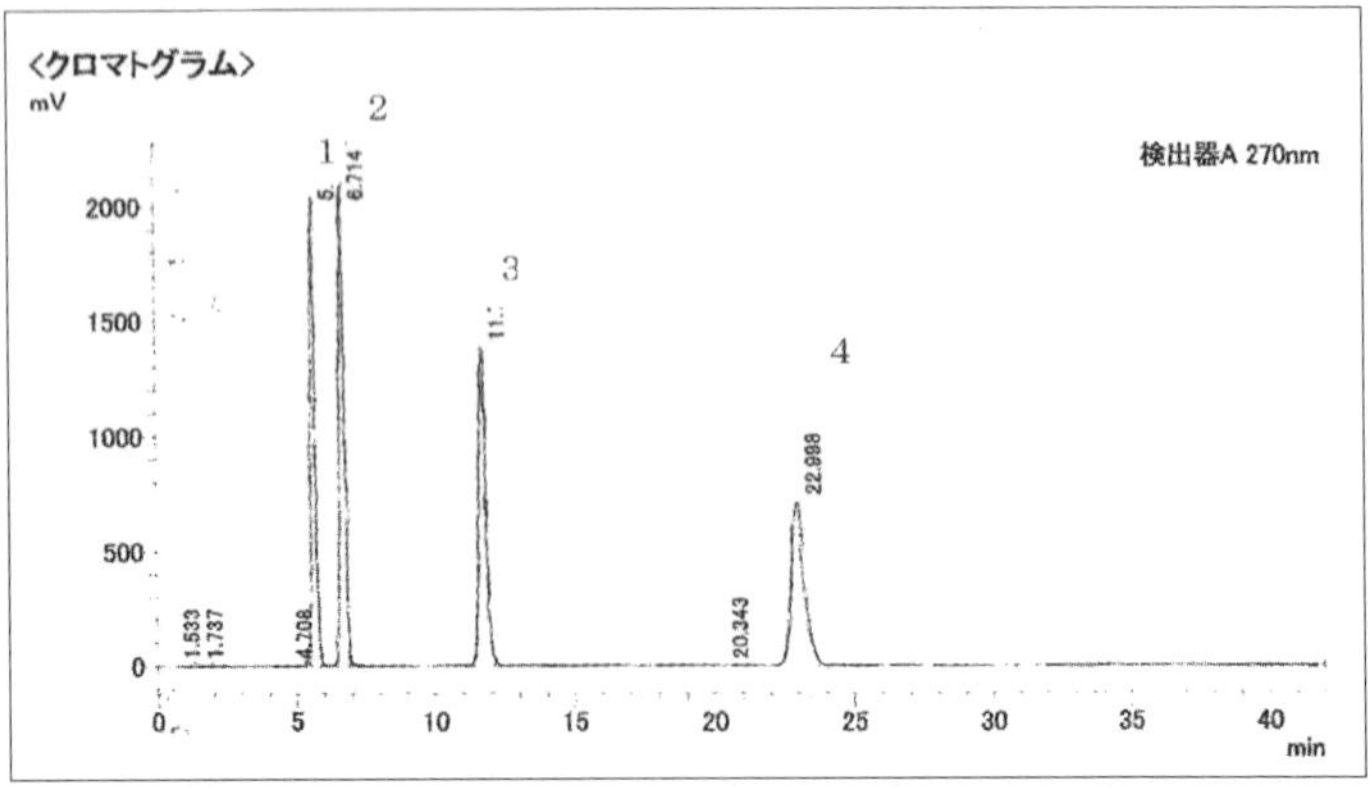

1：フェノキシエタノール、2：メチルパラベン　3：エチルパラベン　4：プロピルパラベン

図3　フェノキシエタノール、パラベン類のクロマトグラム

液体クロマトグラフィーは液体である移動相及びシリカゲル等の固定相からなり分離手段としての応用範囲が広い。

防腐剤の分析

防腐剤は規制成分であるので、各国承認を受けた防腐剤のみを規定量以下で配合することが求められている。世界的に見て最も多く使用されているのはパラベン類とフェノキシエタノールである。このパラベン類とフェノキシエタノールは次の条件で分離・定量可能である。図3にこのクロマトグラムを示す。

検出器：紫外吸光光度計（270nm）
カラム：オクタデシルシリカゲルカラム
（4・6mm×150mm）
移動相：水：メタノール（57：43）

流　量：毎分1・0mLの一定量
温　度：室温～40℃

この防腐剤に加え、国立医薬品食品研究所の五十嵐らはサリチル酸、安息香酸Na、デヒドロ酢酸Na、ソルビン酸Kの一斉分析を次の条件で行っている。[10)]

検出器：紫外吸光光度計（280nm）
カラム：粒径5μのオクタデシルシリカゲルカラム（4・6mm×150mm）
移動相：ヘキサデシルトリメチルアンモニウムクロリド160g及びリン酸二水素カリウム2・72gを水500mLに溶解した後、メタノール400mL及びテトラヒドロフラン100mLを加えてよく振り混ぜ、1mol／L水酸化ナトリウムを加えてpH6・8に調整する。
流　量：毎分1・0mLの一定量
温　度：40℃

防腐剤はその種類によりイオン性、溶解性及び吸収波長が異なるため、未知の防腐剤を検出、定量することは容易ではない。しかも国・地域により防腐剤規制が異なるため、日本において配合禁止や配合上限以上の防腐剤が輸入品には添加されている可能性は十分考えられる。そのような場合の検出方法としては薄層クロマトグラフィー（ＴＬＣ）が薦められる。ＴＬＣは定量性には難があるが、揮散成分以外はスポットとして成分の検出が可能である。薄層板は蛍光指示薬入りシリカゲルを使用し、ＵＶランプで検出するものである。また、ヨウ素を充満した密閉容器に薄層板を展開終了、乾燥後に放置すれば、すべてのスポットが検出可能である。当然、この際には日本で使用可能な防腐剤のＴＬＣをとり、データを収集しておく必要がある。Ｇ・リチャードらはＴＬＣで多くの防腐剤を検出しているし[11)]、岡谷は薄層板にポリアミドを、展開溶媒にヘキサン：酢酸＝３：１で15種類の防腐剤を検出している。[12)]

紫外線吸収剤

紫外線吸収剤は、製品の安定剤として添加されるのは勿論であるが、欧州連合（ＥＵ）及び日本以外では中間カテゴリー製品となっており、届出制ではなく、一般に承認制となっている。承認のためには、配合された紫外線吸収剤の種類・量のみならず、分析法も求められる場合が多い。

化粧品であるＥＵ及び日本においても、ＳＰＦ値やＰＡ値を*in vivo*により求めなくてはいけないが、その前段階として配合量を知ることは重要である。

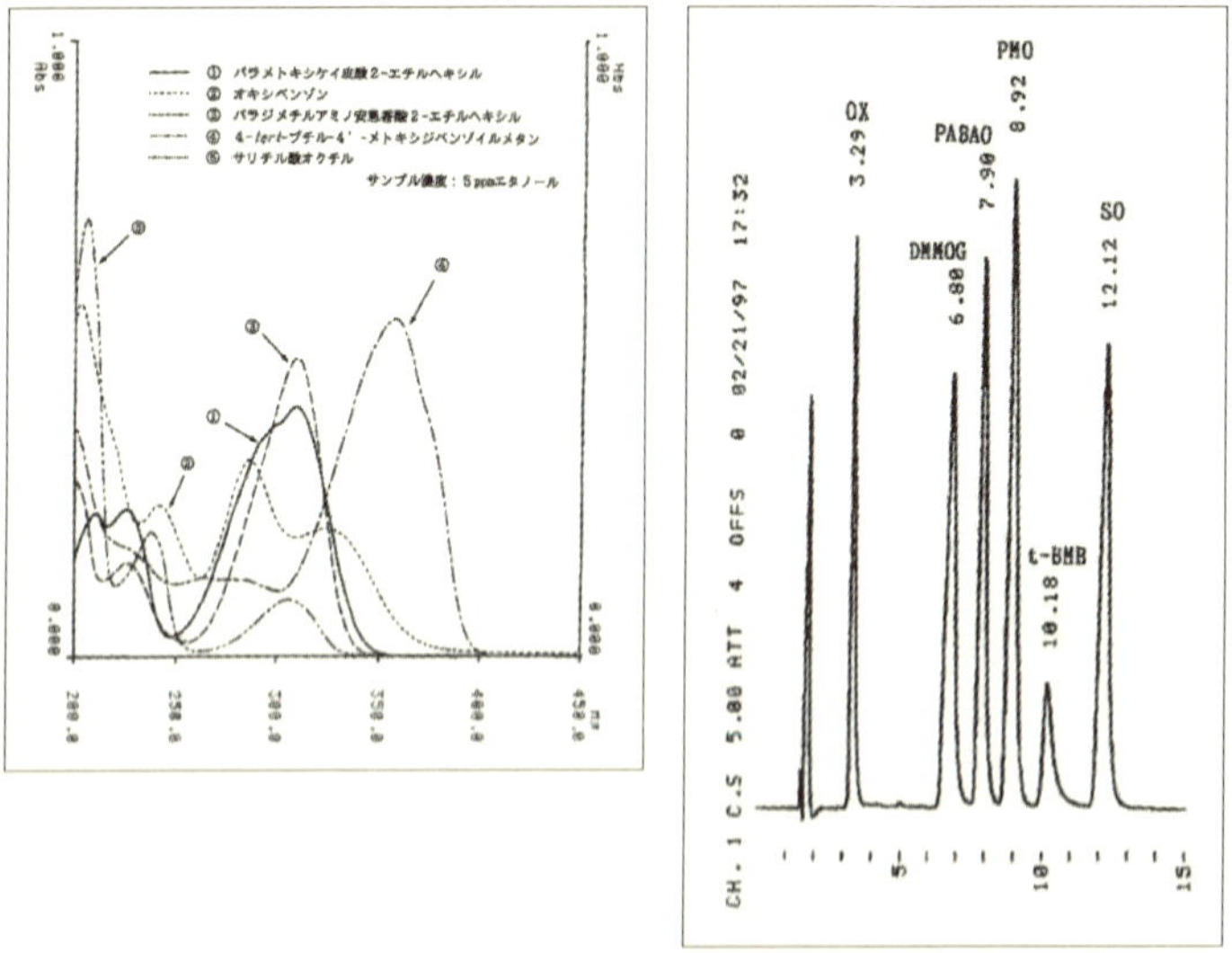

OX：ベンゾフェノン-3
DMMOG: ジパラメトキシケイ皮酸2-エチルヘキシルグリセリル
PABAO：パラジメチルアミノ安息香酸2-エチルヘキシル
PMO：パラメトキシケイ皮酸2-エチルヘキシル
SO：サリチル酸2-エチルヘキシル

図4　紫外線吸収剤の吸収スペクトルとクロマトグラム

日本では現在32種類が配合可能な紫外線吸収剤としてリストされている。[13] 図4に代表的な紫外線吸収剤の吸収スペクトルと液体クロマトグラフィーのクロマトグラムを示す。このときの液体クロマトグラフィーの操作条件を以下に示す。

検出器：紫外吸光光度計(310nm)

カラム：粒径5μのオクタデシルシリカゲルカラム(4.6mm×150mm)

表5　試験紫外線吸収剤

略語	紫外線吸収剤名
THB	テトラヒドロキシベンゾフェノン
EAB	パラアミノ安息香酸エチル
DHB	ジヒドロキシベンゾフェノン
DHDMB	ジヒドロキシジメトキシベンゾフェノン
HMB	2-ヒドロキシ-4-メトキシベンゾフェノン
EBP	(z)-4-(3,4-ジメトキシベンゾリデン)-2,5-ジオキソ-1-イミダゾリンジプロピオン酸-2-エチルヘキシル
BMD	4-tert-ブチル-4'-メトキシベンゾイルメタン
EDB	パラジメチルアミノ安息香酸2-エチルヘキシル
EMC	パラメトキシケイ皮酸2-エチルヘキシル
ESA	サリチル酸2-エチルヘキシル
ECA	オクトクリレン
TEAT	オクチルトリアゾン
MBP	2,2'-メチレンビス-[6-(2H-ベンゾトリアゾル-2-イル)-4(1,1,3,3-テトラメチルブチル)フェノール

移動相：メタノール／水／イソブタノール＝10：7：6

流　量：毎分1・0mLの一定量

温　度：40℃

また、東京都健康安全研究センターの横山等は、13種類の紫外線吸収剤（表5）を次の条件で一斉分析を行っている。[14] そのクロマトグラムを図5に示した。

検出器：フォトダイオードアレイ（310nm）

カラム：ZORBAX SB-C8（Agilent）（4・6㎜×150㎜）

移動相：A液：アセトニトリル　B液：0・2％ギ酸　のグラジエント（表6）

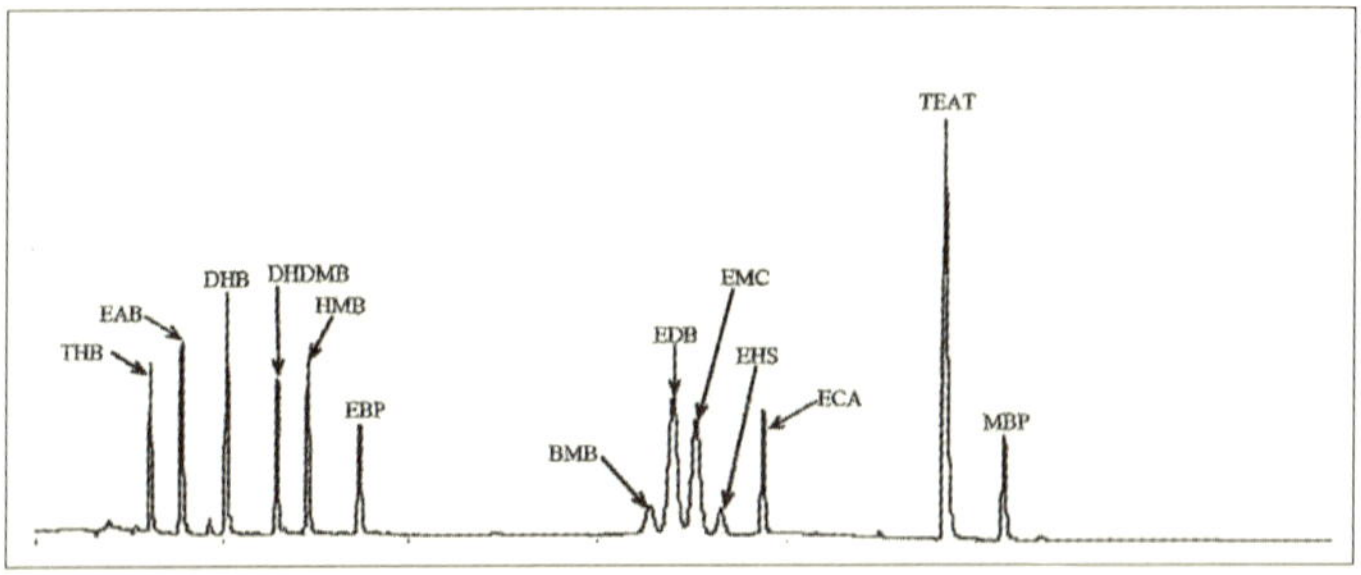

図５　紫外線吸収剤の一斉分析のクロマトグラム

表６　移動相のグラジエント条件

Time(min)	A(%)	B(%)
0	40	60
5	65	35
30	65	35
35	100	0
60	100	0
61	40	60
70	40	60

温　度：40℃

流　量：毎分1・0mLの一定量

当然、これ以外の紫外線吸収剤もあるが、分析に際してはその性格上、紫外吸光光度計の検出器を有する液体クロマトグラフィーが用いられるのが常である。今回は複数の成分の一斉分析を示したが、実際の製品には多くても3種類くらいの配合であるので、その成分にあった検出波長及び移動相を用いて行うのが望ましい。

また、吸収剤のみならず、酸化チタンや酸化亜鉛が紫外線散乱剤として配合され、この両成分は有効成分となり、定量が求められる国が多い。通常、これら無機化合物はX線回折測定法で行われるが、製品に、水／エタノール／ジエチルエーテル／ヘキサン＝1：1：1：1の混合溶液で分散した後、遠心分離し、沈殿物に対し、酸化チタンは外原規の二酸化チタン定量法、酸化亜鉛は日本薬局方の各条「酸化亜鉛」中の定量の試験に準じて行うことができる。

4　有効成分の分析

薬用化粧品は、届出で事足りる化粧品と異なり、承認制となっており、そこに配合される効能効果を有する有効成分（主剤）に対しては、原則、3年以上品質が安定で、定量を含めた規格の提出が求められる。このことは、中国での特殊用途化粧品、韓国での機能性化粧品、台湾での含薬化粧品も同様で、その有効成分の試験法及び試験結果記載の規格書が求められる。

多くの有効成分の確認・定量にクロマトグラフィーが用いられてきた。例えば液体クロマトグラフィーにより試料と標準品を注入・測定し、試料が標準品と同一の測定時間に検出されたピーク測定値を確認に用い、検出されたピークの面積から定量を行うものであった。しかし、現在、日本では、確認試験と定量は原理が異なっていなくてはならないという理由でこの方法は認められていない。液体クロマトグラフィーで定量を行う場合、現在、最も用い

表7　いわゆる薬用化粧品中の有効成分リスト

薬用化粧品種類	成分名	配合濃度（%）　規格コード51		
1．シャンプー	イソプロピルメチルフェノール	0.2		
	イソプロピルメチルフェノール グリチルリチン酸ジカリウム	0.1 0.1		
	塩化ベンザルコニウム液（50%）	2		
	グリチルリチン酸ジカリウム	0.1～0.15		
	グリチルリチン酸ジカリウム サリチル酸	0.1 0.1		
	酢酸DL-α-トコフェロール トリクロロカルバニリド	0.1 0.3		
	酢酸DL-α-トコフェロール サリチル酸	0.1 0.1		
	サリチル酸	0.1～2		
	ピリチオン亜鉛水性懸濁液（50%）	0.8～1.6		
	規格コード	：01	：24	：51
3．化粧水	アスコルビン酸	3～5		3～5
	ε-アミノカプロン酸			0.1
	アラントイン		0.05～0.2	0.05～0.2
	イオウ	0.2～1		
	イソプロピルメチルフェノール			0.05～0.1
	エストラジオール			0.0018～0.002
	感光素201号			0.003～0.005
	d-カンフル	0.1		0.1
	dl-カンフル	0.5～0.7		0.5～0.7
	グリチルリチン酸			0.1
	グリチルリチン酸ジカリウム		0.05～0.5	0.05～0.5
	グリチルリチン酸モノアンモニウム			0.05～0.5
	グリチルレチン酸			0.05
	グリチルレチン酸ステアリル			0.05～0.1
	サリチル酸	0.05～0.7		0.05～0.7
	酸化亜鉛	2		2
	トコフェロール酢酸エステル	0.02～0.15		0.02～0.15
	トコフェロールニコチン酸エステル	0.1		0.1
	ニコチン酸アミド	0.1～5		0.1～1
	尿素	5		5
	ハッカ油	0.4		
	D-パントテニルアルコール			0.1～0.3
	ヒノキチオール			0.003
	塩酸ピリドキシン	0.02～0.5		0.02～0.5
	l-メントール	0.9		0.9
	dl-メントール	0.2		0.2
	ユーカリ油	0.2		
	レゾルシン		0.1	0.1
5．ひげそり用剤	イソプロピルメチルフェノール			0.1
	グリチルリチン酸ジカリウム		0.048～0.25	0.048～0.25
6．日やけ止め剤	グリチルリチン酸ジカリウム		0.05	0.05
	グリチルレチン酸ステアリル			0.05～0.3
	トコフェロール酢酸エステル	0.2		0.2

規格コード01日本薬局方、24日本薬局方外医薬品規格、51医薬部外品原料規格2006

られている方法は、確認試験では、検出器にフォトダイオードアレイを用い、吸収極大波長の前後数10 nmの波長を計測しそれを確認試験に用いるものである。

表7に厚生労働省が通知した「いわゆる薬用化粧品中の有効成分リスト」の一部を示した。この表に示した以外にも薬用化粧品には、「リンス」、「クリーム、乳液、ハンドクリーム、化粧用油」、「パック」、「薬用せっけん（洗顔料を含む）」があり、また成分も、この表に示した以外に承認を得たものが多数ある。例えば、表に示した「6. 日やけ止め剤」はこの3成分以外にもあって、いずれも「メラニンの生成を抑え、しみ、そばかすを防ぐ」という効能が認められている。いわゆる美白化粧品の有効成分として。アスコルビン酸誘導体、アルブチン、トラネキサム酸等多くの成分がある。

図6、図7に美白製品の有効成分であるアスコルビン酸グルコシドのクロマトグラムと確認試験で用いたフォトダイオードアレイ検出器を用いて得られたスペクトルを示す。なお、クロマトグラムに検出されている最初のピークはニコチン酸アミドで、2番目がアスコルビン酸グルコシドで、内部標準法により行ったものである。ちなみに、この条件は、次のとおりである。

検出器：紫外吸光光度計（260 nm）

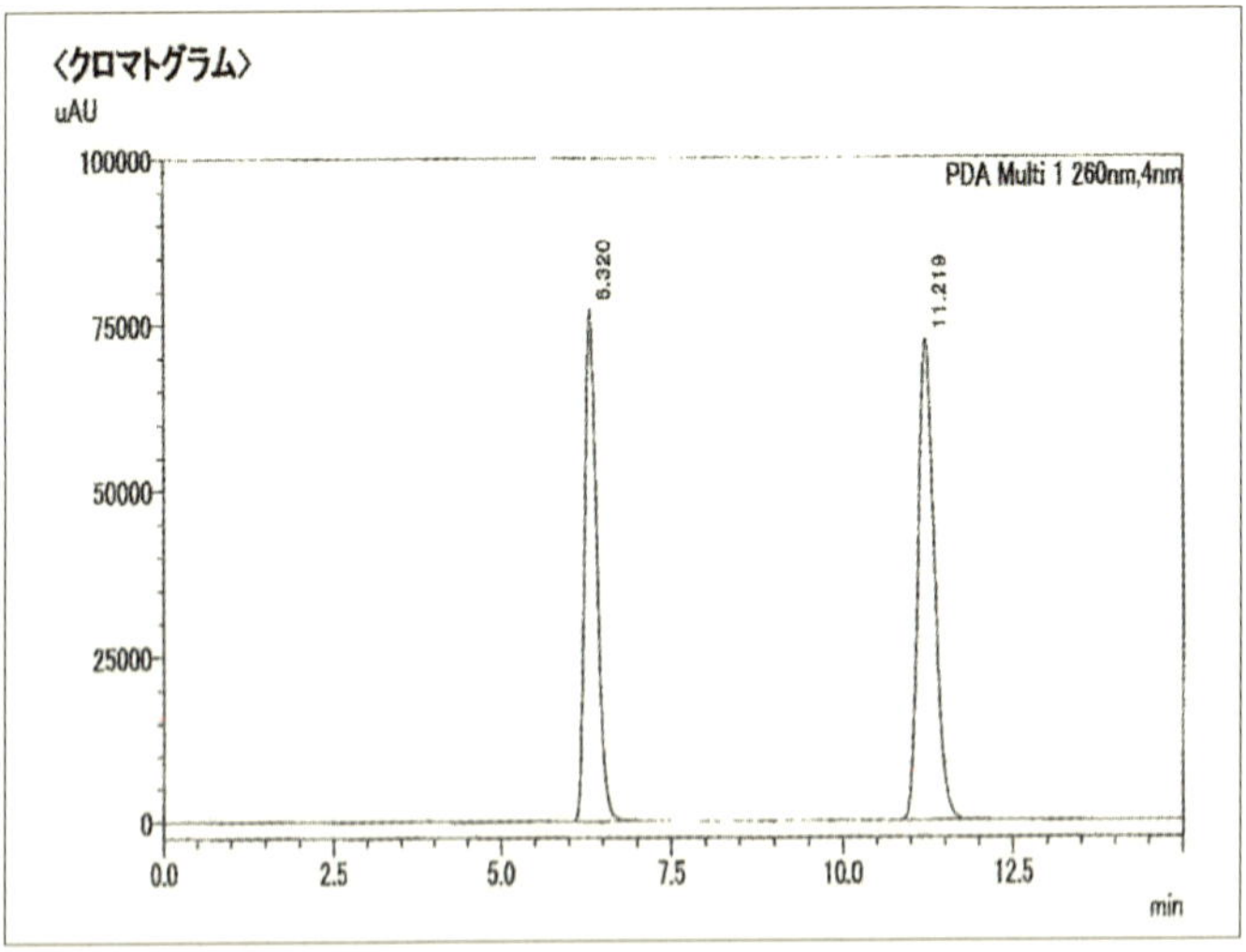

図6　アスコルビン酸グルコシドのクロマトグラム

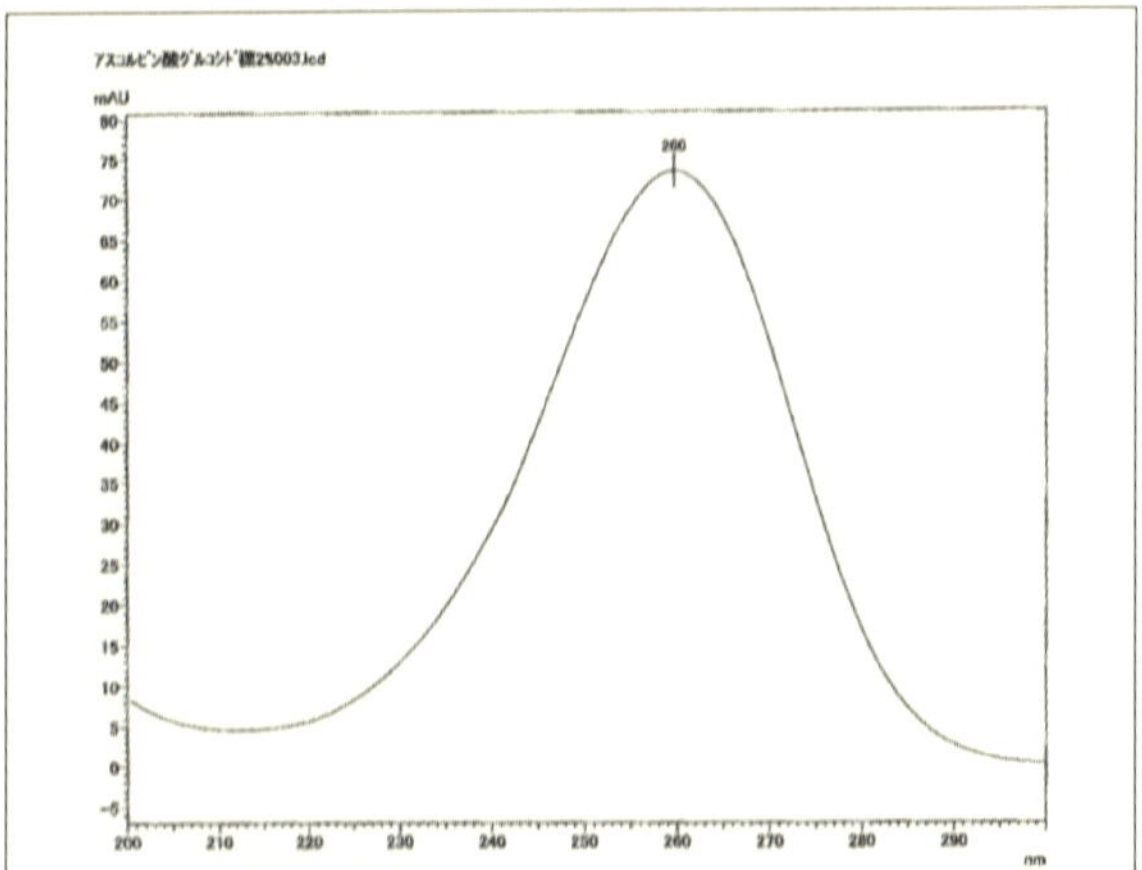

図7　アスコルビン酸グルコシドのフォトダイオードアレイ
検出器によるスペクトル

フォトダイオードアレイ検出器（200～300nm）

カラム：粒径5μのオクタデシルシリカゲルカラム（4・6mm×150mm）

温　度：40℃付近の一定温度

移動相：水800mLにリン酸二水素カリウム1・4gとテトラアンモニウムヒドロキシド26mLを加え、リン酸水溶液でpH5・2に調整した後、水で1000mLとする．この液900mLとアセトニトリル100mLを混和したもの．

流　量：毎分0・8mL付近の一定量

5　製品分析

化粧品は、多くの国で、1％以上配合成分は配合量の多い順に全成分表示となっているので分析が非常に容易になった。全成分表示制度前は成分名も配合量もわからなかったので、まず推定してから定法にのっとり分析を行っていたので、膨大な時間を費やした。例えば化粧水の全成分表示が水、グリセリン、BG（ブチレングリコール）、エタノール、……メチルパラベンと表示されていたと仮定し、グリセリンの配合量を求めたいが標準品としてのグリセリンが手元にない場合。カールフィッシャー水分計で水分を測定したところ75％配合、

ＢＧをガスクロマトグラフィー（ＧＣ）で測定したところ10％配合と判明。このためグリセリンは分析を行わなくても、他の成分が１％以下と仮定しても10～14％の配合であることがわかる。

成分が不明な時代は主にカラムクロマトグラフィーを用い、炭化水素、エステル類、脂肪酸、高級アルコール、多価アルコール類と分画し、それぞれを赤外吸収スペクトル測定法（ＩＲ）で確認後、ＧＣないしはガスクロマトグラフィー質量分析法（ＧＣ－ＭＳ）で定性・定量するのが一般的であった。そのシリカゲルカラムクロマトグラフィーで用いる抽出溶液は、ミネラルオイル、スクワラン等の炭化水素はヘキサンか石油エーテルで、油脂・ロウ、エステル類はベンゼンで、脂肪酸や高級アルコール、ジグリセリドはクロロホルムで、その後、アセトン、メタノールでポリオキシエチレン（ＰＯＥ）系非イオン界面活性剤、ポリエチレングリコール（ＰＥＧ）及びグリセリン等の多価アルコールを溶出するものであったが、ここで使用されるベンゼンは有害試薬であるし、クロロホルムもなるべく使用してはならない試薬に分類されている。筆者はヘキサン抽出後、ヘキサン／ジエチルエーテル＝95：５で油脂・ロウ・エステル類を、ヘキサン／ジエチルエーテル＝６：４及びヘキサン／ジエチルエーテル＝４：６で脂肪酸や高級アルコールが溶出し、ベンゼン、クロロホルムで溶出される成分の代替が可能なことを確認している。

以下にクリームファンデーションの一般的な分析法を示す。

① 他社製品の場合は、成分表示名称を記録する。

② 製品（試料）のｐＨを直接と20～１００倍希釈溶液を測定する（直接より希釈溶液の方がｐＨが高い場合は石けん乳化が推定される）。

③ カールフィッシャー水分計で試料の水分量を求める。

④ 揮発成分（エタノール、プロピレングリコール、ＢＧ及び揮発性シリコーン等）の配合が成分表示から考えられる場合は、試料０・１～０・２ｇを取り、エーテル等の溶剤で混和した後、ＧＣに注入し、定性・定量を行う。

⑤ 試料１～２ｇを遠沈管にとり、ヘキサン、エーテル、エタノール各10mLずつを加え、超音波でよく混和した後、遠心分離を行う。上層液を重量既知の蒸発皿にとる。この操作を２、３回繰り返す。上層液と沈殿物を水浴上で乾固した後、１０５℃で30分ほど乾固する。

⑥ 乾固した上層部の質量を求め、ＩＲを測定し、配合油脂類の概要を確認する。（３５００cm^{-1}付近の－ＯＨの吸収、３３００cm^{-1}付近の－ＮＨ吸収、１７２０～１７４０cm^{-1}の－ＣＯ

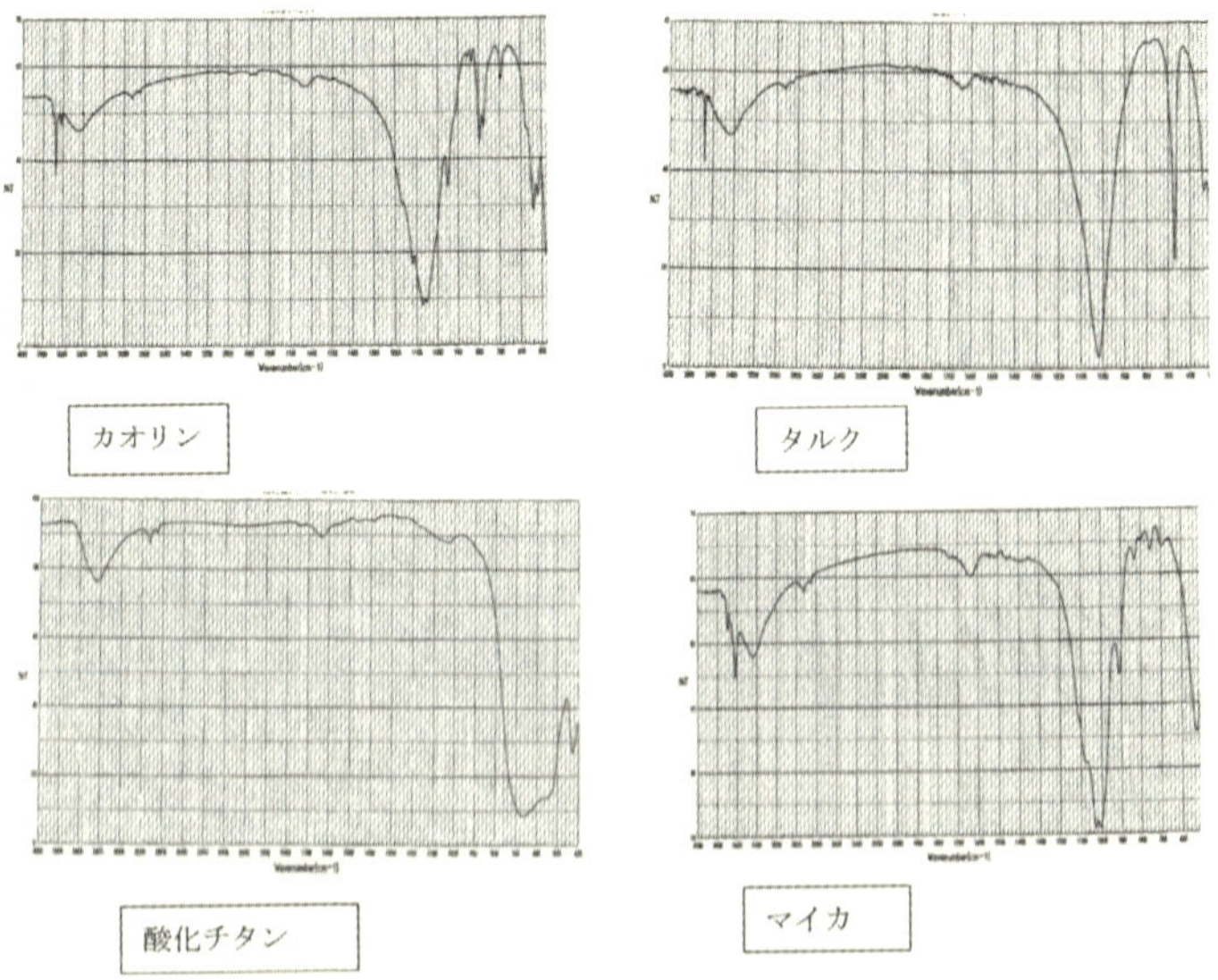

図８　各種粉体の赤外吸収スペクトル

—吸収、１７００cm^{-1}付近の—ＣＯＯ—吸収、１６５０cm^{-1}付近の—ＮＨＣＯ—吸収及び１１００cm^{-1}付近の—Ｏ—吸収などで表示名称に間違いがないかおおよその見当は付く。

⑦　乾固した沈殿物の質量を求め、Ｘ線回折やＩＲを用い成分の定性分析を行う。（ＩＲは有機物で無機物は得意でないと考えられている方が多いが、ＩＲによる無機粉体の判別にもかなり有効である。図８に化粧品に汎用される粉体のＩＲチャートを示す。

⑧　⑥を０・３～０・５ｇとり、

ヘキサン1～2㎖に溶解し、これを試料としてGCに注入し分析を行う（この場合の分析条件としては、60℃位から320℃位まで昇温可能な無極性カラムが望ましい）。ここでシャープなピークとして検出される成分は、炭化水素及びエステル類である。次に、ヘキサン留去後、ジアゾメタンでメチル化し、ヘキサンに溶解しGCに注入。ここで新たにシャープなピークが検出されれば脂肪酸類と考えられる。更にヘキサンを留去しシリル化剤で処理した試料につき、GC注入、ここで新たに得られたシャープなピークは高級アルコール等のヒドロキシル基を有する成分と考えてよい。

⑨　GCの検出器は通常、化粧品分析で汎用されるのは水素炎イオン化検出器（FID）であるが、これは炭素数50以上の高分子化合物の検出には限界がある。このような高分子エステル類の分析には上記で記したカラムクロマトグラフィーが有効である。先ず、シリカゲル60（Merck）を6～8gヘキサンでスラリーし、ガラスカラム菅に気泡が入らないように充てんし、シリカゲル上部に数グラムの無水硫酸ナトリウムを充てんしたものを用意する。これに⑥0・5g位をヘキサンで溶解し、カラムに注入し、70㎖ヘキサンで溶出したフラクションをとり、水浴上で乾固した後、質量を測定し、IRで炭化水素類のみであることを確認する（スクワランのような単一ピークは⑧で定量可能であるが、ミネラルオイルのような単一ピークを示さない成分は質量より求

める)。次にヘキサン／エーテル＝95：5を120mLでエステル類を溶出する。炭化水素類と同様にＩＲと質量を測定する。⑧の結果と質量の結果及び表示名称から高分子エステル、油脂類の配合が考えられたなら⑩に。

⑩　⑨のヘキサン／エーテル＝95：5フラクションを水酸化カリウム・エタノール溶液で2時間けん化分解を行う。これにヘキサンと水を加え、分離し不けんか物（高級アルコール等）を得る。これをシリル化しＧＣにより成分を同定する。次に、薄めた塩酸溶液でけん化物を抽出し、メチル化後ＧＣによりけん化物（高級脂肪酸）を同定する。さらに、けん化物抽出後の残液を蒸発皿にとり、乾固後、シリル化しＧＣ注入し、グリセリンやトリメチロールプロパン等の多価アルコールが同定できる。これらの結果と表示名称から高分子油脂類を同定する。

⑪　更に界面活性剤等が知りたい場合はカラムクロマトを順次極性溶媒にエーテル→アセトン→メタノールに変えていくと、アセトンやメタノールフラクションにポリオキシエチレン系の活性剤が溶出してくる。このＰＯＥ系非イオン界面活性剤のエチレン鎖を調べるのは薄層クロマトグラフィー（ＴＬＣ）が簡便である。展開後、ドラーゲンドルフ指示薬を噴霧するとエチレン鎖が容易に判明する。

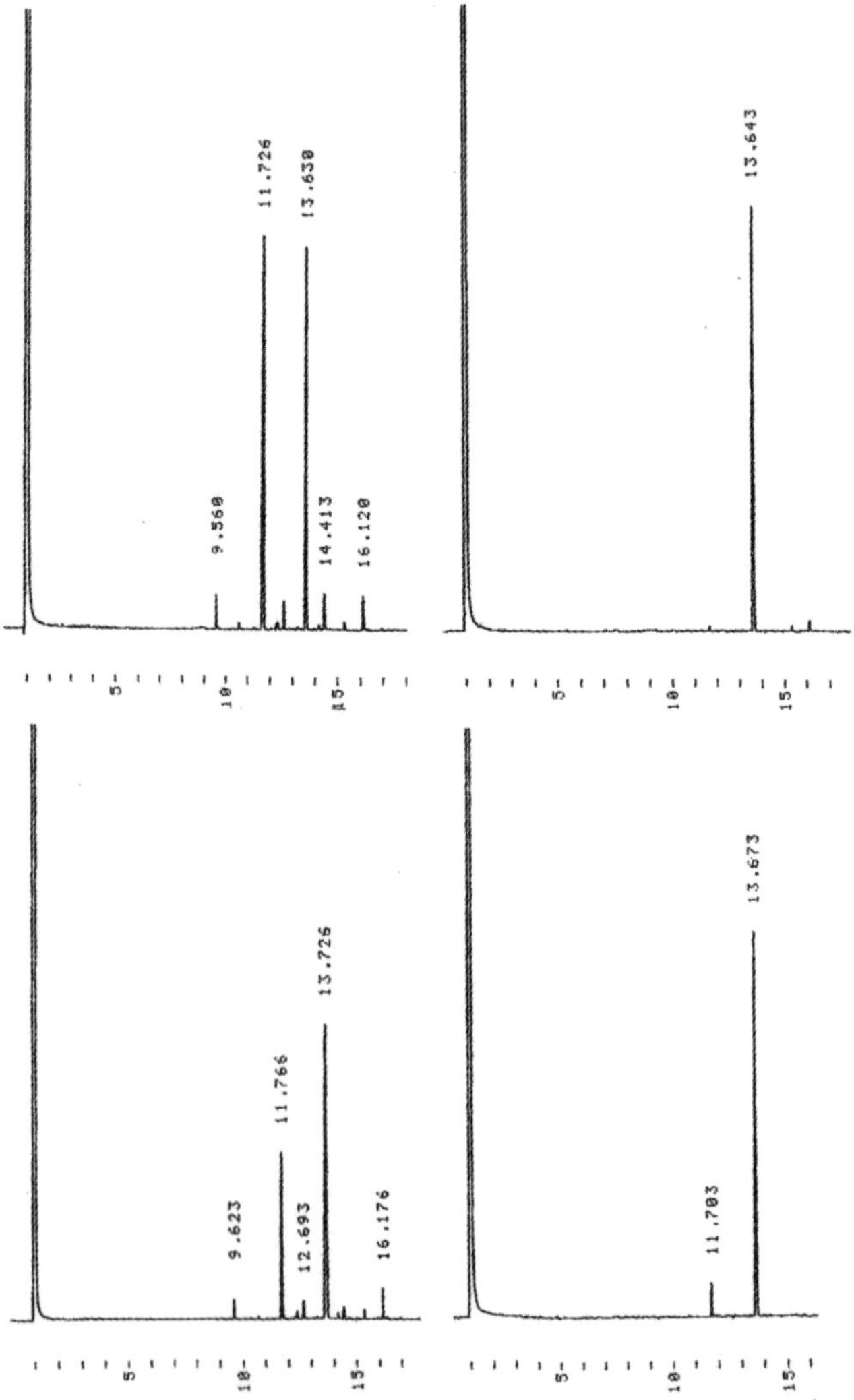

図9　グレードの異なるステアリン酸のガスクロマトグラム

一応、簡易な製品分析を記したが、これで同じものが試作できると考えたら大きな間違いである。製造方法が違えば、できる製品状態も異なるのが常である。また、化粧品成分は試薬ではないので、成分名が同じであってもグレードにより異なり、できる製品も変わってくる。図９に同一原料メーカーのステアリン酸のグレード違いのガスクロマトグラムを示した。保持時間約13・５分付近にみられるピークがステアリン酸で、11・７分付近のピークがパルミチン酸である。個々に示した４種類のステアリン酸はいずれも公定規格書の医薬部外品原料規格の規格に合致するものである。

おわりに

おおまかな化粧品分析の概要を示した。分析は日進月歩であり、特に分析機器の進歩には目を見張るものがある。そのため、この分野の企業間格差は広がるばかりである。

まだ、数十年前クロマトグラフィーがまだそれほど汎用されていない時代に、先人達は油脂中の構成脂肪酸を液液分配で分画し、酸価を求め脂肪酸の種類を決定したが、その結果が機器分析の発達した今とほとんど変わっていないのである。

化粧品会社は製品を作り、お客様が満足し長きにわたり使用してくれる製品を世に出すことが使命である。そのためには安全で安定な製品を出さなくてはならない。本章がその一助になれば幸いである。

参考文献

1）化粧品成分表示名称リストNo.1～No.33　日本化粧品工業連合会
2）第18改正日本薬局方原案作成要領　医薬品医療機器総合機構規格基準部
3）化粧品品質基準　昭和42年厚生省告示第321号　厚生省
4）化粧品原料基準（昭和42年厚生省告示第322号）新訂版　薬事日報社
5）厚生省薬務局審査課　化粧品種別配合成分規格　薬事日報社
6）化粧品基準　平成12年厚生省告示第331号
7）医薬部外品原料規格2006　薬事日報社
8）http://www.sda.gov.cn/WS01/CL0781/126540.html
9）化粧品原料の規格作成の手引き（第2版）技術資料No124　日本化粧品工業連合会
10）五十嵐等　化粧品中の防腐剤の分析　国立医薬品食品研究所年報（2010）
11）P.Bore,G.Richard　Cosmetic Analysis　Marced Dekker,Inc.
12）木嶋啓二編　最新香粧品分析法　フレグランスジャーナル社
13）http://www.mhlw.go.jp/file/06-Seisakujouhou-1120000hinkyoku/0000032704.pdf
14）横山等　医薬部外品及び化粧品中の紫外線吸収剤同時分析　東京都健康安全研究センター年報（2005）

第４巻のあとがき

福井　寛

第２章の「化粧品と水」を担当したが、筆者は水の専門家ではない。筆者はメイクアップ製品関連の仕事に携わり、特に顔料の表面処理を行ってきた。若い頃は顔料の触媒活性点による香料の分解や油脂の酸化など顔料表面による化粧品の劣化についての基礎研究を行っていた。その後、顔料表面の触媒活性点で化粧品成分が分解するのであれば、その活性点でモノマーも重合もするのではないかと考え、モノマーをガス状で顔料表面に供給し、表面で重合させるＣＶＤ（化学気相蒸着）によるナノコーティング技術を開発した。

化粧品によく用いられる金属酸化物は電荷のアンバランスや不純物の吸着によって固体酸が現れる場合がある。酸・塩基は高校でプロトンの授受によるブレンステッド酸と電子対の授受によるルイス酸の概念が教えられているが、室温ではブレンステッド酸を示す酸化鉄が高温で焼成すると水が除去されてルイス酸に変化する。その酸のタイプの違いによって反応性が異なることも多く、固体表面の水は面白いと感じたことがあった。

水とは縁の遠い筆者が水の章を担当することになって色々調べたが、一般に言われるようにやはり水は異常であった。その原因は水素結合で、水分子は水素結合で隣の水分子と相互作用を持ち、その時間は非常に短く、短時間でその構造が入れ替わっている。氷は構造がしっかりしているが、それ故氷の世界では生命は生き残ることはできても進化しない。この丁度良い結合エネルギーの水素結合が水の機能を支えている。そういえば水というのは人間の社会と似ているかも知れない。マルクス・ガブリエルは人間の社会は秩序がありすぎてもなさすぎても駄目だと言ったが、適当な結合力が良いのであろう。この異常な水は皮膚や毛髪の保湿や製剤に使われる乳化や可溶化の主役を担っており、水を少し深く知ることは様々な現象の合理的説明に役立つと思う。水の惑星に住む私達の「美と健康の将来」は水が決めると言っても過言ではない。

このシリーズを見れば分る通り、化粧品科学は多種多彩な分野から成り立っている。皮膚毛髪科学、安全性学、微生物学などの生体関連科学、製剤やパッケージに関与するコロイド化学、合成化学、分析化学、材料化学、光学、レオロジーなどの物理・化学、感性も必要で、五感の内の視覚、触覚、嗅覚および心理学なども守備範囲に入る。これら全く異なる分野全体を知り、他分野の研究者と連携しながら新奇な発想を生み、新たな価値が創造されることがあれば筆者らの望外の喜びである。

〈編者、著者紹介〉

坂本一民（さかもとかずたみ）　１９４６年生まれ。東北大学大学院工学研究科修了。味の素、資生堂、成和化成、千葉科学大学薬学部教授を経て、現在東京理科大学客員教授。理学博士、日本化学会フェロー。

山下裕司（やましたゆうじ）　１９７７年生まれ。横浜国立大学工学研究科を修了後、バイロイト大学（ドイツ）で理学博士の学位を取得。チッソ石油化学株式会社に４年間勤務後、聖マリアンナ医科大学ポストドクターを経て、現在千葉科学大学薬学部准教授。

早瀬　基（はやせもとい）　１９６４年生まれ。神戸大学大学院農学研究科修了。鐘紡株式会社生化学研究所、化粧品研究所を経て、現在花王株式会社スキンケア研究所上席主任研究員。

福井　寛（ふくいひろし）　１９５０年生まれ。広島大学大学院工学研究科修了後、株式会社資生堂入社、２０１０年退社。同年福井技術士事務所設立、現在に至る。現在、日本技術士会理事、学術振興会１５１委員会顧問。工学博士（名古屋大学）。技術士（化学）、日本化学会フェロー。

伊福欧二（いふくおうじ）　１９５４年生まれ。大阪大学工学部発酵工学科を終了後、資生堂入社。２０１４年退社。現在丸善製薬株式会社研究開発本部長。工学博士（大阪大学）。

宮原令二（みやはられいじ）　１９５９年生まれ。１９８５年東京大学大学院農学系専門課程（修士）修了。１９８５年（株）資生堂研究所（現、資生堂グローバルイノベーションセンター）入社。２００７年東京理科大学理工学部より博士（工学）の学位取得。現在、資生堂グローバルイノベーション

センター　主幹研究員。

野々村美宗（ののむらよしむね）　１９６８年生まれ。慶應義塾大学大学院修了。花王株式会社を経て、現在山形大学大学院教授。博士（工学）。

押村英子（おしむらえいこ）　１９９０年千葉大学理学部化学科卒業、同年味の素株式会社入社。１９９３年より化粧品原料開発、利用研究、販売支援等に携わる。現在同社バイオ・ファイン研究所香粧品グループ長。工学博士。

正木　仁（まさきひとし）　１９５６年生まれ。神戸大学大学院理学研究科化学専攻終了。１９９５年京都薬科大学にて博士号（薬学）取得。持田製薬株式会社、株式会社ノエビア、株式会社コスモステクニカルセンターを経て東京工科大学応用生物学部教授、甲南大学特別招聘研究員。

高橋　守（たかはしまもる）　１９５０年、東京生まれ。２００６年、株式会社伊勢半（キスミー化粧料本舗・研究所）退社、２００７年高橋化粧品技術相談所設立、現在に至る。